北京农学院经管学院科技创新团队项目资助
北京市农业经济管理重点建设学科系列学术著作

北京农村金融发展问题研究

陈跃雪　郑春慧　吕晓英　郑　洵　著

中国农业出版社

前言

资金作为市场经济中的重要资源，其配置的有效性关系到一个国家和地区的经济增长速度。农村金融作为农村经济的核心，成为农村资金配置的先导，在农村经济领域，由于经济主体资金存量的稀缺性和信息的不充分，资金的有效流动和合理配置显得尤为重要。然而，发源于农村的改革，在创造“中国奇迹”的同时，自20世纪90年代后半期以来，农民收入增长幅度减缓，城乡收入差距扩大，农业对农民收入增长贡献降低，工业化与城市化发展不相协调的问题，成为社会关注的焦点和理论研究的难点。各地区经济发展水平的差异形成不同层次的金融体系，北京市作为全国金融政策制定和信息发布的中心、资金清算中心和金融研发中心，在北京农村经济的发展中具有重要的支撑作用，在辐射周边省市的同时，对全国的农村金融也将产生示范和带动作用。因此，研究北京农村金融发展问题对北京农村经济多功能的实现具有重要意义。

本书从农村金融相关理论发展研究入手，在京郊金融服务发展概述的基础上，结合北京农村金融及新农村建设的实际，剖析了农村金融发展及乡镇企业融资中存在的问题，专门研究了北京市政策性农业保险的发展问题，设计了政策性农业再保险动力学模型，借鉴国内外农业保险模式的经验，并就存在的问题有针对性地提出对策建议。全书包括五章内容，分别是：农村金融相关理论发展研究、京郊农村金融服务发展概述、北京农村金融的发展与新农村建设、北京市政策性农业保险分析和京郊乡镇企业融资问题及建议。希望本书的出版对加强农村金融发展问题的研究起到积极的推动作用，同时也希望在金融部门的大力支持下北京农村经济为世界城市的建设作出更大的贡献。

感谢北京农学院经管学院科技创新团队项目的资助！感谢北京村镇银行发展研究、京郊农村信贷制度的发展与创新项目及北京农学院国际结算重点课程建设成员的大力支持！感谢北京农学院经管学院领导及所有的同事！感谢胡娜、李多、温静等同学所做的资料收集和整理工作！

著　者

2010年7月

目录

第一章

农村金融相关理论发展研究

农村金融理论的渊源可以追溯到古希腊时期。随着经济发展中金融作用的日益增强，农村金融理论的内涵不断深化，内容涉及经济学、金融学的许多领域，形成了流派众多、观点纷繁、内容深刻的理论体系。科学研究和理论创新必须以前人的理论成果为基础，对相关研究成果进行梳理和分析，建立研究的理论框架，确立研究的逻辑起点，北京的农村金融实践既包含了对一些经典理论的证实，又显示出农村金融发展区域的独特性，因此，概括性地挖掘和展示研究的理论源泉，提供有效的理论借鉴，对于研究北京农村金融问题的意义是非常重大的。

一、货币理论发展的主要基础

货币理论侧重于货币流通规律及与其相适应的货币供应和调节的政策措施，主要研究和解决市场经济中货币的客观需要量及政府如何调节供应货币量。古典朴素的货币理论在金属货币流通的基础上，根据商品经济的实践，提出了一些关于货币流通规律的认识。

（一）货币面纱论

古典经济学遵循“萨伊定律”（Say’s Law），将注意力集中于实体经济。较早提出“货币面纱论”的是让·巴蒂斯特·萨伊（Say Jean Baptiste），萨伊在《政治经济学概论》一书中首先明确提出“供给创造自己的需求”（Supply creates its own demand），后又在他的《政治经济学精义》、《政治经济学教科书》中多次提及，认为在以产品换钱，钱交换产品的交换过程中，货币只一瞬间起作用。当交易最后结束时，人们将发觉交易总是以一种货物交换另一种货物。萨伊定律需要有两个假设前提，一是在不同时间点之间，货币的价值是稳定的。二是货币仅作交换媒介，在流通过程中不涉及对货币无限期的储藏。在当时，萨伊本人只是认定这是“重要真理”、“有益的原理”，并尚未被提到定律的高度，后来的学者赋予了它定律的地位。

约翰·穆勒（John Stuart Mill）、古斯塔夫·卡塞尔（Gustav Cassel）、詹姆斯·穆勒（James Mill）等人认为，货币与商品交换的实质是商品与商品的交换、生产、分配，交换只是手段，谁也不为生产而生产，所有这一切都是中间、中介的活动。货币只不过是便利交易的工具和实体经济的符号，对经济不发生实质性的影响，货币的变动除了对价格产生影响外，并不会引起诸如储蓄、投资、经济增长等实体经济部门的变动。货币就像罩在实物经济上的一层面纱。

在这层面纱的笼罩下，人们会产生货币幻觉，短期内的货币供给增加具有增加实际产出的效应，从长时期看，货币供给增加将引起货币贬值、物价上涨，当物价上涨到一定水平时，名义的购买力的增加带给人们的满足感减退时，人们的实际需求将下降，生产供给将恢复到原有水平。货币面纱论的应用曾在古典学派的货币理论中长期影响主流经济思想。

（二）货币中性论

在“货币非面纱论”的基础上，“货币中性论”认为，分析实体经济时只有排除货币干扰，才能真实地反映经济的积累过程，实现均衡发展。哈耶克（Hayek，Friedrich August）在1931年版的《物价与生产》一书中，进一步研究了货币与物价，货币与经济均衡的关系，提出了著名的货币中性论。货币中性论的主要观点是：①货币与经济的关系是密切的，货币失衡将引起经济失衡，货币的变动影响经济的变动；②货币保持中立时，对经济的影响最小，从而对经济的发展最为有利；③保持货币中立的首要条件是货币供应的总流量不变，变动货币数量，必然会使商品相对价格和生产结构发生变动，进而影响生产的数量和方向以及经济均衡。因此，要使货币保持中立性，必须使货币供应量保持不变；④货币是否保持中立的标志是货币供应量是否稳定。货币供应量不稳定，货币就将失去中立性，成为破坏经济均衡的根源。所以，稳定货币供应量，是保持货币中立、维护经济均衡的刚性条件，也是检验货币是否中立的主要标志。

以色列经济学家唐·帕廷金（Don Patinkin）发展了货币中立论，认为在长期和动态上，要想实现货币中立，就必须使人们的实际工资、实际收入和金融资产的实际价值保持不变。使货币发行有硬约束的制度，必须坚持刚性的货币制度。货币中性论把货币因素对于经济过程所起的作用隔离开来，提供了货币中立时和货币非中立时不同情况的理论分析工具，并进一步提供了货币政策的判断标准，把货币中立作为货币政策目标，如果货币数量不变，只是以人们的自愿储蓄来扩张生产，即使生产结构或货币流向发生变化，经济稳定均衡的趋势不会被破坏，放弃货币供应的人为干预，保持货币的中立性，就能在市场机制的自动调节下达到经济均衡。坚持“货币中性论”的经济学家认为应该消除货币对经济的影响，保持货币的中立性，让市场机制在不受货币因素的干扰下正常工作。

（三）非中性货币论

1898年，北欧学派创始人——瑞典经济学家威克赛尔

(Knut Wicksell) 在《利息与价格》一书中从“自然利息率”的概念出发，提出了“积累过程理论”，认为只有在极为偶然的“市场利息率”等于“自然利息率”时，货币才是中性的，否则，将会引发经济发生向上或向下的积累性波动。

自然利率是借贷资本的需求（投资）与供给（储蓄）相一致时所形成的利率，即货币保持中立，不使物价上升或下跌的利率。当自然利率与市场利率相一致时，中性的货币因素就不影响经济。在现实经济中，由于生产技术的改进、实物资本需求的增加将使自然利率上升，形成货币利率与自然利率的背离，在更多情况下，两者是不一致的。

当市场利率低于自然利率，企业家因获利希望较大而扩大生产，生产扩大导致生产资料价格上升，推动原料、劳动力及土地价格上升，使原料生产者、劳动者及土地所有者的货币收入增加。在利率较低情况下，提高货币收入更多的不是用于储蓄而是消费，使消费品的需求增加，因一部分生产要素被转用于资本品的生产部门，又使消费品的生产减少，从而消费品价格上升，企业家们为增产消费品而对资本货品的需求增大，使其随之上涨。而资本货物的价格上涨，使企业家更增加资本货物的生产，推动生产要素的价格进一步上升。通过货币收入的增加——消费品价格的上涨——资本品价格的上涨——……的循环，形成经济上升的累积过程。相反，假如市场利率高于自然利率，则一切与上述相反，形成经济下降的累积过程。威克塞尔揭开了货币的面纱，首创的累积过程学说把价格形成的价值论、分配论及价格水平的货币理论融合在一个理论框架中，使人们重新认识货币的重要功用。

20 世纪 30 年代以来，以凯恩斯（John Maynard Keynes）为代表的大多数经济学家都认为货币是非中性的，应该充分发挥货币对于经济的积极作用，通过政府的货币政策调节经济运行。凯恩斯在《货币论》中强调调节货币、稳定物价，以保持经济均衡；1936年其代表作《就业、利息和货币通论》（The General Theory of Employment，Interest and Money，简称《通论》）以“有效需求不足理论”否定了古典经济学“利率取决于储蓄和投资，能自动调节使储蓄全部转化为投资”的理论，认为利率对总储蓄量、总消费量、总投资量都有重要作用。人们所以需要持有货币，是因为存在流动偏好这种普遍的心理倾向，这种欲望构成了对货币的需求。人们的货币需求出自于交易动机、预防动机和投机动机。利率对于投资的影响不是直接的，而是通过与资本边际效率的对比关系影响投资，单纯的利率波动并不能直接引起投资量的增减，当利率高于资本边际效率，投资者的盈利动机不能实现时，高利率才阻碍投资，利率与资本边际效率之比对企业和个人的投资决策起决定性作用；利率的高低对人们储蓄形式的选择有决定作用，进而影响货币需求的变动。货币量变动后对物价的传导会受到两个因素的影响。一是“流动性陷阱”，当利率达到一定的低点后，货币需求变得无限大，此时任何货币量的增加都会被吸入，而对利率不再发生影响，传导机制就被阻塞；二是投资的利率弹性，如果投资的利率弹性很低，利率下降未必对投资规模有显著的刺激作用，对总体经济活动的影响也不大。

为实现充分就业，需要提高有效需求，主张启动利率作为主要的调节手段，在小于充分就业的状态中，有两种方法可以降低利率：“其一是减低工资，而让货币数量不变；其二是增加货币数量，而让工资水准不变。”特别在经济危机中，仅采用货币政策是不够的，所增加的货币数量可能被增大的流动偏好所吸收，而对利率不发生影响，从而对实际投资不起作用。因此，必须同时采用其他政策相配套，其中最主要的是赤字财政政策，政府通过相机抉择、管理通货，以此进行需求管理的政府干预主义。凯恩斯主义扩大有效需求的管理政策，在刺激生产发展、延缓经济危机等方面起了一定作用。

20世纪70年代，发达资本主义国家出现的剧烈的物价上涨与高额的失业同时并存的“滞胀”现象令凯恩斯主义陷入困境，西方经济理论中相继出现了以弗里德曼（M. Friedman）为代表的货币学派。弗里德曼在《货币数量论——重新表述》中，建立自己的货币需求函数。个人财富持有者的货币需求函数为：$M/P=f\ (Y,\ W,\ rm,\ rb,\ re,\ dp/pdt,\ u)$，式中，$M$ 为个人手中保存的货币量（名义货币量）；P 为一般物价水平；M/P 为个人财富持有者手中的货币所能支配的实物量（实际货币需求量），如果略去 Y 和 W 在个人间分配的影响，把 M 和 Y 分别看作按人口平均的货币持有量和实际收入，W 是非人力财富在总财富中的一部分，这个函数就能适用于整个社会。货币需求函数是一个稳定的函数，人们平均经常自愿在身边储存的货币数量，与决定它的为数不多的几个自变量之间，存在着一种稳定的函数关系。并在 1963 年出版的《1867—1960 年美国货币史》中估算出货币需求的利率弹性为－0.15，货币的收入弹性为 1.8，应缩小货币流通速度的变化及其对产量和物价可能产生的影响，在货币供应量与名义国民收入之间建立起一种确定的因果关系。因此，弗里德曼反对国家干预经济，如果政府干预经济，就将破坏市场机制的作用，阻碍经济发展，甚至造成或加剧经济的动乱。强调货币政策最重要，一切经济变量的变动都与货币有关。货币是影响产量、就业和物价变化的最主要因素，而货币最可靠的测量指标就是货币供应量。由于货币供应量的变动取决于货币当局的行为，政府应把货币供应量作为唯一的政策工具，通过控制货币供应量来调节整个经济，主张实行一种“单一规则”的货币政策，固定货币供应增长率的货币政策。

二、金融抑制与金融深化论

中国作为世界上最大的发展中国家，在农村金融改革过程中，会碰到一些发展中国家在改革中曾经遇到过的共性问题，需要我们参照金融理论所论证的金融现象来制订和修正我们的改革措施，比如利率市场化问题、金融机构多元化改革、发展资本市场及拓宽直接融资渠道问题、间接调控信贷资金问题等，都有值得我们借鉴的地方。

在金融理论中，对不发达经济中的金融发展与经济发展之间的关系进行专门探讨并有广泛影响的，首推罗纳德·麦金农（R. J. Mckinnon）和爱德华·肖（E. S. Show）的“金融抑制论”，麦金农和肖认为，在发展中国家，自然经济占很大比重，经济货币化程度低，金融市场处于割裂状态，资本市场欠缺，信用工具很少，金融领域实际上是“二元结构”，即现代化管理的国外大银行的分支行和国有银行与规模小且落后的传统钱庄、当铺和高利贷组织等相互并存。其核心思想就是金融抑制是导致发展中国家经济落后的主要原因，作为整个金融体系的基本特征，金融抑制必然渗透到发展中国家的农村，即农户和农村中小企业在借贷市场上经常处于弱势地位，他们难以从正规金融部门获得足够的借贷资金。有效的经济增长战略必须立足于解除金融抑制或实行金融市场的完全自由化。

（一）金融抑制论

1973 年，美国经济学家麦金农和肖从不同角度研究了欠发达国家的金融发展问题，先后出版了《经济发展中的货币和资本》、《经济发展中的金融深化》两本著作，两人分别以广大发展中国家为样本，针对发展中国家货币化程度低、二元经济结构、金融市场落后、金融体制效率低下、政府对金融过于严格控制的特点，从不同的角度提出了与传统金融论完全不同的“金融抑制论”和“金融深化论”。认为传统货币理论的假定基础，如金融市场极为发达和健全，资本具有“无限可分割性”，货币与实际资本可以相互替代，信用工具非常丰富等，只能适用于发达国家，在发展中国家不能成立。同时得出了基本一致的结论即金融抑制理论和金融深化理论。

“金融抑制”（Financial Repression）以麦金农的“互补性假设”为前提，论证了金融制度和经济发展相互促进、相互制约的关系。健全的金融制度能有效地利用储蓄资金引导到生产性投资方面，从而促进经济发展；同时，蓬勃发展的经济也通过国民收入的提高和经济主体对金融服务需求的增长而刺激金融发展，从而形成一种良性循环。但发展中国家普遍存在“金融抑制”，即管理者过分干预金融市场，将利率、汇率等人为压低在市场出清水平之下，对传统和私营部门的歧视性信贷，未能有效地控制通货膨胀，以牺牲金融发展为代价来换取经济快速发展，造成实体经济与金融体系二者停滞的现象。

西方古典经济理论认为，如果金融市场信息完全对称和充分竞争，利率自由浮动，市场就可达到自动均衡，资源处于帕累托最优状态。但是，在发展中国家由于普遍存在着“金融抑制”，因此，这种市场自动均衡的条件是不具备的，金融抑制的存在，使得利率扭曲、资金总量矛盾突出、信用工具不足、信用形式单一，阻碍了经济发展。根据发展中国家的实际情况，他们认为：

1. 金融体系和经济发展之间存在着相互推动和相互制约的关系 在正常情况下，一方面，健全的金融体制能够将储蓄资金有效地动员起来并引导到生产性投资上去，可以促进经济发展；另一方面，人们的收入随着经济发展而增加，蓬勃发展的经济也通过国家收入的提高和经济活动者对金融服务需求的增加反过来刺激金融业的发展，形成一种互相促进的良性循环。但在发展中国家，金融业的落后很难促进经济的增长，形成金融体制与经济发展之间的恶性循环关系：一方面，落后的经济限制了资金的积累和对金融服务的需求，制约金融业的发展；另一方面，由于金融体制落后和缺乏效率，束缚了经济的发展，形成金融欠发展与经济待发展之间互相掣肘，互相落后的恶性循环。

2. 恶性循环的根本原因在于金融抑制 造成这种恶性循环

的主要原因在于，发展中国家普遍地存在着错误地选择金融政策和金融制度问题，由于存在制度缺陷以及政策上的失误，发展中国家对经济活动的各个领域都进行过多的行政干预，严格的金融管制制约了金融业的发展，也对经济发展起了抑制作用。

（1）发展中国家的金融业传统部门与现代部门并存。在现代部门中，国有银行占支配地位，非国有的其他金融机构处于附属地位。金融机构的分支不发达，主要集中在大城市，而广大农村地区分布稀少。

（2）许多发展中国家的政府硬性规定存贷款利率的上限，使利率不能正确地反映市场的资本匮乏和供求状况。同时，对通货膨胀没有有效地控制，反而有意地利用通货膨胀政策以取得铸币收益，使得实际利率为负数，这种负利率既导致对社会储蓄的征税效应，使社会储蓄下降，又使投资需求脱离了利率成本的约束，把大量稀缺的资本投资在无效率的重复建设项目上，降低了资金配置和利用的效率，造成名义利率不能够真实地反映资本的稀缺程度。

（3）政府实行严格的外汇管制。采取高估本币币值的汇率政策，严重削弱了本国产品的出口能力，刺激了进口需求的过度增加，使汇率无法反映外汇的实际供求状况和真实价格，长此下去，将导致发展中国家国际收支的严重逆差，加重经济发展的负担。

（4）发展中国家金融市场落后，特别是长期资金市场发育不全，无法通过多种渠道、多种方式大规模地吸收社会资金以供农村经济发展之需。

总之，由于政府实行过分行政干预的金融政策，人为压低利率、汇率所造成的金融体系与实际经济同时呆滞落后的现象，就是“金融抑制”。

3. 发展中国家的金融抑制使政府财政赤字增加并加剧了通货膨胀　财政赤字的增加和通货膨胀的加剧又促使政府采取进一

步金融抑制的办法，由此形成金融抑制与金融停滞的恶性循环。一方面，政府对私营机构通过交易税、印花税、专项资本收益税和各种法规进行市场准入的限制，制止来自私营部门的竞争。另一方面，通过对银行系统规定高额存款准备金，对公营部门低息贷款，法定持有政府债券比率等，使国内资源大量流向公营部门；在通货膨胀加剧时会导致大量资金投向实际资本和有形资产储备，通常采取人为压低利率和控制名义货币供给量的方法，使货币大量流出银行体系，造成“脱媒”现象，使依赖银行体系的企业投资减少，进而引发经济衰退；在经济衰退的过程中，伴随定期存款和储蓄存款的减少及企业对实际货币需求的减少，金融业的衰退也在所难免。

4. 农村金融抑制的主要表现 ①政府对农村自由融通的管制措施使农村金融市场的发育和金融资本的供给受到严重挫伤，进一步加深了农村地区的金融抑制。②政府以城市工业优先发展为理由低成本地汲取农村剩余资金，造成农村金融资本外流，加深了金融抑制。③人为的低利率政策使稀缺的金融资本不能合理分配到农村经济中，导致金融资本的供求缺口和金融资源分配上的官僚化和无效率。④在政府规定的低利率水平下，资金需求旺盛，金融体系只能在政府的指导下，采取选择性信贷政策，以“配给”方式给工业部门提供信贷。⑤在广大的农村，现代金融部门与传统金融部门并存，官方金融机构占支配地位，非官方的其他金融机构处于附属地位。

（二）金融深化论

“金融深化论”（Financial Deepening）是建立在批判“货币财富论”的基础上形成的。债务中介理论认为：实际货币不是社会财富货币，也不是生产要素，实际货币余额的增减不会影响社会收入的变化，货币只是债务中介；独立的储蓄者和投资者通过金融市场相联系；资金作为要素投入品也是有成本的；由于资本市场的不完善，在落后经济中，外源融资比较困难，内源融资较为普遍，而且非货币金融资产也不发达。对生产者来说，要进行实物投资，必先积累一定的现金，这样，物质资本与货币不但不是相互竞争的替代品，反而是相互补充的互补品。因此，增加投资、发展经济，与货币金融业的发展深化是一致的，金融深化能带来储蓄效应、投资效应、就业效应和收入效应。

金融深化是对金融抑制状态的一种修正，是政府放弃对金融市场和金融体系的过分干预，使利率和汇率等能充分反映资金和外汇的供求情况，有效地控制通货膨胀，使金融体系能以适当的利率来吸引大量储蓄资金，也能在适当的放款利率水平上满足实体经济各部门的资金需求。麦金农和肖金融深化理论的核心问题是解决利率压制问题，许多发展中国家没有自由的资本市场，银行成为金融抑制的中心，利率管制成为金融抑制的主要工具，商业银行的高额银行存款准备金和对金融机构投资方向的管制或强制性信贷分配，也成为金融抑制的辅助工具。因此，他们对发展中国家提出的政策建议是：进行金融体制改革，推行“金融深化”政策，实行利率市场化，逐步扩展金融工具的期限，建立竞争性的金融市场。

由于发展中国家存在着“二元经济”，农村经济的市场化程度和现代化程度低，普遍存在农村及农业部门的金融抑制，因此，农村金融深化除了金融深化理论中所提到的提高利率、放松金融管制以外，应该充分考虑到农业、农民和农村地区的特殊性：

1. 农村地区存在着资本短缺与贫穷落后的恶性循环　金融抑制使得农村地区资金供给缺乏，资金分配无效率，而资金短缺加剧贫穷落后；由于经济的贫困，没有更多的收入来形成储蓄，在没有外部资本流入的情况下，缺少财富的积累，跌入金融抑制的深渊，形成恶性循环的怪圈。从某种意义上说，金融抑制与农村的贫困落后互为因果。要突破恶性循环的怪圈，必须把深化农村金融改革和对农村地区的扶贫开发紧密结合起来，从外部给农村金融市场资金注入资金，拓展农村金融市场的深度和广度，运用金融创新为贫困的农村地区提供经济稳定增长的便利。

2. 农业本身是弱质性行业 具有低利性和受自然条件限制的特性，发展中国家落后的农业是农村的主要产业，农业发展直接关系到整个农村经济的发展。在农村金融深化的过程中，政府必须认识到农业本身的弱质性、低利性和外部性，通过农业政策性金融工具为农业发展提供充足的信贷资金，对农业信贷市场进行有利于农业发展的干预，同时，放开金融市场，提高实际利率，让利率既反映金融资产的供求情况，又反映替代现时消费的投资机会和消费者迟延消费的机会成本，沟通储蓄和投资，以促进农村经济的发展。

3. 信贷支持应重视对农民的培训和农业技术的应用 发展中国家农民普遍存在着文化水平低，思想观念传统。分散的、无组织的农民一般很少掌握现代技术知识，金融深化应通过扩大农村金融活动的广度和深度，挖掘国内闲置资金，提高农村金融资本的存量，用现代金融机构取代资金黑市，加强资金支持对农民的培训和农业技术应用的力度。

由于“金融抑制论”和“金融深化论”从不同角度得出了一致的结论，也合称为“金融深化理论”。金融深化理论的本质是完全竞争市场条件下，建立起来的一般均衡理论在金融理论中的运用，认为市场机制的自发力量可以使金融部门实现帕累托最优，放开利率管制、实现金融自由化是推动经济增长的重要途径。

三、金融约束理论

进入20世纪90年代，经济学家们更多地关注金融体系自身的运行，将研究的起始点放在金融体系存在的必要性上，解释金融中介机构和金融市场如何内生形成。一些经济学家不再局限于对麦金农和肖理论框架的修修补补，许多经济学家开始对以往经济发展理论的结论和缺失进行反思和检讨，这一时期的代表人物主要有莱文（Levine，1996）、赫尔曼（Hellman，1997）和斯蒂格利茨（Stiglitz，1997）等。他们认为，金融抑制模型存在诸多缺陷，根据这种模型提出的政策主张过于激进，发展中国家金融自由化的结果曾令人失望，对有的发展中国家而言，金融自由化并不可取。

经济学家们从效用函数入手，在模型中大量引入了不确定性（偏好冲击、流动性冲击）、不对称信息（逆向选择、道德风险）和监督成本等与完全信息和完全理性相悖的因素，来解释金融中介体和金融市场的形成。金融中介体和金融市场是当事人的集合体，组成金融中介体的当事人把钱存入金融中介体，金融中介体再把所吸收的存款贷放出去，从而为生产者提供资金：组成金融市场的当事人在市场上进行竞争并购入生产者发行的证券（包括债券和股票），从而为生产者提供资金。决定金融中介体形成的内在因素有：当事人的随机流动性需要；信息获取上的比较优势导致了金融中介体的形成；空间分离和有限沟通；当事人流动性偏好和流动性约束。监督优势导致金融中介体的形成，信息获取和信息汇总上的优势导致金融市场的形成，运行成本是导致金融市场和金融中介产生的根源，只有当人们的收入达到一定水平，能够负担金融市场或金融中介的运行成本时，市场的中介才会形成。

斯蒂格利茨在新凯恩斯主义学派分析的基础上概括了金融市场中市场失败的原因，他认为政府对金融市场监管应采取间接控制机制，并依据一定的原则确立监管的范围和监管标准。他们根据内生增长理论的最新成果，进一步发展了金融发展理论，通过把内生性增长和内生金融中介体并入金融发展模型，解释金融发展和经济增长之间的关系，在金融中介体和金融市场的内生性形成机理的理论基础上，提出了新的政策主张，即“金融约束”政策。

金融约束是政府通过一系列金融政策在民间部门创造租金机会，以达到既防止金融压抑的危害又能促使银行主动规避风险的目的。金融约束的主要政策手段有：存款利率的控制——为银行部门创造“特许权价值”即租金；对市场准入进行严格控制——为银行提供“专属保护”；偿还贷款期限转换政策——鼓励民间部门从事长期信贷业务；限制资产替代政策——限制居民将正式金融部门中的存款转为证券、国外存款、非正式金融部门的存款和实物资产。这里的租金不是指属于无供给弹性的生产要素的收入，而是指超过竞争性市场所能产生的收益。金融政策包括对存贷款利率的控制、市场准入的限制，甚至对直接竞争加以管制，以影响租金在生产部门和金融部门之间的分配，并通过租金机会的创造，调动金融企业、生产企业和居民等各个部门的生产、投资和储蓄的积极性。

发展中国家金融市场存在着严重的信息不完全性以及由此产生的激励问题。在发展中国家，掌握企业内部信息的银行若自身资本额太小，银行经营者就没有动力进行长期经营，不会积极监督企业贷款的使用，而热衷于投机或瓜分银行资产，从而损害银行和社会公众的利益。此外，金融业过度竞争会使先发现好的储蓄来源的银行得不到额外利益，这样，银行就没有动力花成本去吸收存款。因此，政府在此可以发挥积极作用，实施金融约束策略，对金融市场进行干预，通过在银行部门设立租金，使之有动力吸收存款并对贷款企业进行严密的监督，调动银行部门的积极性，以银行部门的信息优势来克服由信息不完全所引起的金融市场失灵问题，从而促进金融深化。金融约束论基于政府的适当干预对金融发展是必要的，提出了一系列政策主张：

1. 控制利率　政府将存贷利率控制在较低的水平上，并同时保证实际利率为正值，从而减少银行的成本负担，创造和增加特许权价值的租金机会，使银行有长期经营的动力。

2. 限制竞争　激烈的竞争会造成社会资源的浪费，危及金融体系的稳定。因此，限制银行业的竞争，可以提高金融体系的安全性，对整个经济具有正的外部效应。但是，限制竞争并不是禁止进入，而是指新进入者不能够侵占先进入者的租金收益。

3. 限制资产替代　限制居民把正式金融部门中存款转化为证券、国外存款、非正式金融部门的存款和实物资产等其他资产形式。由于发展中国家的证券市场很不规范，难以发挥有效配置资金的作用，并且直接融资只能是少数信誉好的大企业才能够做得到的。所以，在金融发展的初期，限制资产替代，抑制债券和股票市场的发展可能是有效率的，尤其是在有效率的银行体系处于成长的阶段。

4. 定向信贷　政府干预信贷资金配置，因为市场失灵和协调失灵在所难免，它会造成私人收益和社会收益存在差异；市场中存在着企业开展“竞赛”谋取租金的激励效应。但是定向信贷不一定是金融约束必须实行的政策，金融约束对政府定向信贷的范围要有严格限制，必须保证金融机构获得一定的租金。

金融约束与金融压抑的不同之处在于：第一，金融约束创造的是租金机会，而金融压抑下只产生租金转移。第二，在金融压抑下，政府造成的高通胀使其财富由家庭部门转移至政府手中，政府又成为各种利益集团竞相施加影响进行寻租活动的目标；而金融约束是为民间部门创造租金机会，这会使竞争性的活动递增收益和福利。第三，在金融约束环境下，银行只要吸收到新增存款，就可获得租金，这就促使银行寻求新的存款来源。如果这时政府再对市场准入进行限制，就更能促使银行为吸收更多的存款而增加投资，从而增加资金的供给。建立合理数量的储蓄机构，可以吸收更多的存款，金融机构吸引更多的储户是发展中国家金融深化的一个重要组成部分，因此，金融约束可以促进金融深化。第四，由于租金机会是因存款利率控制造成的存贷利差而形成的，银行通过扩张其存款基数和对贷款资产组合的实施获得了这些租金，在这一过程中促进金融深化。

金融约束理论论证了金融约束对发展中国家来说是合理的金融政策，但金融约束与金融压抑在某些方面异曲同工。金融约束的政策在执行过程中可能会受到扭曲，其中最大的危险是金融约束变为金融压抑。因此，要保证金融约束达到最佳效果，必须具备的前提条件是有稳定的宏观经济环境、正的实际利率、较低的通货膨胀率、政府对企业和银行的经营很少的干预等。

金融约束是发展中国家从金融抑制向金融自由化发展中的一个过渡性政策，它针对经济转轨过程中存在的信息不畅、金融监管不力的状态，发挥政府在市场失灵下的作用，丰富和发展了金融深化理论。而且，金融约束理论对我国农村金融改革具有一定的借鉴价值，例如，政府强化银行的金融中介功能，重视银行的作用，强调发挥银行的信息优势，间接融资仍应在我国农村融资结构中占主导地位，为银行部门创造的相机性租金有利于解决农村银行不良资产比重过高的问题，这符合我国农村当前的实际情况。

四、金融结构论

美国耶鲁大学经济学家戈德史密斯（Raymond w. Goldsmith）教授在《金融结构与金融发展》（1969）从金融结构的视角对金融发展与经济增长的关系进行了开创性的研究，将所有金融现象归结为金融工具、金融机构和金融结构三个方面。金融结构是一国金融工具和金融机构的形式、性质及其相对规模的综合，金融发展就是金融结构的变化，研究金融发展必须研究金融结构，金融相关比率是衡量金融结构演变程度最重要的数量指标，在金融发展的过程中金融结构的变化呈现出一定的规律性，采用国际横向比较和历史纵向比较相结合的方法力图用数量关系描述，论述了决定金融发展的因素、金融结构与金融发展对经济增长的引致效应以及各国金融发展中的普遍规律性趋势。

戈德史密斯创造性地提出了衡量金融结构演变程度的金融相关比率（Financial Interrelations Ratio，FIR）和其他一系列反映不同金融结构的指标，金融相关率是一定时期内社会金融活动总量与经济活动总量的比值，金融相关比率的计算公式：

$$FIR=\frac{F_r}{W_r}=\beta_r^{-1}[(\gamma+\pi+\gamma\pi)^{-1}+1][k\eta+\phi(1+\lambda)+\zeta]$$

$$1+\theta[1+\varphi]^{\frac{n}{2}}-1$$

式中：F_r——一定时期内的金融活动总量；

W_r——国民财富的市场总值；

β_r——平均资本产出率；

γ——GNP 实际增长率；

π——物价变动率；

k——资本形成总值对国民生产总值比率；

η——为外部融资比率；

ϕ——金融单位发行的金融工具对国民生产总值的比率；

λ——分层比率，某类金融机构对其他金融机构发行的金融工具与它们对非金融部门的发行总额之比；

ζ——为海外净债权率。外国发行量对国民生产总值比率；

θ——为受价格波动影响的金融工具净发行额的比例；

φ——价格敏感资产的价格平均变动比率；

n——非金融部门金融工具发行量对资本形成总值比率。

金融活动总量一般用金融资产总额表示，包括：①非金融部门发行的金融工具（即股票、债券及各种信贷凭证）；②金融部门，即中央银行、存款银行、清算机构、保险组织和二级金融交易中介发行的金融工具（如通货与活期存款、居民储蓄、保险单等）和国外部门的金融工具等。经济活动总量，在实际统计时，常常用国民生产总值或国内生产总值来表示。金融相关比率的变动反映金融上层结构与经济基础结构之间在规模上的变化关系，在一定的国民财富的基础上，金融体系越发达，金融相关系数就越高，因此，在经济发展的过程中，金融相关比率必然会逐步提高，而且可以根据金融相关比率来衡量金融发展达到何种水平。

戈德史密斯对35个国家1860—1936年翔实的统计资料进行了纵向和横向的比较分析，根据金融相关比率的高低及其他有关特征，将金融结构大致分为三种类型：第一种类型是金融相关比率较低（约在1/5至1/2之间），债权凭证超出股权凭证而居于主导地位，在全部金融资产余额中金融机构所占比例较低，商业银行在金融机构中占据了突出地位，这种金融结构的特点就是金融发展初级阶段的特点。第二种类型是金融相关比率仍然较低，债权凭证仍然超过股权凭证，银行仍然在金融机构中居于主导地位，但这种金融结构中，政府和政府金融机构发挥了更大作用。同时，大型的外资股份公司出现，20世纪上半叶，大多数非工业化国家的金融结构属于这一类型。第三种类型是金融相关比率较高，约在1左右（即金融资产总额与国民财富相等），债权仍然占金融资产总额的2/3以上，然而，金融相关比率有较大的变动幅度，但股权凭证对债权的比率已大幅度上升，金融机构日趋多样化，银行体系的地位下降，这种金融结构在20世纪初期以来的工业化国家较为常见。这是一条各国金融发展的共同道路，并认为计划经济的金融工具、金融机构虽然也很丰富，但由于不具有市场属性，在经济中发挥的作用非常有限，所以其金融发展水平被估计得相当低。

戈德史密斯从储蓄和投资分离对经济运行的影响。他认为在金融出现前，储蓄和投资是混淆在一起的，经济主体的投资只有在无收益的财富储藏式自我储蓄达到一定规模时才能实现。金融的出现使储蓄和投资分离，金融工具促进储蓄向投资转化，使投资者的投资可以摆脱自身收入和积累能力的限制，同时，又可为储蓄者的储藏带来收益，刺激储蓄增长。金融机构作为专门从事融资的中介部门不仅使储蓄和投资分离，而且还使储蓄和投资重新结合，解决资金占有和经营能力分布不对称和不平衡的矛盾，促进经济增长。同时，从金融结构的演进对经济增长的引致效应方面，揭示了金融与经济关系的内在机制。他认为，金融对经济的作用主要是借助于金融机构和金融工具的多样化来实现的。因为，金融机构和金融工具提供的选择机会越多，人们的金融欲望就越强，社会资金积累的速度就越快，金融活动就越活跃；同时，在资金总量既定情况下，公众的选择和竞争机制又促使资金流向高效益的投资项目，金融越活跃，资金使用效益也越高。戈德史密斯对金融结构论的贡献是广泛而深刻的。

五、农村金融发展模式理论

农村金融作为整体金融发展中的一个重要组成部分，其理论也就必然受到现代金融发展理论及政策主张的影响。由于农村金融的特殊性，在发展中国家的农村金融领域，产生了许多内容丰富、观点各异的理论，其中的一些理论对我国农村金融改革发展有一定的借鉴价值。

针对发展中国家的农业和农村经济发展实际，美国耶鲁大学经济学家帕特里克（Patrick，1966）曾提出两种农村金融发展模式。

（一）供给领先型金融发展模式

在农业和农村经济发展的早期阶段，由于金融不完善，同时也由于存在一定程度的金融抑制，金融供给成为农业和农村经济发展的主要约束，因此，该模式认为金融资产、金融负债、金融服务以及金融机构的相关供给必须领先于金融需求，只有全面、完善的金融供给才能刺激金融需求增长，并保证满足金融需求，使金融需求拉动投资增长，进而促进农村经济的增长。“供给领先型金融”内涵的前提是：经济社会金融供给不足，而金融体系的不完善性又不能够有效动员社会的金融资源，因此，可行的途径是：依靠政府力量强化金融管制，管制化方式能够促进政府在短期内实现社会金融剩余的有效动员。金融供给拉动农村经济增长的作用的传导途径是：

金融机构扩张——金融资产多元化——金融服务多元化——金融需求增强——投资增长——经济增长

在农业和农村经济发展的早期阶段，由于农村金融不完善和金融抑制，金融供给成为农业和农村经济发展的主要约束，因此，健全和完善农村金融供给就成为促进经济发展的先决条件，所以，处于早期发展阶段的发展中国家应该选择“供给领先型金融模式”。通过完善的金融服务和较高的金融利率，广泛而充分地吸收社会金融剩余，并使之转变为经济发展可支配的储蓄资源。

（二）需求追随型金融发展模式

当经济发展到一个新的增长水平时，经济主体会产生对金融体系提供融资与服务的强烈需求，金融重点将由过去的供给不足转化为金融需求不足，此时政府应将金融制度安排由供给型金融转移到需求型金融，通过市场化方式，建立竞争性金融体系，作为对这种需求的反应，金融体系将不断趋于发展与完善，充分动员并有效配置社会的储蓄资源，从而引致投资增长，发展了的金融体系又将反过来形成对农业和农村经济增长的推动。金融需求引致金融发展的传导途径是：

经济增长——金融需求增强——金融机构扩张——金融资产多元化——金融服务多元化

需求追随型金融发展模式实际上强调政府放松甚至放弃对金融经济的管制，让市场机制发挥对金融资源的动员与配置的基础作用，伴随经济增长导致对金融融资与服务的需求扩大，使金融机构扩张、金融负债与资产多样性以及相关金融服务领域的改革深化。

帕特里克认为上述两种模式与发展中国家农村经济发展的不同阶段相适应，两种模式之间存在一个优先顺序问题，在我国应灵活运用这两种金融发展模式，必须先明确我国农业和农村经济发展所处的阶段性，根据我国农业和农村经济发展的现实情况选择相应的模式。

六、农业信贷补贴论

从农村金融理论的发展来看，强调政府作用的传统发展经济学逐渐被以强调市场力量的新古典发展经济学所取代。在 20 世纪 80 年代以前，农业信贷补贴论（Subsidized Credit Paradigm）是农村金融理论中占主流地位的传统学说，该理论支持信贷供给先行的农村金融战略。

该理论认为，农村居民，特别是贫困阶层没有储蓄能力，农村普遍面临资金不足的矛盾，而且由于农业具有投资周期长、收益低、不确定、自然风险与市场风险并存、比较利益低下等特征，不可能成为商业性金融的服务对象。后果就是农村金融陷入困境，大量的资金外流。为增加农业生产和缓解农村贫困，有必要依靠财政手段，从农村外部注入政策性资金、并建立非营利性的专门金融机构来进行资金分配。为缩小农业与工业等其他产业之间的收入差距，对农业的贷款利率必须较其他产业为低。同时，考虑到地主和商人发放的高利贷及一般以高利贷为特征的民间金融使得农民更加贫困和阻碍农业和农村经济的发展，也需要通过银行的农村分支机构及营业网点和农村信用合作组织，将大量低利的政策性贷款注入农村，建立非营利性的农业政策性银行来进行资金投入，以满足农业和农村经济发展对资金的需求。

根据这一理论，20世纪60～70年代，发展中国家广泛实行相应的农村金融政策，以贫困阶层为目标的专项贷款也曾兴盛一时（张晓山、何耐，2002）。虽然在一定程度上促进了农业和农村经济发展，但同时也使农村金融陷入了困境。它引发了资金回收率低、使用效率低下、储蓄动员不力、过分依赖外部资金、不良贷款率升高等问题，许多亚洲国家的经验表明，由于贷款用途的可替换性，低息贷款未必能促进特定的农业活动。这使得低息贷款的主要受益人不是农村的穷人，低息贷款的补贴被集中并转移到使用大笔贷款的较富有的农民身上；同时，政府支持的农村信贷机构缺少有效地监督借款者投资和偿债行为的动力，就会造成借款者故意拖欠贷款，如果存在储蓄的机会和激励机制，大多数贫困者会进行储蓄，低息贷款政策很难实现促进农业生产和向贫困阶层倾斜的目标。单纯地从这一理论出发，很难构建一个多元、高效的农村金融体系。

农业信贷补贴理论虽然关注农村的贫困阶层，但消除贫困的金融政策，既不是单纯的贷款补贴也不是储蓄，而是建立一种可持续发展的金融制度安排，事实上，享受农业信贷补贴的专门的农村金融机构并没有成为高效率的金融中介。因此，农村金融市场论最终替代农业信贷补贴论的主流地位，正是因为它是规范分析和实证分析的综合结果，也是迄今为止数十年农村金融实践的结果。

七、农村金融市场论

20世纪80年代以来，迎合世界经济全面向市场经济体制转轨的需要，农村金融市场论或农村金融系统论（Rural Financial

Systems Paradigm）逐渐替代了农业信贷补贴论。

农村金融市场论是在对农业信贷补贴论批判的基础上产生的，其主要理论前提与农业信贷补贴论完全相反（张晓山、何耐，2002），认为农村居民以及贫困阶层是有储蓄能力的，农村金融资金的缺乏，并不是因为农民没有储蓄能力，而是由于农村金融体系中不合理的金融制度安排抑制了其发展。低利政策妨碍人们向金融机构存款，抑制了金融发展；农村金融机构资金的外部依存度过高是导致其贷款回收率降低的重要因素，由于农村资金拥有较多的机会成本，非正规金融的高利率是理所当然的。因此，农村金融改革中应强调市场机制的作用。

农村金融市场反对政策性金融对市场的扭曲，政府不如市场主体本身更能充分利用分散的局部知识，相比市场失灵，政府失灵的程度将更大，效率将更低。因此，应强调完全依赖市场机制，强调利率的市场化作用。认为利率自由化也可以鼓励金融中介机构有效地动员农村储蓄，这将使它们更加不依赖于外部的资金来源，使它们有责任去管理自己的资金。利息补贴应对补贴信贷活动产生的缺陷负责，而利率自由化可以使农村金融中介机构补偿其经营成本，提高他们的经营效率，因此，应发挥金融市场作用，减少政府干预，实现利率市场化，实现农村储蓄和资金供求的平衡；与此同时，取消专项特定目标贷款制度，适当发展非正规金融市场。

根据农村金融市场论的观点，农村金融改革的主要措施有：①储蓄动员则是金融中介的关键功能，农村金融机构的最大作用在于农村内部的金融中介（资金盈余部门和资金短缺部门之间的借贷中介）。②为了实现储蓄动员、平衡资金供求，利率必须由市场决定。实际存款利率不能成为负数。③农村金融成功与否，应根据金融机构的成果（资金中介额）与经营的自立性和持续性来判断。④民间金融具有合理性，不应一概取消。应当将正规金融市场与民间金融市场结合起来，取长补短，共同发展。⑤没有必要实行专项特定目标贷款制度。

由于这一理论完全依靠市场机制作用，极力排斥政府在农村金融中的控制和干预，因此，至今该理论在市场经济国家中依然占据主流地位，受到人们的广泛关注。不过，自由化的利率可能会减少对信贷的总需求，从而可以在一定程度上改善小农户获得资金的状况，但高成本和缺少担保品，可能仍会使它们不能借到所期望的那么多的资金，政府介入以照顾小农户的利益仍然是必要的。

20世纪90年代以来，农村金融市场理论又得到了进一步发展。农村金融市场是非常特殊的市场，金融机构对于借款人的情况无法充分掌握，很难控制农村系统风险，采用政府适当介入金融市场以及借款人的组织化等措施是防范风险的需要，因此，政府对农村金融市场监管应采取间接调控机制，并依据一定的原则确立监管的范围和标准，重点解决农村金融市场的信息不对称问题。

八、农村金融不完全竞争市场理论

20世纪90年代以来，俄罗斯向市场经济转型过程中，“休克疗法”所引发的各种混乱，东南亚和拉美等地区和国家发生严重的金融危机，使人们认识到市场机制的局限性。对于稳定金融市场来说，合理的政府干预也是必要的，为培育有效率的金融市场，仍需要一些社会性的、非市场的要素去支持它。在此背景下，经济学家也认识到要减少金融风险，培育有序、高效的农村金融市场，仍需要合理的政府干预，政府究竟应该在发展农村金融市场方面起什么样的作用，又成为人们关注的焦点，以2000年诺贝尔经济学奖获得者斯蒂格里茨为首的对不完全竞争市场和信息不对称问题的研究成果，构成了农村金融不完全竞争市场理论（Imperfect Competition Market/Imperfect Market Paradigm）

的基础，为政府介入农村金融市场提供了理论基础。

该理论认为，发展中国家的金融市场不是一个完全竞争的市场，尤其是作为放款者的金融机构，对于借款人的情况根本无法充分掌握（不完全信息），加上农村的特殊情况，金融机构很难控制农村系统风险，如果完全按照市场机制就可能无法培育出一个农村社会所需要的金融市场。为了弥补市场的失效，有必要采取诸如政府适当介入金融市场以及借款人的组织化等非市场措施。政府在金融市场中的作用十分重要，但是政府不能取代市场，而是应补充市场。政府对金融市场监管应采取间接控制机制，并依据一定的原则确立监管的范围和监管标准。

尽管农村金融市场存在的市场缺陷要求非市场要素介入，但任何形式的介入，应能够有效地克服由于市场缺陷所带来的问题，必须建立完善的体制结构。因此，对发展中国家农村金融市场来说，首先应该关注改革和加强农村金融机构，排除阻碍农村金融市场有效运行的障碍。消除获得政府优惠贷款的垄断局面，逐步取消补贴而使优惠贷款向小农户集中，放开利率后使农村金融机构可以完全补偿成本。尽管外部资金对于改革金融机构并帮助其起步是必需的，但政府和提供贷款的单位所提供的资金首先应用于机构建设的目的，包括培训管理人员、监督人员和贷款人员，以及建立完善的会计、审计和管理信息系统。

不完全竞争市场理论对农村金融市场发展的主要政策建议有：第一，金融市场发展的前提条件是低通胀率等宏观经济的稳定。第二，在金融市场得到一定程度的发育之前，比起利率的自由化来，更应当注意用政策手段将实际存款利率保持正值，并同时抑制利率（存款和贷款利率）的增长。若因此而产生的信用分配和信用需求过度问题，在不损害金融机构储蓄动员动机的同时，可由政府从外部供给资金。第三，在不损害银行最基本利润的范围内，政策性金融（面向特定部门的低息融资）是有效的。第四，政府应鼓励并利用借款人联保小组以及组织借款人互助合作形式，以避免农村金融市场存在的不完全信息所导致的贷款回收率低下的问题，政府应该鼓励这种农民组织的形成。第五，利用担保融资、使用权以及互助储金会等办法是有效的，可以改善信息的非对称性。第六，为促进金融机构的发展，应给予其一定的特殊政策，如限制新参与者等保护措施。第七，融资与实物买卖（化肥、作物等）相结合的方法是有效的，以确保贷款的回收。第八，为促进金融机构的发展，应给予其一定的特殊政策，如限制新参与者等保护措施，非正规金融市场一般利率较低，其改善可依靠政府适当介入加以引导。不完全竞争市场理论中的信息不对称分析和不完全市场分析是金融市场分析中的重要工具。

综上所述，农业信贷补贴论、农村金融市场论、不完全竞争市场理论分别是金融抑制论、金融深化论和金融约束论的理论观点和政策主张在农村金融中的具体体现。农村金融发展理论的主要特征见表1-1。

表1-1　农村金融发展理论的主要特征

	政府干预	利率管制	专业贷款的有效性	贷款资金的筹集	对非正规金融机构的评价	对金融机构的监管
农业信贷补贴论	必要	低利率管制	有效	从农村外部注入	弊多利少	必要
农村金融市场论	不必要	市场利率	无效	农村内筹集	有效	不必要
不完全竞争市场理论	市场机制失效时必要	放松管制	方法适当时有效	内部筹集为主，财政补充为辅	政府应引导	逐渐放松管制

在农村金融市场中，市场机制的建立有利于推动农村经济的发展。竞争是一种发现信息、减少不完全信息和信息不对称的过程，应通过引入竞争和维护竞争来建设农村金融市场，使之成为一种竞争性的金融市场。由于发展中国家的市场机制发育还不完善，有时会出现市场失灵，此时需要政府对金融市场的间接干

预，但政府的位置只能是提供金融环境，建立与维持市场秩序框架，起辅助性的、促进性的作用。在竞争性金融市场的作用之外，农业政策融资工具如补贴、参与担保、金融租赁、小额信贷等可以发挥较大的作用。

京郊农村金融服务发展概述

一、合作化时期农村金融服务

（一）合作化时期农村金融社会背景

1951—1957 年，新中国成立初期，农村信用社的工作在其合作化时期顺利展开。1951 年 5 月，第一次全国农村金融工作会议将农村金融服务的定位从由国家供应资金、发放农业贷款为主，转变为在农村组织融资、用农村的钱支持自身经济的发展。在此期间，国家着力发展农村信用社，大力支持农村金融改革的工作，将农村金融服务的新重点落实到位。与此同时，省级以下各级人民银行把工作的重点放在农村金融方面，把银行分支机构迅速下推，在乡镇建立营业所开展农村资金信用合作工作，实现真正意义上的服务于基层农民。这为推动农村信用合作的长足发展起到了至关重要的作用。

（二）农村信用社合作化时期的发展

合作化时期，京郊金融服务的主体是农村信用社和中国农业银行北京分行。农村信用社大体经历了两个阶段。一是试点阶段，二是实现信用合作化阶段。可以细分为“1954 年的起步大发展”、“1955 年的平稳巩固”、“1956 年的迅速提升”这三个时期变化。中国农业银行正式成立于1955年，主要负责财政支农拨款和农业贷款。

1. 农村信用社创建和发展过程简述　京郊农村信用社在其创建阶段由于经验不足，不断探索前进，做到力争稳步求实。

1954年，京郊的乡镇几乎都建立了农村信用合作社，它是全国性的农村金融合作化在高潮时期的产物。中共中央农村工作部在召开的第二次全国农村工作会议上提出："供销合作、信用合作、造林合作、渔业合作、手工合作的发展，均已成为群众日益迫切的要求，必须搞好。其中尤以信用合作的需要最紧急、最迫切，又具备着长足发展的条件，可发展提高的余地大。但现状较差、起点低、缺乏经验，故需多下工夫，积极而迅速地加以发展。"京郊信用合作化时期也存在很多制约发展的因素。许多农村信用社工作人员由于专业技能有限，致使账目不清晰、财务混乱，产生了不同程度上的亏损；基层农村经济发展状况不容乐观，农民存款数额普遍较小，远远无法达到正常的农村金融运作效果；民主管理流于形式，农民自身权利无法掌控，一直处于被动的地位；政府将其自身指导意见很大程度上强加于基层农村信用社工作之中等。很多致命性的错误无法根治，任其增长、扩大，为京郊农村信用社以后的发展造成不利的影响。

2. 合作化时期的农村信用社特点

（1）管理体制不够完善。合作化时期，京郊农村信用社民主管理体制流于形式、形同虚设，政府控制痕迹明显、其民主法制不健全使之很大程度上偏离初始合作化主旨。按照当时的规定："领导班子的确立通过政府，将选出的干部推荐给社员大会或社员代表大会，由大会从形式上予以追认。"这样做的过程中无疑带有极其明显的政府控制痕迹，任命权实际上被控制在政府手中。官与民两者之间思考问题的角度和初衷等诸多方面的差异是显而易见的，导致一定程度上的强迫因素无形中影响着大会评选结果。同时，信用社不具备独立的法人地位，完全背离基层合作社原则。随着农村信用社规模的扩大，如此的选举形式副作用逐渐地显现出来。一些在管理能力、道德素质、专业技能等诸多方面欠佳的人员分配到信用社领导阶层主持重要工作，严重违背了社会基层民众意愿。监事会事实上没有监督权力，直接导致农村信用社的社员积极性不高且监管无力。

(2)“慈善化”初露端倪。新中国成立初期的农村信用社在诸多方面都具有明显的政治色彩和阶级性，导致农村信用社存贷比失衡，存款无法满足农民日益增长的资金需求。为农村资金的筹集和体制的运作以及日后的长足发展设置障碍。

社员资格方面，信用社规定：入社者必须为“劳动人民”，凡是贫农、中农、手工业者、小商小贩，皆属于农村中的劳动人民，都可以入社。反革命分子、地主、富农都没有入社的权利。1957年，农村信用社示范章程中明确规定：“过去的地主、富农分子和反革命分子，在入社后一定时期内，没有选举权，不得担任农村信用社干部。”贷款方面，农村信用社对贷款对象做出了带有政治色彩的区分。社员贷款优先，资金允许的情况下，对非社员也可以发放贷款，但决不放款给地主、富农和商人。

地主、富农、商人是大量资金的所有者，也是农村信用社存贷款业务的主要市场所在。通过对其资金的融合、运作，使私有财产公有化、合作化；使资源合理、有效分配；使基层农民同样具备发展的资金支持。但带有国家政权阶级的农村信用社制度，直接导致了地主、富农难以通过农村信用社满足自身借款需求，而基层农民存款数额普遍较小，远远无法达到正常的农村金融运作效果。

这样做的最终结果就是在一定程度上使京郊农村信用社成为救济穷人的慈善机构，无疑为农村信用社后来的资金严重亏损埋下了隐患。

（三）合作化时期京郊农村信用社的作用

1. 为农民提供贷款　京郊农村信用社最基本的作用是把农民长期闲置、极度分散的资金集中起来，然后投入到农村的公共建设与私人投资中去。加强农民的储蓄概念与习惯，营造良好的贷款投资环境。

农民对资金投入的高峰阶段基本固定在耕种时节，在此期间，农民在资金方面的需要可以通过农村信用社得到满足，同时农村信用社也为京郊农户开拓更广阔投资渠道提供客观物质方面的大力支持。收获季节和农闲阶段农民可以把闲散资金以融资的方式放置到农村信用社，定期领取定额利息，为国家融资的同时实现个人利益最大化。

2. 有效遏制了高利贷　在京郊农村发展过程中，一些富农、地主利用手头的闲散资金对基层有着资金需求的农民发放“高利贷”。高利贷的利率远远高于农业生产的平均利润率，存在着严重且明显的剥削现象，影响京郊农村金融工作正常进行，对其发展造成极其负面的影响。这种情况的长期存在，有悖于当时主流的社会意识形态，同时不利于农村经济发展。

京郊农村信用社的贷款业务在此阶段不需要抵押和担保。无偿地供给农民投资贷款资金、提供便捷的融资、响应国家号召大力促进农业发展。由于国家政策大力支持，农民比较容易获得贷款，继而高利贷在很大程度上被迫逐渐失去了市场。当群众遭到自然灾害、疾病、丧葬等较大的困难时，农村信用社主动及时发放贷款，急人民之所急，解人民之所难，免去了高利贷对京郊农民的严重剥削。

3. 为国家建设发展提供农业剩余　农村信用社的设立，有效地集中了农民的闲散资金，积极为政府获取更多农业剩余提供了有利条件。国家可利用农村信用社从农村抽取闲散资金用于支持工业化建设，以缓解工业化战略实施过程中国家面临的资金压力，实现工业化大发展，打造工农携手前进的可喜局面。

二、人民公社时期农村金融服务

（一）人民公社时期农村金融背景

1958—1978年，农村金融管理体制在人民公社的社会大背景、单一失衡的农村经济结构、一系列的政治运动冲击等诸多因素影响下，体制改革工作周而复始、组织和功能结构单一失调、发展停滞不前、农村信用社逐步从“民办”异化为“官办”。

（二）农村信用社发展变化

人民公社时期，农村金融管理体制周而复始的改革使其管理权限摇摆不定，这个基本过程可以描述为：中央政府（国家银行）——地方政府（人民公社——生产大队）——中央政府（国家银行）——地方政府（贫下中农管理组织）——中央政府（国家银行）。

1958年，因农村财贸体制下放，将农村信用社同银行在农村的营业所合并，下放给人民公社；1959年，中共中央决定停止执行“两放、三统、一包”，将银行营业所从人民公社收回，仍由中国人民银行领导和管理，而把农村信用社下放给生产大队；1962年，中国人民银行根据中央和国务院发布的《关于加强银行工作的集中统一，严格控制货币发行的决定》的重要精神，拟定了《农村信用合作社若干问题的规定》，规定将农村信用社管理权收归银行；1969年，中国人民银行召开了“斗、批、改”大型座谈会，提出银行必须由工人阶级领导、工农兵参加管理；1972年，国务院发布《关于整顿和加强银行工作的几项规定》，将农村信用社纳入国家银行高度集中统一的管理体制之中。

（三）历史环境对农村信用社的影响

在“大跃进”社会政治背景下，为使农村信用社存款额上升到一定水平，农民被动地强制性进行存款，甚至以实物抵资金的现象也屡见不鲜，直接导致了农村信用社产生大量的“虚存虚贷”，使其业务风险陡升，甚至危及农村信用社的生存。农村信用社管理权交由人民公社后，资金的支配缺乏规范化、合理化，使其正常的信贷关系严重紊乱。同样，农村信用社管理权下放到生产大队后，尽管在形式上与农民拉近了距离，但这种放权的结果又造成生产大队随意挪用农村信用社的资金，资产缺乏有效合理的流动性，无疑是对农村信用社构成新的侵害，迫使国家将农村信用社管理权收归国家银行。

20 世纪 60 年代发生的“文化大革命”把银行的制度定位在“管、卡、压”的性质上，拒不执行，对农村信用社产生了深刻影响。在此阶段，储蓄利息被认定为“不劳而获”的产物，结果导致农村信用社的工作受到严重阻碍。1969 年，京郊 37％的农村信用社面临亏损，农村信用社被迫实行贫下中农管理使其合作化时期初露端倪的慈善化趋势有所上升，在某种程度上使其成为救济机构或者慈善机构。“文化大革命”后期，面对农村信用社巨额的亏损，不得不将其交由国家银行进行规范化管理，使基层农村信用社短时间演变为国家银行的基层机构。同时，人民公社阶段农村信用社的弊端很多，诸如：管理体制混乱、缺乏合作性主旨、“三会”制度的缺位、农村信用社职工身份待遇“国家干部化”、监督机制欠缺。

三、市场化改革时期农村金融服务

（一）市场化改革时期农村金融社会背景

1978—1995 年，市场化改革时期，这一阶段京郊农村金融主要任务是体系的重构与调整。农村金融体制改革的思路是“农业银行商业化、农村信用社合作化、农村民间信用规范化”。进入20世纪80年代，“官办”的制度安排已不适应农村经济的发展变化，京郊金融体系也逐渐形成“以农业银行为主导，农村信用社为基础，其他金融机构和融资方式为补充的多元农村金融体系。”

随着农户、企业和经济合作组织逐渐成为农村经济的主体，这一时期的农村金融改革取得一定程度的成功。具体体现在农村内部对资金的需求日益强烈、农村商品总量和种类不断增长、信用社服务水平大幅度得到改善、透明度加强、逐步开放对民间信贷的管制、允许民间自由借贷，从而为京郊金融体制改革提供了良好契机。

（二）市场化改革时期的京郊金融大事记

1. 农业银行商业化 1979年2月，国务院发布了《关于恢复农业银行的通知》，规定了中国农业银行直属国务院，由中国人民银行代管，自上而下建立各级机构；中央、省、自治区设分行，地区设中心支行，县设支行。农村营业所、农村信用社一律归化农业银行领导。1980年，恢复后的农业银行贷款对象由原来的以集体为主转变为以农户为主。

1987—1990年初，农业银行商业化使其承担政策性融资的重要任务。北京农村金融体系在“农业银行商业化”的大背景下滋生了诸多制约农村金融发展的因素，随着金融体制改革的进一步深入，直接导致的严重后果是农村信用社体制的日益僵化、经营效率低、呆账增多，由于农业过度支持工业造成自身的一定亏损、农村信用社亏空以至难以维持、不能满足服务客体对资金的需求。农业银行商业化的性质使其惠农政策不断减少，京郊农村信用社对农村的贷款余额持续小于农村的存款余额，其差额不断扩大，逐渐形成了京郊农村信用社从农村“抽血”的局面。1993

年12月，国务院发布了《关于金融体制改革的决定》，旨在解决这一矛盾，决定在持续推进农业银行商业化的同时组建中国农业发展银行，承担国家粮棉油储备和农副产品合同收购、农业开发等政策性贷款，代理财政支农资金的拨付及监管。主张恢复信用社的“三性”，即管理上的民主性，经营上的灵活性，把信用社办成群众性的合作金融组织。1994年中国农业发展银行成立，期间北京分行也应运而生，承担了从农业银行剥离出来的政策性金融业务。

2. 民间融资的产生　随着京郊农村经济的别样发展，正规金融机构提供的融资远远不能满足农村融资的需求。于是民间融资有了发展的空间。民间融资泛指非金融机构的自然人、企业及其他经济主体（财政除外）之间以货币资金为标的的价值转移及本息支付，非国家依法批准设立的金融机构。它是农业银行和信用社的补充，游离于国家正规金融机构之外的、以资金筹措为主的融资活动。这种被称作“非正规金融”的民间金融，占据了我国农村融资的绝大比重，有效地缓解了农村经济对资金的需求，很大程度上担当起农村资源配置的功能。

民间借贷有以下特点：借贷手续灵活、简便，备受急需资金者青睐；利率高、弹性大，城镇乡村有差别；民间融资增长快、规模大，融资主体多元化；民间融资由“地下”“浮出水面”，逐步呈现出合理化趋势。京郊民间金融能免去农村金融中借贷过程中手续烦琐和放款时间不及时等一系列问题，满足“短、快、灵”的要求；为满足农村经济主体的资金需求开辟了重要途径；为农村的金融发展提供了重要的载体；为我国正规金融中介的改革提供了压力和动力。

3. 农村合作基金会的成立　随着20世纪80年代的农村经济体制改革初见成效，农村合作基金会在北京落户。

北京农村合作基金会不是金融机构，而是社区内为农业、农民、农村服务的资金互助组织。农村合作基金会力争做到“四坚持”、“四防止”，即：坚持互助性，防止办成金融机构；坚持社区性，防止资金外流；坚持群众性，防止走“官办”道路；坚持民主性，防止变成领导干部的“小金库”。

1986年8月中央指出：在不开展存贷业务的情况下，这种内部融资办法可以试行。后来又指出信贷业务可以由中国农业银行予以指导。但内部融资却没有得到国家金融管理部门的认可，有些地方金融机构甚至对其采取限制措施。同年12月，农业部发出了《关于加强农村合作基金会规范化、制度化建设若干问题的意见》，此后，农村合作基金会合作组织迅速发展。

（三）市场化改革时期京郊金融改革难点

1. 农村金融的定位 京郊农村金融面临两种选择性定位：政策性金融机构或是商业化金融机构，其改革过程中出现的一系列问题，究其原因与其模糊的定位密不可分。如果把京郊农村金融定位在政策性金融机构，无非是为了实现国家不同时期的特定政策目标。例如给予农村经济发展大力的支持、实现农村资源的合理配置、优化农村产业发展结构。显而易见，政策性金融机构必会面临亏损，而国家既想让农村金融机构承担政策性职能，又不愿为其亏损买单。如果将京郊农村金融定位在商业化金融机构，那么，其经营目标是实现本身的利益。有悖于农村金融的发展主旨，地方政府拥有了对农村金融机构的控制权，把农村金融机构作为一个实现特定目标的工具，造成农村资源的“抽血”局面。

2. 农村信用社农民贷存比逐年下降 随着20世纪80年代初开始的金融体制改革的不断深入，农村信用合作社与农业银行的关系不断理顺，自身发展体制也日渐成熟。两者之间的关系逐渐由发展初级阶段的彼此依赖向市场化竞争关系转化。为了在两者的竞争中处于不败之地，农村信用合作社在人、财、物等方面不断进行完善，在营利动机的驱动下把资金更多的投向获利机会较大的乡镇企业、个体工商户，经营行为比较利益选择。国家大形势下，致使京郊农村信用社贷款中农户贷款的速度远远低于其存款的速度，农户贷存比呈下降趋势。

四、市场经济体制下的京郊农村金融服务

（一）市场经济体制农村金融社会背景

1996 年至今，在市场经济体制不断改革完善的过程中，京郊农村金融服务把“明晰产权、理顺体制、强化服务”作为改革重点，以农村信用社改革为中心，把原有的农村信用社逐步改为由农民入股、由社员民主管理、主要为社员合作的金融性组织；农业发展银行成立，行社脱钩，政策性金融机构（农业发展银行）分工协作的农村金融组织体系开始形成；农业银行正式向国有商业银行转化，作为以合作金融（农村信用社）为基础的商业性金融机构（农业银行）。

旨在铲除长久以来阻碍京郊农村金融发展的诸多制约因素，建立和完善以合作金融为基础，商业性金融和政策性金融分工协作的完整金融体系。京郊农村金融在国内大形势下各种相关体制改革和政策也应运而生。

（二）市场经济体制京郊金融机构概述

1. 农村信用社市场经济体制下的发展　1996 年 8 月，国务院颁发《关于农村金融体制改革的决定》，提出农村信用社总体改革步骤：农村信用社与农业银行脱离了行政隶属关系，对其业务管理和金融监管分别由县镇联社和人民银行承担；城乡一体化程度较高的地区，经整顿后可合并组建农村合作银行；国务院成立农村金融体制改革部协调小组办公室，省、地、县三级成立农村金融体制改革领导小组和办公室。

（1）*农村信用社改革历程简述*。2003 年 6 月，国务院颁发

《深化农村信用社改革试点方案》，旨在改革信用社产权制度、清晰产权关系、完善法人治理结构、区别各类情况、确定不同产权形式，将信用社的管理交由地方政府负责。

2004 年 8 月，国务院把北京市列入全国第二批深化农村信用社改革试点省市，北京市委、市政府做出了全面部署。在人民银行、银监会等有关部门的指导下，在充分调研论证的基础上，决定组建北京农村商业银行。

2005 年 2 月 21 日，国务院批准北京市农村信用社改革方案。

来自北京银监局的统计数字表明本市涉农贷款呈上升趋势。截至 2008 年 9 月底，北京市辖内银行业金融机构涉农贷款余额 776.2 亿元，比年初增长 39.4 亿元，增幅为 5.3%。其中农户贷款余额 48.2 亿元，比年初增加 5.4 亿元，增幅为 12.6%。农村金融对基础设施建设、农业产业化发展、农民合作组织发展、农民投资创业以及农民消费信贷等农村经济社会生活的影响日益广泛。

(2) 国有银行撤离带来农村信用社机遇。由于京郊农村信用社改革过程中农村“失血”的局面一直没有得到有效根治，四大国有商业银行出于防范风险和对自身利益的考虑，自 1999 年以来逐步从农村撤走，收回了县一级分支机构的放款权。直接造成京郊金融资本在很大程度上严重供给不足，需求量不断增加。在服务“三农”金融方面压力日趋加大的同时，为农村信用社带来了一个难得的历史发展机遇。近两年来，北京农村信用社开展的小额信用贷款业务在京郊地区被广为接受。如今北京 90%以上的农村信用社都开办了小额信用贷款和农户联保贷款，从 2001 年正式开办以来，大大缓解了农民贷款难的矛盾，而且其间蕴藏着很大的发展潜力。农村市场是农村商业银行的立足之本，“三农”市场潜力巨大，北京农村商业银行仍肩负着“支农”的责任，借此契机大展宏图。

（3）农村商业银行的成立。2005年3月3日，北京农村商业银行筹备组成立，并于10月19日正式挂牌开业。其市场定位："立足城乡、服务'三农'、服务中小企业、服务市民百姓"。北京农村商业银行的成立，是北京市委、市政府贯彻落实国务院关于农村信用社改革文件精神的成功实践；是党中央、国务院高度重视农业、农村和农民问题的体现；是国家有效解决基层农民生产、生活需要最行之有效的方法，真正做到了"解人民之所难"。

从资本金规模看，北京市农村信用社实现了由功能单一型合作经济组织向结构复合型股份制商业银行的彻底转变，是迄今为止我国规模最大的农村金融机构和区域性地方商业银行。由以社员互助合作、民主管理和服务社区社员为特点的金融机构，通过不断的改革完善，稳步发展成为北京农村商业银行，具备长足发展的潜力。北京农村商业银行注册资本金达50.75亿元，实现了股权结构、投资主体双重多元化。其中：企业法人387家，认购股份28.5亿元；自然人27 893人，认购股份22.25亿元（图2－1）。

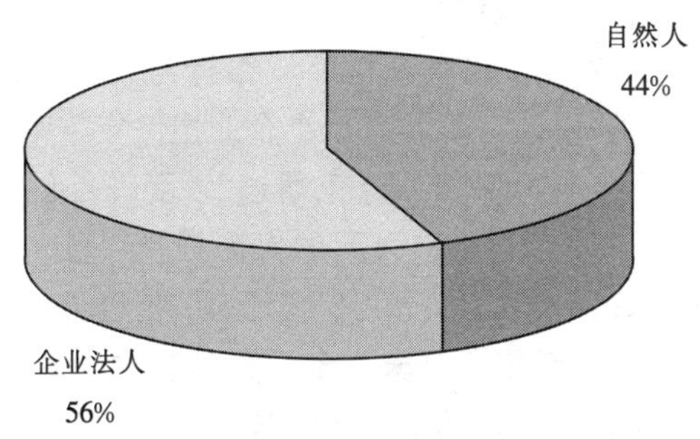

图2－1　北京农村商业银行注册金构成

（4）农村商业银行北京分行服务京郊发展。"切实增加农民收入，提高农民生活水平"是北京农村商业银行工作的出发点和落脚点，也是农村信用社生存和发展的基础。

2001年，结合人民银行《小额信用贷款管理办法》和《关于进一步扩大北京市农户小额信用贷款的指导意见》以及市联社《关于开展农户小额信用贷款的实施意见》，国家特制定《北京市农村信用社农户小额信用贷款管理办法》，为下一步扩大推广农户小额信用贷款工作打好基础，真正解决农村中低收入农户贷款难、担保难的问题，逐步扩大京郊农户贷款的受益面。

2006 年 6 月 1 日，北京农村商业银行与北京市农村工作委员会签署了《金融支持新农村建设的框架协议》。合作协议承诺：北京农村商业银行将以通州总体规划、新农村建设为依托，在未来 5 年内向通州辖区内的企业和贷款项目尤其是涉农的重点项目提供不低于 50 亿元的信贷资金支持，用于满足辖区内建设新农村的资金需求。其 50 亿元支持的重点项目包括：农民生产就业及其他金融服务需求、农业龙头企业和农民专业合作经济组织、新农村建设进程中的旧村改造、生态环境建设项目、城镇基础建设及配套项目以及成长性好、赢利性强的中小企业等，并根据通州区经济发展情况，不断扩大资金支持规模。北京资源亚太饲料科技有限公司、北京德清源农业科技股份有限公司、北京顺鑫农业股份有限公司签署了贷款协议。

2006 年 6 月 9 日，北京农村商业银行与北京首创投资担保有限公司在京签署协议。就北京市小企业担保贷款问题达成合作意向。开辟“小企业担保贷款绿色通道”，受理首创担保提供的 1 年期以内，单户不超过 300 万元的保证贷款项目，简化调查审批流程的同时承诺一年内将提供 3 亿元的信贷资金额度用于此项业务合作。截至 2006 年 3 月末，全行资产总额已达 1 385 亿元，各项贷款总额 566 亿元，其中小企业贷款余额近 300 亿元，占贷款总额的 50%以上。

截至 2007 年 7 月末，北京农村商业银行通州支行存款余额已达 147 亿元，贷款余额 77 亿元，在通州区的 8 家同业金融机构中，该行的存贷款市场份额均排名第一位，占比达 30%以上。此前北京农商行已与平谷区政府签订了“全面银政合作协议”。

2. 农村发展银行北京分行的发展　中国农业发展银行是根据中华人民共和国国务院 1994 年 4 月 19 日发出的《关于组建中国农业发展银行的通知》（国发［1994］25 号）成立的国有农业政策性银行，直属国务院领导。

农业发展银行北京分行先后经历了三个阶段：1994 年 6 月至 1998 年 4 月的全方位支农 、1998 年 5 月至 2004 年 7 月的收购资金封闭管理和 2004 年 8 月至今的按现代银行要求打造的农业发展银行。

农业发展银行是目前中国唯一一家农业政策性金融机构，企业化管理的政策性银行。从 1994 年农业发展银行北京分行建行至今，农业发展银行直接肩负着支持、促进和保护农业与农村经济发展的使命，主要任务是保护和提高京郊粮食综合生产能力、稳定粮棉市场、保护农民利益、促进农业发展、维护农村稳定和推进粮食流通体制改革等政策性工作，并在此期间取得了显著成效。

（1）*农业发展银行北京分行服务京郊发展*。农村发展银行北京分行为加快京郊农村经济的发展，对促进社会主义新农村建设做了大量的金融服务。中央高度重视“三农”工作，北京新农村建设对农业发展银行北京分行高标准严要求。党中央制定了“多予少取放活”的基本方针。农村发展银行全力满足京郊新农村建设的需求，以充分发挥农业政策性金融在新农村建设中的作用。

农村发展银行北京分行在京郊信贷投向上支持贫困地区推广各种实用技术，注重科技兴农。支持现代化都市农业建设，如“沟域经济”、“休闲农业”、“种籽农业”、“景观农业”、“民俗文化传承”等新兴农业产业；鼓励京郊投入新型农业技术、普及科普知识、优化农业产业结构、合理资源配置；支持生产组织的信息化，建立健全农村科技服务组织网络、建起科技成果通向生产实际的桥梁，如：将“爱农信息社”落实到镇级、村级，以此为农村科技的推广应用提供信息平台等各种便捷条件。

2006年6月1日，国家开发银行营业部、中国农业发展银行北京分行、北京农村商业银行与北京市农村工作委员会签署了金融支持新农村建设的框架协议。这3家银行还分别与北京资源亚太饲料科技有限公司、北京德清源农业科技股份有限公司、北京顺鑫农业股份有限公司签署了贷款协议。2008年12月26日，北京市农业投资有限公司举行了成立揭牌仪式。北京市农业投资公司分别与中信证券股份有限公司签署共同发起设立农业产业投资基金的《战略合作协议》；与北京市大兴区人民政府就农村金融综合改革试验区的合作事项签署《战略合作协议》；与中国农业发展银行北京市分行、中国农业银行北京市分行、华夏银行股份有限公司、北京银行股份有限公司、北京农村商业银行五家银行签署《银企合作框架协议》；与北京市两家农业龙头企业签署《投资意向书》。2009年6月19日，中国农业发展银行房山区支行放贷2亿元支持房山农村基础设施建设。该行以信用方式向北京建良源投资管理有限公司发放2亿元农村基础设施建设中长期贷款，贷款期限10年，着力解决街坊路硬化绿化、安全饮水、污水处理、厕所改造、垃圾处理实际问题。项目建成后，可以充分改善房山区411个村农户的生产生活条件和卫生环境状况。

(2) 农业发展银行北京分行改革中存在的问题。

第一，产权不清晰。农业发展银行北京分行在发展变革的过程中同初始发展的农村信用社一样，存在着无法遏制的产权主体单一且虚置，管理机制流于形式，同时产权关系模糊等类似问题。全体农村金融服务客体名义上拥有农业发展银行的所有权，实际却并不具备行使其所有者的任何权利。中国人民银行、财政部、国土资源部等管理部门在行使对农业发展银行占有权、支配权、使用权和收益权等各项权能的过程中，没有实现权限的合理划分，造成责任边界模糊不清，降低农业发展银行正常工作效率，影响其作用效果。

第二，资金筹措渠道不规范。作为政策性银行，农业发展银行北京分行的资金按规定主要来源于国家财政无偿拨款。但由于国家财政拨款能力有限，且常常不能按时到位，政策方针的更迭等诸多原因，农业发展银行实际上需要另外向中央银行借款的方式来筹集资金。农业发展银行资金来源中约 90%是中央银行的再贷款，筹资成本较高、贷款期限严格限制、手续规范烦琐。无疑与农业发展银行面向农业提供的各种相关惠农政策和惠农意愿相悖，造成一定程度上的附加困难，使农业发展银行举步维艰。面对日益增长的资金需求量，为民间非正规金融发展创造了较大的机遇。

第三，农业发展银行业务范围设置不合理。中国农业发展银行在京郊的金融业务主要集中在国家粮、棉、油的收购贷款，但由于粮食收购部门经营效益低下，且普遍对农业发展银行的贷款偿还积极性不高，贷款回收极为困难，难以保本经营。扩大农业发展银行的业务范围的做法刻不容缓，鼓励走多元发展路线，进一步合理确定其贷款范围和数量、扩大管理职能、充分发挥农业政策性金融的作用。

3. 中国农业银行向商业银行的转轨

（1）中国农业银行北京分行发展简述。农业银行北京分行自 1984 年恢复成立以来，经历了由国有专业银行向国有商业银行转轨，也经历了与农村信用社业务管理上的脱钩及农业发展银行的分设等重大改革，前后经历了三次成立又三次被撤销的反复过程。20 多年来，经过不断艰苦创业、总结经验、开拓创新，无论在经营业绩上，还是在创新金融服务上，中国农业银行北京分行都取得了较好的成效。中国农业银行北京市分行倡导“以人本管理为中心，以科技创新为先导，以服务客户为宗旨”，充分体现了北京农行奉献社会、服务大众的现代管理理念，“面向三农”始终是农业银行首要艰巨任务。

（2）中国农业银行北京分行服务京郊发展。中国农业银行北京分行以“三农”为己任，通过加大信贷投入力度，改进金融服务体系，有效促进了首都农业和农村经济的持续、快速发展。在农业信贷基本政策方面，围绕农业产业化、农村城镇化和县域经济三大重点，积极支持城镇建设，特别是结合政府加大基础设施投入的政策，加强对道路、通信、水利等基础设施建设的信贷支持；积极介入区城经济的发展，在控制风险的前提下，加强对中小企业的信贷支持，措施包括：

第一，支援推进京郊城镇化进程。

2005 年 3 月 28 日，中国农业银行北京分行和北京市商务局开展银商协作。在 2005—2007 年，意向性安排 25 亿元贴息贷款，支持北京郊区现代流通网络建设。个人参与连锁超市、便利店投资，最多可获 1 万元的奖励。

2006 年，中国农业银行北京分行积极支持新农村建设，为京郊各类产业发展提供贷款 433.7 亿元。在中国农业银行北京分行发放的 906 亿元各项贷款余额中，郊区各类产业贷款占 47.87%，支持了特色农业发展。已发放的 15.27 亿元农副产品深加工企业贷款，使京郊 75 户企业得到健康发展。怀柔区盛产板栗，当地农业银行为北京富亿农板栗有限公司发放贷款 1 450 万元，支持其农副产品深加工，保证了板栗收购、加工流动资金的需求，其产品畅销国际市场；北京资源亚太饲料科技有限公司连续多年被中国农业银行大兴区支行评为“AAA”级企业，2005 年在中国农业银行 8 000 万元贷款支持下，实现销售收入 5.11 亿元，获利 1 789 万元；中国农业银行北京分行还在怀柔、密云、昌平、通州、顺义等区县累计发放新农村房地产开发项目贷款 20.2 亿元。他们与市商务局签署了旨在发展京郊现代流通网络的框架协议，三年内将为京郊现代流通网络提供专项贷款 25 亿元。

2007 年 3 月，中国农业银行北京分行在促进新农村建设，推进农村城市化发展进程中，积极调整信贷投放结构，不断创新和推广金融产品，把优质金融服务和信贷投放重点有机结合，使京郊农村发生了显著变化。截至 2006 年底，中国农业银行北京分行共为京郊各类产业发展提供贷款余额 400.31 亿元，占全行贷款发放总额的 41.88%。

2009 年 6 月，中国农业银行房山区支行放贷 2 亿元支持房山农村基础建设，贷款期限 10 年。该贷款项目着力解决街坊路面硬化绿化、安全饮水、污水处理、厕所改造、垃圾处理等实际问题。充分改善房山区 411 个村农户的生产生活条件和卫生环境状况。

第二，支持龙头产业，带动经济全面发展。

中国农业银行北京分行与众多农业相关的企业建立起了战略性的合作伙伴关系，银企双方真正实现了双赢。龙头企业与中国农业银行的合作历史悠久，已形成了递延式的发展态势。加大对农业产业化龙头企业的支持力度，通过对龙头企业的支持，带动种植业、养殖业和农产品加工业等产业的发展，间接拉动农业、农村经济的发展。

截至 2007 年底，中国农业银行北京分行支持北京“三农”纯涉农贷款余额 114.16 亿元，占贷款总额的 12%；其中农业产业化贷款余额 27.54 亿元，乡镇企业贷款 15.98 亿元、供销社贷款 5.91 亿元，专项贷款 14.83 亿元，农网改造贷款 8.05 亿元，农户贷款 20.05 亿元及其他贷款（图 2－2）。

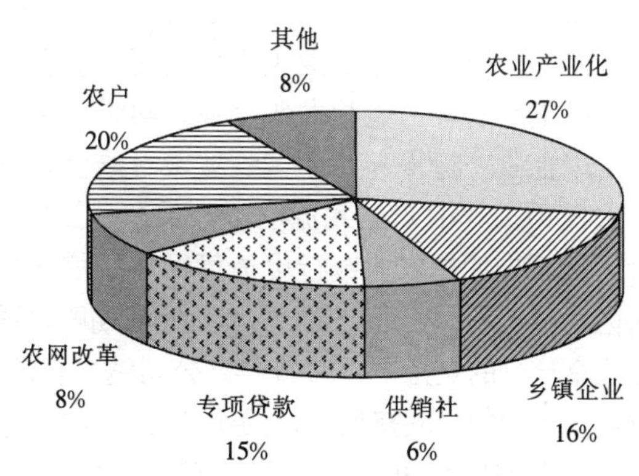

图 2－2　中国农业银行北京分行涉农贷款投向

重点支持的农业产业化龙头企业有 22 家，授信金额 35.2 亿元，用信余额 28.7 亿元。其中以中国农业发展集团总公司、北京顺鑫农业股份有限公司为代表的国家级农业产业化龙头企业 15 家；以蒙牛乳业（北京）有限公司、北京卓宸畜牧有限公司为代表的市级农业产业化龙头企业 7 家。通过对农业产业化龙头企业的支持，也带动了其上游和下游产业的发展。

北京千喜鹤食品有限公司位于北京市平谷区工业开发区，是集生猪屠宰、高低温肉制品加工、物流配送及销售为一体的大型食品加工销售企业，被指定为北京 2008 年奥运会冷鲜猪肉及猪肉制品独家供应商。2003 年，中国农业银行对该企业发放了第一笔贷款，其中包括项目贷款 4 000 万元、流动资金贷款 1 200 万元，使企业创造了当年投产、当年盈利的奇迹。在此基础上，中国农业银行又对该公司高低温肉制品加工项目给予 7 600 万元贷款的支持，预计投产后每年可实现销售收入 7 亿元，利润 2 662.9 万元。2008 年实现屠宰生猪 200 万头，销售收入 15 亿元。银企精诚合作，既促进了企业发展，又规避了银行的风险。千禧鹤公司在中国农业银行北京分行的大力支持和帮助下，已发展成为资产规模近 10 亿元的现代化民营股份制企业。在千喜鹤公司发展道路上，几乎每一次突破都与中国农业银行的信贷支持密不可分。

顺鑫农业是北京市第一家农业类上市公司，被农业部等八部委确定为国家级重点农业产业化龙头企业，同时公司也是中国农业银行 AA 信用企业。2006 年，中国农业银行给公司公开统一授信 7.4 亿元人民币，其中 6 亿元流动资金借款，1.4 亿元项目贷款。2007 年，公司向中国农业银行申请可循环授信 9.2 亿元人民币，其中 8 亿元用于流动资金借款，1.2 亿元活期账户透支。在中国农业银行北京分行的支持下，2006 年，公司销售收入达 32.1 亿元。中国农业银行的信贷支持使公司的业务发展步入了快车道。

北京卓宸畜牧有限公司生产的“卓宸”牌清真牛羊肉在国内已经形成了稳定的销售网络，涉及 20 多个省、直辖市、自治区

170 多个客户，同时还带动了当地 22 个自然村的 3 000 多农户发展牛羊养殖业，每户年收入达 2 万多元。已连续 7 年被中国农业银行北京分行评为“AAA”级信用企业。2006 年，该企业出口创汇 635 万美元。自 2000 年以来，在中国农业银行北京分行对该公司累计发放贷款 4.52 亿元，使企业的资产总额由初期的 7 824 万元增加到 2010 年的 2.5 亿元。2006 年，该公司销售收入 2.2 亿元，实现净利润 2 754 万元，取得了良好的经济效益和社会效益。

在农业信贷基本政策方面，紧紧围绕农业产业化，农村城镇化和县域经济三大重点，加大对农业产业化龙头企业的支持力度，通过对龙头企业的支持，带动上游的种植业、养殖业和农产品加工业等产业的发展，间接拉动农业、农村经济的发展；积极介入区域经济的发展，在控制风险的前提下，加强对中小企业的信贷支持。由于中国农业银行北京分行管理体制的不断完善，窗口服务质量和金融品种的提高和不断创新，高标准严要求，给郊区居民和农民个人储蓄存款提供了良好的服务环境。

五、京郊农村金融市场存在的问题

（一）京郊金融结构在满足农村金融需求上存在着严重的不足

充足的资源配置对于创建一个健全的有效的农村金融体系非常必要，这可以使农村经济和社会发展的需要更加匹配。然而，现实情况往往不尽如人意，农村经济和社会的发展得不到足够的金融资源，从而严重制约了农村的经济和社会的发展。根据国家开发银行对农村金融需求和供给的测算，如果不大量增加农村金融供给，现在约为 8 000 亿元的供需缺口将持续扩大，2010 年将达到 5.4 万亿元，2015 年将达到 7.6 万亿元。导致这种状况的原因可以归纳为以下几方面。

1. 农村金融体制中的融资渠道在减少　20 世纪 90 年代以

来，随着国有商业银行的改革加速推进，我国商业银行的县乡分支机构的数量大幅度减少；农村信贷融资渠道迅速减少，到目前为止，这个数据仍在恶化，而邮政储蓄在其本质作用上也就相当于一个资金的抽水机，只是吸收存款，而不提供贷款服务。据统计，到 2006 年，邮政储蓄营业网点超过了 36 000 多个，县级以下农村网点占到比例的 2/3。1998—2005 年，邮政储蓄存款余额从 3 200 亿元增加到 13 577 亿元，在这其中，存款来自县级以下的比例达到 50%左右。然而这些存款返回农村实用的数量相当微少。这样的结果会导致大量的农业存款，转移到非农业存款当中去，促进非农业的发展。另外，作为政策性银行的中国农业发展银行，其分支机构也只设到县一级，其职能也只是收购粮棉为主，贷款对象也只是国营粮食系统，对于农村建设和农村经济发展的目标相差很远，并且由于缺乏灵活性和政策的过于死板，导致对产后流通投放资金过多，而对于生产和研发环节投放过少，这在很大程度上影响了农业的发展。例如，到目前为止，农副产品收购贷款占总比重的 85.3%，而各类开发性贷款仅占 8.9%。从这个数据，很明显可以得出结论，这种信贷结构不能解决发展三农的基本问题，如解决农业基础设施薄弱，农业科技水平落后和农业后劲不足等问题。除此之外，农村最依赖的农村信用社的信贷也是一个主要问题。农村信用社除了在资产规模尚不能满足农民的需求，而且，还有很大一部分资金通过缴纳存款准备金，转存中央银行，购买国债和金融债券等方式，引起大量的资金外流。从 20 世纪 90 年代以来，农村信用社平均每年转移 2 000 亿元人民币左右。如此大额的资金外流使本不充裕的信贷变得更加紧张。

2. 股权设置不合理，股金结构单一 合作金融各个合作者的产权都要通过量化的股权结构具体表现出来。股权设置不合理主要体现在两方面：①股金标准和比例过低。股金标准是指社员入社所要缴纳的最低股金金额。农村信用合作社在最初一般采用统一股金标准且额度较小（一般为一元、几元、几十元）。近几年，在规范和改革中，普遍提高了股金标准，并且有的农村信用合作社对不同股权所有者规定了不同的股金标准。②在农村信用合作社净资产中，社员股金所占比例很少，在很多地方只占5%左右，而且在赖以运转的资本中，股金无足轻重，绝大多数处于所有者虚置状态。因为占绝大多数的积累，作为不可分割的集体财产，同各个社员之间没有现实的财产所有权关系。对于社员来说，无论农村信用合作社经营状况如何，同社员有明确权益关系的股金都起不了多大作用，而且，也不会给其切身利益带来重大影响。股金比例过低，农村信用合作社资金状况在很大程度上受储蓄存款升跌的左右，不利于稳定其资金来源。同时，股金比例过低也意味着入股群众少，合作金融缺乏群众基础。此外农村信用社普遍存在着产权不清晰、治理结构不完善。关于这一点，它的其中之一的表现就是股金设立不合理，股金标准和比例过低。

（二）京郊农村金融市场的系统性缺陷

1. 人口密度低，平均贷款额小，家庭储蓄少，这些都增加了交易成本 京郊的人口密度比起城市来说还是低很多的。据2008年统计，京郊人口密度为384人/平方公里，北京城市的人口密度是822人/平方公里。可以看出，农村的居住情况比较散，这样就加大了金融机构的成本。除此之外，农村人口的收入也很低。从北京市政府工作报告中获悉，2004年，北京市城镇居民人均可支配收入15 638元，比2003年增长11.5%，农民人均年纯收入则为7 172元，比2003年增加8%。从调查中看出，尽管政府近几年连续实施惠农政策，农民们的经济收入确实有了很大提高，但与北京的城市相比，京郊农村的经济不管从结果数据还是增幅速度都是落后城市的；人口密度低，加之贷款数额少，收入整体较低，这些都增加了交易成本，导致很多银行不愿在农村设立网点。

2. 京郊现金流量增大，金融服务网点太少 京郊现金流量增大有两个直接表现形式：一是存款额增加，二是银行现金投放量增加。调查显示，中国农业银行北京分行 2009 年 1～10 月各项存款增加了 170 个亿，达到了 970 个亿。再以丰台信用社为例，目前每月现金投放量为 1.6 亿元左右，是 2007 年的 2 倍。如果与 5 年前比，京郊现金流量至少放大了 3 倍。京郊现金流量在增大，但金融服务却没有跟上。北京市有 4 个近郊区和 10 个远郊区县，共 147 个镇、67 个乡、90 个街道办事处。以服务农村为主的市农村信用社目前有网点 610 个左右，也就是说，近 7 个行政村才能够摊上 1 个网点。在山区，这个数目也达不到，只能覆盖到乡镇一级。而四大商业银行之一的农业银行的服务目标已经锁定城区，即便在乡镇，服务对象也是企业。京西永定镇地域面积 68 平方公里，有 34 个自然村和 32 个村委会，但是只在镇政府有 1 家信用社和 1 家农业银行，最远的村到银行的路途为 12 公里。全村现金流量仅从村集体来的，每月已经接近 30 万元，是 3 年前的 5 倍。但农民存钱要跑路，取钱超过 3 000 元又要提前通知银行。由于随时面临各种经营活动，农民只好把现金放在手旁。另外，农村信用社曾经把代办站设到村，但据了解，由于安全、成本等原因，目前近八成已经撤销。

3. 京郊农村存在的特殊性 农业生产周期长、收益低、风险大，从而导致了很多金融机构不愿从事这样的业务，把资金转而投向非农业生产。这个问题在京郊也很突出，2004 年，北京农业银行农业贷款、农业发展银行、农村信用社贷款余额为 627.45 亿元，占北京银行业贷款余额的 5.19%。农村信用社与农业银行脱钩以后，其涉农贷款不断下降。另外，农户资金来源主要依靠自有资金，农户贷款需求与实际满足程度不匹配，农户与农户之间都有高度的了解，所以他们在遇到困难时，都会根据彼此间的熟悉程度和信誉程度来提供帮助。根据熟悉与不熟悉，彼此熟悉的人就形成了所谓的圈子。在这个圈子中他们彼此了解，能够较为便利的获得贷款人和借款人的品德、能力等相关信息，从而除去不合格的交易对象，降低了风险。2005 年末，北京市农户贷款和农户小额信用贷款余额 18 亿元，贷款户数 3.5 万户，占农村户数的 3.5%，但远不能满足农户的贷款需求。在对延庆县大柏老村、里炮村、小丰营村的调查中发现，农户的自有资金占 85.4%，私人借贷占 21.8%，到北京农村商业银行贷款的仅有 11 家。这个圈子虽然大大降低了风险，但是也使得不是这个圈子的人和外来的机构很难融入圈子中。从而也增加了农村金融机制在农村设立的难度和成本，以及信息的不完善。

4. 农村市场的监管存在缺陷　对于农村市场的监管，中国农业银行始终肩负着重要的责任。除此之外，中国人民银行还是农村信用社的管理者，在农村信用社脱离农业银行之后。这种双重身份导致了管理上的冲突，也是发生很多问题的根源。例如，监管机构很难设立一套针对农村信用社的方针，很难针对这一特殊的组织进行有利的监控与管理。除此之外，尽管发达国家针对农村金融进行了很多的改革，实行了很多的政策，可是在监管上依然困难重重。

六、京郊农村对金融产品和服务的需求

对于农村金融的需求，各地方之间存在着很多相似处。而由于北京的地理位置和其经济的发展，又决定了北京农村地区对金融产品的特殊需求。京郊农村经济结构发生变化，传统农业已不复存在，现代农业体系的雏形已经形成。农村信贷需求主体发生变化，信贷投向已由原来的农业向二、三产业转移。农村资金需求主体已从零星、分散的个人、家庭转变为集中在少量的规模农户。

（一）人们的需求以生活型为主

农户生活类需求主要是为了弥补当年收入和储蓄额的不足，

主要用于建房、教育、婚嫁等。

生活上的需求占重要比例的主要原因就是农民近几年收入增长缓慢，而物价却持续走高。而且，尤其是从北京近几年的情况分析，大部分的农民土地逐渐被商家占有。由于近几年北京房地产的崛起，北京地价的持续走高，很多商家把商机投向了乡村地产。由于农民缺乏对土地的保护意识，用很低的价格卖给了商家，这样造成了大批的农民失去了他们资金的唯一来源。除此之外，在北京，农产品的生产成本逐年上升，导致农民的收入得不到提高，对于生活上的贷款需求提高。

（二）大额贷款的需求逐渐增多

由于金融机构对农村的需求了解不够深入，农民信誉度不够高，农民贷不到他们所期望的款值。京郊农民对于资金的需求和对于高额贷款的需求更加突出。京郊农民对于贷款不光是农作物的生产，更多的会是商业、房地产和生活所需，这就需要更多的资金贷款。像前面所提到的，北京农民的土地逐渐减少，他们会想别的方法提高本身的收入。例如，最近国家对于农民做小生意的支持。很多农民都选择到城市做小生意，这样就增加了更多贷款的需求。除此之外，农业产业化也是导致农民需求大量贷款的原因。民间投资主体是农业产业化的主要参与者。在我国，农业产业化的概念是通过组织引导一家一户的分散经营，围绕主导产业和产品，实行区域化布局、专业化生产、一体化经营、社会化服务、企业化管理，组建市场牵龙头、龙头带基地、基地连农户，种养加、产供销、内外贸、农工商一体化的生产经营体系。其实质是通过现代市场经济的契约、合同、入股、入社等形式，利用现代管理技术和科学技术，整合产供销、贸工农、经科教所形成的一种互惠互利的农业一体化的利益共同体。这种形式减少了价格的波动，提高了农产品的生产价值，对于乡村居民来说吸引力非常大。这种形式的体现是股份制企业、民营企业、私有制企业。京郊上规模农业产业化加工龙头企业有 1 070 家，其中，固定资产规模在 1 亿元以上的农产品龙头企业有 15 家，5 000 万元以上的有 48 家，带动各类种植基地 140 万亩*。这种形式的增加，也导致了农村大额贷款需求的增加。因此，对于北京郊区农民在资金需求方面表现为规模化、周期长、贷款需求额度高的特点。

（三）对贷款手续简单，低贷款的需求

对于现在的金融服务手续，不仅对京郊农民而言，就是对大多数人来说，办理贷款手续也相当烦琐。首先要填表，如果没有样本，对于他们来说就比较困难。除此之外，又要身份证、户口本和一些相关证件的复印件，而对于农民来说，最困难的就是抵押金和资金证明。首先，农民的收入并不高而且不稳定，收入证明就是个问题。其次，他们可以用来做押金的大多数只能是存折或是房屋抵押。对于存折来说，农民并不习惯把钱存在银行而是把钱存在自己家，因此存折作为抵押是个问题。而农民基本上只有一栋房子可以抵押但风险又很大。诸多原因，很多农民迫于无奈向别人借存单作抵押，也有很多人像非正式机构借贷，造成了更大的风险。所以，政府和金融机构应该对于农村居民的手续和抵押条件尽量简单、方便、实用。

七、京郊农村金融服务新发展及建议

基于北京农村金融服务中存在的很多问题和对金融的需求，国家颁布了很多政策去解决问题。针对农村贷款额度小、覆盖面广、信誉度不高等问题，很多银行都做出了自己的决定。例如，农村信用社推出了农户小额信用贷款，这是一种相当方便的金融

* 亩为非法定计量单位。1 亩＝1/15 公顷。

方法。由于非常简单、实用，农户小额信用贷款得到了广泛的应用。

除此之外，近年来，由于现在的金融体系已经不能满足农村建设的发展和需要及现在农村改革的必要性，新型银行的试点也越来越多，其中表现最突出的就是村镇银行。村镇银行是近年来新型的一种银行，它以机制灵活、符合农村需求等特点得到了很快的发展。除此之外，村镇银行还充分体现了我们党一贯高度重视农业、农村、农民工作的战略思想。加大对“三农”的金融支持力度，努力推动建立现代农村金融制度，支持农村经济社会又好又快发展。

2006年12月20日，银监会下发《关于调整放宽农村地区银行业金融机构准入政策、更好支持社会主义新农村建设的若干意见》，从此，村镇银行得到了快速的发展。到2009年初，延庆、密云村镇银行相继成立，大兴成立了全市第一家小额贷款公司。2009年3月，北京市农业担保公司挂牌，联手远郊区县建立起全市性农业担保体系，重点解决农业企业和农民专业合作经济组织及农民贷款担保难题。该公司首期注册资本金5亿元，由大兴、昌平、密云、怀柔等8区、县共同出资组建，以农业担保公司为龙头的农业担保体系在郊区逐渐形成。在村镇银行中，有很多外资银行都进入到其中，汇丰银行作为第一家在中国内地开设村镇银行的外资银行，2008年12月在北京密云县设立村镇银行。该村镇银行将为农户提供小额信贷服务，为乡镇企业提供抵押贷款、票据贴现、应收账款融资及其他贸易类服务，为农村的基础设施项目提供融资服务。村镇银行的中小企业贷款，跟城市不太一样，汇丰要先看企业的现金流，抵押品也不局限于房产土地等，存货、机械设备、股权质押都可以做。流程极为简单方便，从申请到发放只需要几天，如果比较复杂的，则需要10～20天。复杂的情况一般指的是遇到一些从没见过的抵押品。因为农村缺乏传统的抵押物，所以贷款时出现的抵押品多种多样。

曾经有村民运来大桶大桶蜂蜜抵押，这让汇丰人不得不研究如何储藏蜂蜜。这种很贴合现今农村需求的服务得到了广泛的发展。除了村镇银行外，京郊邮储网点也得到了很好的发展，邮储银行北京分行2007年底正式挂牌，目前拥有营业网点519个，居全市第三位，资产规模已经超过700亿元，为京郊农村金融服务作出了很大的贡献。目前，京郊的金融服务已经初步形成了一个业务多层次，产权结构和投资主体多元化的农村金融体系。政策性金融业务有农业发展银行担任，商业性的高端业务由农业银行承担，基层业务由县级和乡镇级的村镇银行，农村小额贷款机构，农村资金互助合作组织承担，多元化、竞争性的新型乡村银行体系已初见成效。京郊各区县经济发展层次较高，成为各商业银行、金融机构、邮政储蓄必争之地，它们纷纷抢占市场，竞争较为激烈，这对京郊的金融服务也提出了更高的要求。

（一）加强对农村金融的政策支持

应适当调整农村金融组织市场准入条件，降低农村金融组织的最低注册资本要求，鼓励多种资本进入农村金融组织，允许组建多种形式的农村金融组织，放宽农村金融组织经营范围和业务活动，对农村金融组织的管制要体现促进其发展的目的等。探索发展适合农村特点的新型农村金融组织，给予地下金融和民间借贷一个合法的活动平台。金融法规的制定和监督都要完善，所谓无规矩不成方圆。推进多层次资本市场体系建设，扩大直接融资规模和比重。

（二）适当放宽贷款条件，加快发展信贷担保机构

完善农村贷款保证制度，充分利用信用资源，增加信贷面。特别是完善北京财政担保基金在农户贷款发放中的运作机制。合理确定农户信用贷款额度和期限。根据京郊农业、农村发展和农户资金需求特点，应适当提高贷款额度。加快推动征信体系建

设，加大诚信宣传普及力度，依法维护金融机构和投资者的权益，切实防范和化解金融风险。引导各类资本到农村地区投资设立新型农村金融机构，积极探索政策性金融、开发性金融、合作性金融以及商业性金融参与社会主义新农村建设的模式，大力发展农产品期货、农业保险、农业产业投资基金等在内的农村非银行金融业务。

（三）不断创新完善服务与业务

尽管目前的农村金融服务形式多种多样，但仍然要在此基础上，根据农民的需要逐渐创新。在创新服务上，要大力开发有潜力、有吸引力的业务品种，以多样化满足农民的需求，贷款方式是要改进的一项重要元素。一定要化繁为简，转变经营思路和经营作风。贷款申请一次核定，不再重复填写同样信息。改进服务方式，提高服务质量，扩大综合业务领域，在满足农民生活的基础上，还要在现代化农业发展上给予支持。除此之外，还要增加电子化建设，实行全市联网，加快操作，简短操作时间，提高农村金融服务的效率。

北京农村金融的发展与新农村建设

建设社会主义新农村是统筹城乡发展、全面建设小康社会的重大举措，这给北京农村金融带来了新的发展机遇。如何构建新的北京农村金融，是北京农村金融改革的当务之急。当前的北京农村金融体系存在较多问题，应当在对现存问题清醒认识、认真检讨的基础上，结合社会主义新农村建设的战略要求，整合北京农村金融资源，创新北京农村金融体制，全面提升北京农村金融服务水平。

一、建设社会主义新农村的现实意义

建设社会主义新农村，是在全面建设小康社会的关键时期、我国总体上经济发展已进入以工促农以城带乡的新阶段、以人为本与构建和谐社会理念深入人心的新形势下，中央做出的又一个重大决策，是统筹城乡发展，实行“工业反哺农业、城市支持农村”方针的具体化。

（一）积极推进城乡统筹发展

建设社会主义新农村是我国现代化进程中的重大历史任务。要按照生产发展、生活宽裕、乡风文明、村容整洁、管理民主的要求，坚持从各地实际出发，尊重农民意愿，扎实稳步推进新农村建设。坚持“多予少取放活”，加大各级政府对农业和农村增加投入的力度，扩大公共财政覆盖农村的范围，强化政府对农村的公共服务，建立以工促农、以城带乡的长效机制。搞好乡村建设规划，节约和集约使用土地。培养有文化、懂技术、会经营的新型农民，提高农民的整体素质，通过农民辛勤劳动和国家政策扶持，明显改善广大农村的生产生活条件和整体面貌。

（二）推进现代农业建设

加快农业科技进步，加强农业设施建设，调整农业生产结构，转变农业增长方式，提高农业综合生产能力。稳定发展粮食生产，实施优质粮食产业工程，建设大型商品粮生产基地，确保国家粮食安全。优化农业生产布局，推进农业产业化经营，促进农产品加工转化增值，发展高产、优质、高效、生态、安全农业。大力发展畜牧业，保护天然草场，建设饲草基地。积极发展水产业，保护和合理利用渔业资源。加强农田水利建设，改造中低产田，搞好土地整理。提高农业机械化水平，加快农业标准化，健全农业技术推广、农产品市场、农产品质量安全和动植物病虫害防控体系。积极推行节水灌溉，科学使用肥料、农药，促进农业可持续发展。

（三）全面深化农村改革

稳定并完善以家庭承包经营为基础、统分结合的双层经营体制，有条件的地方可根据自愿、有偿的原则依法流转土地承包经营权，发展多种形式的适度规模经营。巩固农村税费改革成果，全面推进农村综合改革，基本完成乡镇机构、农村义务教育和县乡财政管理体制等改革任务。深化农村金融体制改革，规范发展适合农村特点的金融组织，探索和发展农业保险，改善农村金融服务。坚持最严格的耕地保护制度，加快征地制度改革，健全对被征地农民的合理补偿机制。深化农村流通体制改革，积极开拓农村市场。逐步建立城乡统一的劳动力市场和公平竞争的就业制度，依法保障进城务工人员的权益。增强村级集体经济组织的服务功能。鼓励和引导农民发展各类专业合作经济组织，提高农业的组织化程度。加强农村党组织和基层政权建设，健全村党组织领导的充满活力的村民自治机制。

（四）大力发展农村公共事业

加快发展农村文化教育事业，重点普及和巩固农村九年义务教育，对农村学生免收杂费，对贫困家庭学生提供免费课本和寄宿生活费补助。加强农村公共卫生和基本医疗服务体系建设，基本建立新型农村合作医疗制度，加强人畜共患疾病的防治。实施农村计划生育家庭奖励扶助制度和“少生快富”扶贫工程。发展远程教育和广播电视“村村通”。加大农村基础设施建设投入，加快乡村道路建设，发展农村通信，继续完善农村电网，逐步解决农村饮水的困难和安全问题。大力普及农村沼气，积极发展适合农村特点的清洁能源。

（五）增加农民收入

采取综合措施，广泛开辟农民增收渠道。充分挖掘农业内部增收潜力，扩大养殖、园艺等劳动密集型产品和绿色食品的生产，努力开拓农产品市场。大力发展县域经济，加强农村劳动力技能培训，引导富余劳动力向非农产业和城镇有序转移，带动乡镇企业和小城镇发展。继续完善现有农业补贴政策，保持农产品价格的合理水平，逐步建立符合国情的农业支持保护制度。加大扶贫开发力度，提高贫困地区人口素质，改善基本生产生活条件，开辟增收途径。因地制宜地实行整村推进的扶贫开发方式。对缺乏生存条件地区的贫困人口实行易地扶贫，对丧失劳动能力的贫困人口建立救助制度。

建设社会主义新农村，是提高农业综合生产能力、建设现代农业的重要保障。目前，我国农业生产基础设施和物质技术装备条件较差，经营管理也较粗放。加快建设新农村，发展农业生产力，加强农田基本建设，改良土壤，兴修水利，推广良种良法，发展农业机械化，培养有文化、懂技术、会经营的新型农民，全面提高农业综合生产能力，既是现代农业建设题中应有之义，也是建设现代农业的重要基础和保障。

建设社会主义新农村，是增加农民收入、繁荣农村经济的根本途径。当前和今后一个时期，增加农民收入，首先必须挖掘农业内部的潜力，提高农业综合效益，实现增产增效、提质增效和节本增效；必须发展以乡镇企业为主体的农村二、三产业，引导农村劳动力向城镇有序转移，拓宽农民的就业空间和增收渠道。

建设社会主义新农村，是发展农村社会事业、构建和谐社会的主要内容。发展农村社会事业，是建设新农村十分重要的组成部分。构建和谐社会，必须首先建设和谐村镇。这就要求我们必须建设社会主义新农村，加快发展农村各项社会事业，全面改善农村教育、卫生、文化等设施条件，逐步改变目前城乡和农村经济社会发展“一条腿长、一条腿短”的问题。

建设社会主义新农村，是缩小城乡差距、全面建设小康的重大举措。现阶段必须用新农村建设来统领农村工作，按照落实科学发展观和构建社会主义和谐社会的要求，坚持城乡统筹发展，进一步调整国民收入分配格局，走工业反哺农业、城市支持农村的道路，把农村基础设施建设纳入公共财政范围，逐步改变城乡二元结构，努力消除城乡协调发展的体制性障碍，促进资源在城乡之间合理配置，建立城乡社会事业和基础设施共同发展的运行机制，让广大农民能够像市民一样拥有洁净方便的自来水、清洁的燃料、整洁的厨房、舒适方便的卫生条件和平坦的道路。

二、农村金融在社会主义新农村建设中的地位

纵观世界发达国家，农村建设的一条重要经验是加大资金投

入力度，除政府扩大财政投入外，还有比较完善的农村金融体系，让农民更便利地得到信贷资金的支持。1960—1975 年，日本用于农业机械化的投入由 841 亿日元增加到 9 685 亿日元，到 20 世纪 70 年代中期，其农业生产已基本实现了从耕作、插秧到收获的全面机械化。

德国联邦政府从 20 世纪 50 年代起，对落后的农业区，采取投资补贴、拨款、农产品价格支持、贷款担保以及低息贷款等措施，加速农业现代化发展。韩国在“农村工业园区”的中小企业可获得设备资金 5 亿韩元，周转资金 2 亿韩元。政府还对农村工业投资准备金的损耗给予追加补偿。这些国家运用金融和财政政策，推动了农村面貌的彻底改变。

我国的社会主义新农村建设是农村政治、经济、文化、社会的全面发展。经济发展是社会发展的基础，因此，新农村建设必须以切实改善农村的经济条件为基本出发点，这需要资金的强力支持，除政府应加大对农村的财政资金投入外，金融系统加大对农村的信贷资金投入，是新农村建设的必备条件。公共基础设施建设是新农村建设的着手点。实现“生产发展、生活宽裕、乡风文明、村容整洁、管理民主”二十字目标，应该以建设和改善与农村生活相关的公共基础设施为着手点。当前，电力不足制约农业农村生产的迅速增长。现代农业越来越表现为机械化和社会化生产，农业生产效率的提高主要依赖更深入更广泛的农业机械的使用，电力资源的不足使农村机械化水平无法提高。交通、通信等基础设施的不足制约着农村与外界之间顺畅地交换物质流和信息流。农业生产的各个环节与外界环境联系日益紧密，以前孤立的农村现在与周围环境的普遍联系形成了包含物质流和信息流的复杂系统，传统的自然经济已经一去不复返了，取而代之的是覆盖一切生产部门的社会化生产。虽然我国大部分农村都实现了通路、通电、通电话，但是实际使用情况不容乐观，距离现代农业生产的要求还相差甚远。基础设施不足制约着农村消费，进而影响到整个国家的内需。改善基础设施可以启动农村的存量需求，消化过剩生产能力，打通农村劳动力转移渠道，使农民收入得以快速增长，“生活宽裕”的目标才能得以实现。建立相对比较完善的公共设施需要大量的资金，据国家发改委有关专家调查，当前开展社会主义新农村建设，要按照一定标准满足农村道路、安全饮水、沼气、用电、通信、广播电视等基础设施建设，全国大约需要投入 4 万亿元的资金。

如果到 2020 年实现全面建设小康社会目标，那么，从 2006 年起到 2020 年，平均每年需要投入 2 700 亿元的资金，其中有相当大的公共基础设施部分应该由公共财政来提供，同时也有一部分需要金融系统提供。我国实行的是以家庭承包经营为基础，以农业社会化服务体系、农产品市场体系和国家对农业的支持保护体系为支撑，适应发展社会主义市场经济要求的农村经济体制，每一个农户都是市场的主体，必须尊重农民的市场主体地位。我国农业的发展必然要走农业产业化经营的路子，其内涵是以国内外市场为导向，以经济效益为中心，以资源开发为基础，对农业的主导产业和主导产品，按照产供销、种养加、贸工农、农科教一体化经营的原则，把农业的产前、产中、产后服务各个环节结成统一的效益共同体。农业产业化的模式是公司加农户，这一农业生产新形式的出现，为金融机构确定了新的服务主体。农村金融机构应该积极提供信贷资金，支持农业产业化经营，支持发展农产品加工业和提高农产品附加值。通过农业产业化经营和产供销一条龙服务，发展现代农业，增加农民收入。农业现代化的实现最终取决于科学技术的进步和实用技术的广泛应用。建设社会主义新农村，最终达到城乡一体化，需要大量的资金。据初步测算，到 2020 年，社会主义新农村建设需要新增资金 15 万亿至 20 万亿元人民币。这一巨额资金我国财政无力承担，也不需要由财政承担，农村商业化、市场化的这部分资金需求，主要由金融机构提供。

（一）新农村建设离不开农村金融

任何国家农村经济的发展都离不开金融。我国的新农村建设需要资金投入，而在资金投入上不可能完全依靠财政资金，金融资金必然会成为新农村建设的主要资金来源。据专家估计，建设社会主义新农村，在未来15年内全国平均每位农民需要投资约1 700～4 900元，如果按8亿农民计算，新农村建设的资金缺口将在13 600亿～39 200亿元之间。这仅靠政府和民间投资是难以完成的。新农村建设在商品流通、工业企业建设、农村道路以及住房改造、农村水利、大型设备建设和购置等方面，都离不开资金及其汇兑结算网络。

与其他产业相比，近年来，我国农村经济增速减缓，与国民经济快速增长形成很大反差。与2000年相比，我国农业GDP增长了42%，与同期GDP总量增长53%的水平相比，低11个百分点；与同期第二产业（工业和建筑业）GDP增长61%的水平相比，低19个百分点。当前，我国农业和农村经济出现的这些困难和问题，既是农业和农村经济内部优化资源配置不够的表现，也是我国农村金融与农村经济互动不够的直接结果。自20世纪90年代中期以来，我国农村特别是中西部地区的农产品市场价格长期低迷和不稳定，加上小规模自给自足的农户极低的劳动生产率，以及乡镇企业大量倒闭，导致贫困地区和农业主产区缺乏投资机会，大量农民外出打工，但其挣得的钱又通过农村金融机构回流到东部和发达地区。其结果是农村、农业和农民难以获得足够的发展资金，农村经济发展出现了恶性循环。农户特别是农村中小企业贷款难的问题普遍存在。

作为农村金融主渠道之一的农业银行逐步走向商业化经营，向现代化大银行演变，在农村地区撤并机构，减少网点。农业发展银行的政策性作用又仅限于农业中狭小的粮食流通领域。而我国农村信用社的“变态”性质又决定了它的服务方式、服务手段不能适应农户和农村经济发展的需要。尽管小额信贷增加了农户贷款，但对农村中小企业的贷款显著减少。另外，农户小额信贷的交易成本高，贷款额度低，使农村信用社发放小额信贷的热情难以持久。调查报告显示，我国提供存款和汇兑结算等金融服务的农村金融机构，目前已基本覆盖了我国90%以上的农村地区，高于世界上其他国家平均30%～40%的水平，比次高的印度（75%）高出了十多个百分点。广大农村地区基本上能够享受到我国农村金融机构提供的储蓄、汇兑等基本金融服务。虽然目前我国农村贷款覆盖率和金融服务覆盖率都处于较高的水平，但农村金融机构的可持续发展却面临着严峻的挑战。当前，中国农村和农民的经营规模都非常小，人均耕地面积不到0.09公顷，不及印度的1/2、美国的1/6。而中国农户的数量却极其庞大（约为2.2亿农户），相应的对资金的总体需求也非常巨大。而我国农户之间存在着的巨大的结构性、地区性差别，又相应的使需求结构差异加大，经济发达地区或相对富裕的农户对资金的需求主要表现为生产性、经营性的金融需求，但经济落后地区或相对贫困的农户则有更多的生活性债务如教育、医疗等。

据国家统计局和国家发改委的初步测算，到2020年，我国新农村建设将需要新增加资金15万亿～20万亿元，平均每年需要投入资金约1.5万亿元。总体来说，我国新农村建设的资金来自于财政资金、农村积累资金、社会资金和信贷资金四个渠道。当前，财政资金投入尚显不足，1996—2005年，我国财政支农资金占农业总产值的平均水平为6%，低于发展中国家10%～12%的水平；农村积累资金仍然有限，依靠“三农”自给自足来完成新农村建设的可能性不大；资本市场、风险资金等社会资金投入“三农”力量极为薄弱。因此，银行信贷资金即成为支持“三农”的主要资金来源。无疑，银行业金融机构特别是农村金融机构将是“三农”发展资金需求的主要提供者。

（二）农村金融需要新农村建设

新农村建设实现的前提是农村生产力的高度社会化，而农村生产力的社会化必然要求高度的市场化。新农村建设的过程，同时也是中国农村经济中的商品经济替代自然经济的过程，是农业商品化、市场化的过程。而农业市场化，需要通过市场经济把我国整个农村、农业、农民联系在一起，把城乡、工农联系在一起，使农村、农业和农民融入整个市场体系，使我国农民由传统的自给自足的个体劳动者变成从事企业化、规模化、集约化经营和劳动的现代农业的经营者和生产者。建设新农村，实现“三农”持续和谐发展，从根本上是一个改善优化生产要素配置、提高“三农”组织能力和水平、加快资源与信息流动的过程。而这一切都为我国农村金融机构自身的发展提供了更多的机遇。

新农村建设的资金需求是多方面多层次的，不同的农村金融机构可以根据自己不同的特点，选择加大对农村水利、道路等基础设施的建设和农民种植、养殖的投入力度；延长农业生产链，提高农业生产附加值；中国农村金融在自己的发展中需要加大对农业产业化企业、现代农业企业和农村物流企业的介入；改善农村生产生活条件，提高农村生产要素和信息的积聚、辐射和共享水平，农村金融还需要加大对农村城镇化建设等领域的投入；另外，在农村教科文卫、通信等社会事业，转移农村富余劳动力，增加就业机会，改善农村环境，加强农村特色资源的开发利用，以及环保和特色资源开发项目上，也都为农村金融机构业务的品种开发和农村金融服务范围扩大提供了更广阔的发展空间。近年来，随着资本市场的成熟，大企业直接融资发展迅速，对银行贷款的依赖程度不断下降，营销和维护成本不断上升，综合收益不断减少，我国银行业面临着日益加大的“流动性过剩”压力，而农村金融市场目前仍是一个分割的卖方垄断市场，银行在客户选择、贷款定价等方面处于主动地位，因此，对各涉农金融机构来讲，农村金融领域具有很大的业务发展空间。

（三）中国需要有合力的农村金融体系

作为对1979年恢复专业农村金融机构的延伸，1994—1996年期间，以“一分一脱”后的“三驾马车”为标志的中国农村金融体制改革至今已有十几年的时间，可以说，中国农村金融体制改革的成果远没有达到当初人们对这一改革所抱有的期望值。众所周知，中国金融改革的主要目标之一，是要把在我国计划经济年代作为政府经济工具的国有专业银行，改造成在商品经济时代具有“真正银行”意义的现代化商业银行。但是，目前与“三农”有着深刻历史渊源的国有商业银行却很难达到改革的这一目标。如果说1994年的中国农村金融体制改革思路是要在我国农村金融体系中形成商业性金融、政策性金融和合作性金融并存的局面，让他们在“三农”领域内各司其职，发挥各自不同作用的话，那么，不能不让人感到遗憾的是，在实际操作中这一改革初衷并没有实现。比如说，当年让农业银行“一分一脱”的目的在于使其商业性业务与政策性业务、商业银行职能与中央银行职能彻底分离，甩掉包袱，轻装上阵，逐步成为与国际接轨的现代化商业银行。可如今，十几年过去了，农业银行依然没有解决“姓商”还是“姓农”的问题，商业性业务与农村政策性业务仍然混淆在一起，其结果极大地束缚着其股份制改造的步伐。诚然，中国农业银行与中国农业有着天然的历史渊源，但已经定性为国有商业银行的中国农业银行与中国农业并没有必然的内在联系。因此，中国需要有合力的农村金融体系。首先，新农村建设需要农村金融服务的多样化。社会主义新农村建设涉及多领域、多层次、多类型的金融需求，要求金融品种更加丰富，手段更加多样，方式更加便捷。其次，新农村建设需要农村金融服务的创新化。随着农村地区经济发展、农业结构调整和产业化层次的推进和提高，对资金和金融服务的需求更加迫切，将刺激农村金融需求的分化，要求面向农村地区提供服务的农村金融机构不断适应农民需求的新变化，积极创新现代化金融服务产品和手段。最后，新农村建设需要农村金融服务的现代化。城乡一体化进程必然引发对农村金融服务的更高层次需求，将会提出金融服务手段、设备现代化的要求，才能与城镇化的农民收入和消费水平相适应。

三、新农村建设中北京农村金融取得的成就

党的十七届三中全会后，北京市加快了推进农村金融工作的步伐，金融支持“三农”的力度不断加大，目前已初步搭建起“农村信贷、农业保险、农业投资、农业担保、农业基金、农村信用、农村金融综合改革试验区”等服务平台，一个综合性、一体化的农村金融体系正在快速构建中。北京市在农业信贷、农业保险、农业投资、农业担保、农村信用以及促进涉农企业上市等积极探索，已初步建立商业性金融、合作性金融、政策性金融相结合，多层次广覆盖可持续的农村金融体系。

2008 年，北京市中资银行涉农贷款余额为 689.7 亿元。在“农业保险”方面，政策性农业保险全面推广，种养两业 16 个大类的政策性险种保费收入达到 2.495 亿元，总保险金额达到 63.3 亿元，覆盖全市主要农业资源的近 30%，参保农户达到 16.4 万户，占全市农业生产经营户总数的 26%；在“农业投资”方面，市政府出资 10 亿元于 12 月 26 日成立了北京农业投资有限公司，将通过投资都市型现代农业项目，支持农业规模化、集约化发展，引导资本下乡，聚集信贷资金和社会资金投入农业领域，促进各类金融机构开展为农业和农村经济发展的金融服务；在“农业贷款”方面，第一家村镇银行——北京延庆村镇银行于 12 月 10 日正式开业，开始受理不需要抵押担保的农户小额信用贷款业务；第一家小额贷款公司——大兴兴宏贷款公司已经获批

筹建；通州区于家务乡果村蔬菜经济合作社成为全市第一家开展内部资金互助的合作社；平谷区金海湖镇洙水村 140 多户农户组成的“北京百合兴盛土地专业合作社”成为全市首家土地专业合作社。在“农村信用建设”方面，正逐步建立农村的信用体系，现已评定出信用户 5.3 万户、信用村 310 个、信用乡镇 17 个，北京农村商业银行与市区两级政府部门联合开展了“三信工程”评定工作，银行可根据不同的信用等级确定优惠的贷款方式、限额、期限以及利率浮动范围。在“农业担保”方面，市农投公司将出资 3 亿元，同时吸引社会资金入股共同设立农业担保公司，各个区县也都会成立涉农的担保公司，为涉农贷款提供有效的担保。在“农业投资基金”方面，市农投公司将出资 2 亿元作为主发起人，吸引社会资金募集设立农业产业投资基金，采取市场化的运作方式，主要是进行股权投入，对北京一些有前途的产业基地和龙头企业进行包装上市，进一步做大做强首都的农业和涉农企业。同时，还在大兴区开展了金融综合改革实验区工作。北京市“七农”金融服务平台的框架初步搭建完成。

2009 年，北京市认真落实《关于率先形成城乡经济社会发展一体化新格局的意见》，深入推进农村金融体制改革，建立现代农村金融制度。进一步放宽农村金融准入政策，加快建立商业性金融、合作性金融、政策性金融相结合，资本充足、功能健全、服务完善、运行安全的农村金融体系。目前，北京市首个农村金融综合改革试验区建设正在积极推进中，设在大兴区的农村金融综合改革试验区将以组合金融方式，着力建设农村信贷、农业投资、农业担保、农业保险和农村信用等农村金融支撑体系，以改善农村金融服务质量，提高农村金融服务效率。通过统筹规划、分步实施、稳步推进的方式建设农村金融综合改革试验区，构建起商业性金融、合作性金融、政策性金融相结合，资本充足、功能健全、服务完善、运行安全的农村金融支撑服务体系。中国人民银行北京市分行积极支持大兴区设立小额贷款公司、村镇银行、农村资金互助社以建立完善农村金融组织体系，探索建立农村金融人才培养和使用机制，大力支持和推动农村金融改革和金融创新在大兴区先行先试，为农村金融改革探索途径，积累经验，提供示范。设在大兴区的北京市首家小额贷款公司——兴宏小额贷款有限公司，截至 2009 年 8 月末，累计发放贷款 121 户 147 笔 10 583 万元，累计收回 47 户 66 笔 5 656 万元，贷款余额 74 户 81 笔 4 927 万元。目前，第二批小额贷款公司已获准设立；村镇银行的筹建工作正在积极推进中，北京市首家农村资金互助社也在积极筹建中（表 3 - 1）。

表 3 - 1　2008 年北京市的农村金融机构网点

机构名称	数　量
农村金融机构网点	3 223
五家商业银行	1 582
中国农业银行	328
政策性银行	16
农业发展银行	14
股份制商业银行	288
城市商业银行及信用社	131
各级农村信用社	0
农村合作银行	0
农村商业银行	709
邮政储蓄机构	497

（一）加大农村信贷投放

截至 2009 年 3 月末，北京市中资银行涉农贷款余额达到 717.2 亿元，新增 24.4 亿元。各银行努力推动体制改革和产品创新，不断加大涉农信贷投放力度。国家开发银行北京市分行大力支持首都农村“五项基础设施”建设，近年来，累计发放涉农基础设施贷款近270亿元；北京银行一年多来共在10个郊区县新设网点17家，已与8个远郊区县确立了战略合作关系，授信总额超过125亿元；北京农村商业银行将传统农户小额信用贷款额度提高至10万元，并进一步提高了农户小额信用贷款的便利性。2009年3月末，该行农户贷款额达到46.6亿元，同比增长27.7%。

（二）农业保险成效显现

2007年第二季度，北京市政策性农业保险正式启动。按照规定，农民仅需承担最高不超过30%的保费，其余部分由市和区县两级财政补贴。政策性农业保险得到了迅速发展。2008年，农业保险总保额达到63.3亿元，已占全市主要农业资源的30%；参保农户达到16.4万户，占全市农业生产经营户的25%。2008年有7.9万户农民受灾后获得赔偿，共计赔付农民资金1.9亿元，户均受赔2 400元。政策性农业保险对帮助农民抗御灾害、稳定收入、保障都市型现代农业健康发展起到积极的促进作用，也开辟了财政资金补贴农民的新途径。政策性农业投资公司挂牌成立。2008年12月26日，北京市政府出资10亿元组建的农业投资公司正式成立。该公司负责投资促进都市型现代农业项目，支持农业规模化和集约化发展，引导资本下乡，聚集各类资金投入农业领域，提高支农资金使用效率，重点支持设施农业、菜篮子基地、都市型现代农业走廊、农产品安全体系、观光农业升级、农产品流通体系、农产品加工基地等建设。该公司成立后，已与农发行北京市分行等多家银行签署《银企合作框架协议》，与多家农业龙头企业签署《投资意向书》。

（三）专业化农业担保公司正式组建

2009年3月18日，北京市农业担保公司正式挂牌，标志着以其为龙头的首都农业担保体系建设迈出关键一步。农业担保公司首期注册资本金 5 亿元，由北京市农业投资公司和大兴等 8 个远郊区县共同出资组建。成立农业担保公司旨在通过政府资金的导向作用和专业担保的放大功能，引导更多的信贷资金和社会资金投向农业领域。

（四）农业产业投资基金加快筹建

北京市由市农业投资公司和中信证券所属的金石投资有限公司各出资 2 亿元，作为发起人向社会募集资金，设立农业产业投资基金，于 2009 年 6 月份正式组建。

（五）农村信用环境不断改善

近年来，北京市大力建设“三信工程”，不断优化农村金融环境。截至 2008 年末，全市信用户评定面达到 12.5 万户，比年初增加 2.3 万户；评定信用户 5.3 万户，较年初增加 1.7 万户；信用村 310 个，较年初增加 57 个；信用镇 17 个，较年初增加 1 个；累计向信用户发放贷款超过 9 亿元。

据最新统计，2009 年，北京市全年实现农业增加值为 118.3 亿元，粮食播种面积 22.6 万公顷，粮食产量 124.8 万吨。全市实际经营的农业观光园为 1 294 个，观光园总收入 15.2 亿元，民俗旅游总收入 6.1 亿元，种业收入 12.8 亿元，已利用设施农业占地面积 18 762.1 公顷，实现收入 33.9 亿元。2009 年，北京市 1 700 余个村庄实施了“五项基础设施”建设。

与其他省市的农村发展相比，北京市发挥金融对“三农”的支持作用，具有明显的区位优势：首先，繁荣的首都城市经济为周边地区农民提供了更多的发展机会，大大提高了农民的收入水平。较高的收入水平为金融业务的开展提供了非常有利的条件。其次，拥有得天独厚的金融资源优势。国家金融决策和管理机构、国有独资商业银行、国家政策性银行的总部全部位于北京，此外，北京还有许多股份制商业银行、非银金融机构和外资金融机构。丰富的金融资源在信息、资金、机构、技术等各方面都可以为县区金融市场的拓展提供便利条件。最后，北京城区健全的金融监管体系、发达的金融中介服务、完善的社会保障体系以及浓郁的人文气息共同构筑了良好的社会诚信文化，农村地区可以充分利用城区的诚信基础搭建自己的信用平台。

四、新农村建设中北京农村金融存在的问题

改革开放以来，在体制变革和金融创新的强有力推动下，我国金融的市场化程度有了很大提高，金融发展取得了长足进步。但是，从农村金融发展的角度看，农村金融被严重边缘化，农村金融抑制现象严重，金融二元结构特征十分突出。主要表现为：国有商业银行从农村大量撤并，这既是银行商业化改革的自然选择，也是国有银行本身在信息的对称、监督和执行的成本方面理性计量的最优选择，但由此造成了农村金融供需缺口加大；政策性金融业务功能弱化，抑制了政策性支农作用的发挥；中国农业银行县支行和县域邮政储蓄机构在吸收农村资金后大量倒流城市，成为两大“资金漏斗”，进一步加剧了农村资金供求关系的紧张；金融机构对农村服务的功能弱化，金融产品和金融服务种类单调，基本上只有传统的存贷业务，农民的金融福利水平很低，分享不到金融改革和金融发展的成果；农户和农村企业贷款抵押难、担保难，分散风险的机制不健全，农业保险的业务覆盖范围很窄，严重落后于“三农”对风险控制的需求和农村经济的发展；国家对防范和打击高利贷、地下钱庄比较重视，没有很好地组织和引导农村非正规金融发展向合法化、规范化、可监管化转变，非正规金融成为具有竞争性、多元化的农村金融市场中的一极尚有待努力。

1996 年，中国农业银行和农村信用社“行社脱钩”以后，在农村地区从事金融活动的正规金融机构有四家，即农业银行、

农业发展银行、农村信用社和邮政储蓄机构。从形式上看已初步形成了政策性金融、商业金融和合作金融三者彼此分工合作、相互配合的农村金融体系。而事实上直到目前为止，农村金融的“三驾马车”并没有发挥各自应有的功能作用，尤其是近年来的农村金融改革主要集中在对农村信用社的改革上，基本没有涉及农业发展银行和农业银行，加上一直以来农村保险业发展的严重滞后，因此，没有真正建立起能够针对不同客户、不同需求层次，提供差异性金融服务的完整的农村金融体系。

概括起来看，目前北京市农村金融领域主要存在以下问题：

第一，北京城区良好的诚信文化并没有带动起周边农村信用经济发展，农村地区还没有建立起有效的诚信机制。

诚信是现代金融发展的灵魂，没有良好的诚信文化作基础，金融环境就会遭到破坏，金融业就不能健康发展。诚信机制的建立要靠全社会各行业、各阶层共同努力、共同维护，在这方面，农村地区还有很长的路要走。

第二，金融机构和金融业务在农村地区的布局结构有待于调整、优化。

在靠近市区或者经济基础比较好的乡镇，一般有多家金融机构设有业务网点；在远离市区或者经济发展较为缓慢的乡镇，开办业务的金融机构要明显少得多，这些地方的农户办理金融业务就比较困难。效益较好、利润率较高的农村工商企业，比较容易取得贷款；以农业生产、农业开发为主要业务的农村企业，虽然前期投入较高、急需资金扶持，但由于经济效益相对较低，却很难取得贷款。

1. 农业发展银行业务面窄，政策性金融功能发挥不充分

在社会主义新农村建设的新形势下，国家的财政政策以及政策性金融的先导作用无疑是最重要的、不可或缺的。而作为我国目前唯一的政策性农村金融机构，农业发展银行在成立和发展中存在许多问题，1998 年 3 月，国务院对农业发展银行的职能做了重大调整，将农业开发贷款、扶贫贷款，以及粮棉油企业加工和附营业务贷款划归农业银行管理，农业发展银行主要负责粮棉油收购、储运等环节的资金提供，与绝大多数农户没有业务联系，农业发展急需的其他贷款业务基本没有涉足。近几年，随着市场经济的逐步发展及粮食购销体制改革基本完成后，农业发展银行将面临业务严重萎缩的问题，没有充分起到提供公共产品的政策性金融作用，对农村经济发展的促进作用极为有限。

2. 国有商业银行随着改革深化逐步撤离了农村及偏远地区，使农村金融体系进一步萎缩 从20世纪90年代中期开始，农业银行加快了商业化和市场化的改革步伐，采取了一系列改革措施，撤并乡镇级分支机构，分流精简员工，提升经营层次等，在这一过程中，其贷款向优质客户、大客户倾斜的同时，逐渐远离了农村中小客户。尽管目前农业银行在大多数地区还设有县级机构，但由于贷款权的上收，很多分支机构都是“只存不贷”，成为农村资金外流的渠道，这样不仅没有为农村经济提供支持，反而加大了农村资金的供需矛盾。作为已经进行商业化改革的农业银行，自身商业性金融机构的性质使得其无论如何改革，都必须考虑赢利目标的实现，不可能再承担促进农村经济发展的政策性职能，因此农业银行日益退出农村金融市场是一种理性的选择，农业银行对农村经济的支持作用日渐减弱。

3. 非正规金融没有得到规范化管理 民间信贷是农村融通资金的传统方式，长期以来，由于正规金融服务不能满足农村发展和农产的需求，民间金融包括高利贷行为得到快速发展的空间，但是由于没有国家法律保护和监管约束，各种形式的非正规金融组织长期处于游离状态，造成民间借贷良莠不齐，缺乏规范，矛盾四起，增加了农民债务负担和农村金融风险。最近多项调查显示，除了部分私人间借贷外，农户和中小企业从非正规金融获得服务的成本一般都很高，相当一部分的农户和中小企业因支付不起过高的利息而被排除在非正规金融市场之外。

第三，北京市农村信用体系改革有待完善。

2005 年 2 月，国务院批准组建全国首家省级股份制农村商业银行——北京农村商业银行，其注册资本金达 50.75 亿元，是迄今为止我国规模最大的一家农村商业银行和区域性地方商业银行，它的前身是北京农村信用合作社。截至 2009 年 6 月末，该行储蓄存款余额近千亿元，在北京地区紧随工、农、中、建之后位列第五，贷款损失专项准备 47.75 亿元，贷款损失准备充足率达到 157.32%。但是，由于改制时间较短，许多改革措施还没有完全到位，对于改制后的农村商业银行如何创建有效的信贷供给机制以满足农业企业和农户的金融需求、如何发挥农村地区金融“主力军”作用等一系列问题还需要进一步探索。此外，农村商业银行的员工素质还需要不断提高。

第四，金融业务品种单一，服务缺乏创新。

各金融机构在农村地区开展的业务品种单调，所提供的服务大同小异，没有特色。银行业务主要集中在存款和贷款这两个方面，中间业务规模很小，其他金融业务在农村地区开展得也很少。

总之，近年来农村金融在政府的推动下进行多次变革，但迄今为止并没有形成多层次的、高效率的、正规金融和非正规金融相互补充的农村金融体系。这些问题如果得不到解决，新农村建设就会因缺乏金融的推动力而陷入困境。

但除了这些问题之外，还有一个突出问题就是北京农村金融发展与农村经济发展不对称，供求矛盾突出。

按照目前的金融机构布局，农村地区的金融机构主要有中国农业发展银行这一政策性银行和中国农业银行、中国工商银行、中国建设银行、中国银行等商业银行与北京农村商业银行和邮政储蓄机构网点。除中国农业银行外，其他几家国有商业银行或者撤销机构，或者很少发放贷款，将吸收的资金转到城市。农业银行在农村的资金投放也逐渐减少。邮政储蓄机构的性质决定了它只吸收存款，资金转给人民银行，自己不发放贷款。银行和邮政储蓄都导致了农村资金城市化。中国农业发展银行根据职能定位，只发放粮棉油收购和储备贷款；随着粮食企业的改制其政策性贷款全部收回。由于农村农业龙头企业少，粮食加工企业规模达不到规定标准，农业发展银行贷款难以投放，政策性金融服务缺乏连续性。这样，金融支农的重任全部落到了农村商业银行身上。农村商业银行服务于辖区的特点，决定了它吸收农村资金，对农村发放贷款，在一定程度上实现了资金的农村内部循环。但是农村商业银行每年通过缴存存款准备金、转存中央银行、购买国债和金融债券等方式，也有大量转移农村资金的现象。农业是风险产业，农民是弱势群体。相对于这个最需要金融支持的领域，县以下金融机构服务“三农”的意识明显欠缺。国有独资商业银行发放的贷款大都为质押贷款，而且都是本行存单质押。信贷支农创新不足，缺乏整体合力。金融是现代经济的核心。农村金融由于其资金流失、服务缺位，影响了农村经济发展和效益，也影响了农民增收的速度。目前的状况是，农村经济发展了，农村金融服务网点却减少了；农民收入提高了，农村资金却流失了；农业产业化和中小企业兴起了，融资却更难了。农村金融发展与农村经济发展不对称，供求矛盾突出。

（一）农村地区丰富的金融需求没有得到有效满足

建设社会主义新农村，存在多方面多层次的金融需求，既有传统的金融需求，也有农村经济发展带来的新需求。

1. 农户的金融需求　我国农户既是独立的生产主体，又是基本的消费单位；既是农村资金的主要供应者，又是农村金融服务的基本对象。农户对金融服务的需求是农村中传统的金融需求，也是目前农村金融需求的基本构成部分。随着新型合作经济组织的不断发展，农业对资本的依赖程度越来越大。广大农户进行生产、流通所需的大量资金，需要大量外部资金的注入和支持，农户对金融服务的需求越来越强烈。

2. 乡村中小企业的金融需求 乡村中小企业，是我国农村工业化和城市化进程中出现的一种特有企业组织。它的金融需求主要表现为资金融出、结算和资金融入，以资金融入的需求为主。目前，我国农村地区的金融机构基本能满足中小企业的存款服务和结算服务，但由于资金规模、贷款条件等因素的制约，对企业的贷款需求满足程度较低。由于乡村中小企业是在20世纪70年代后期，适应农村劳动力资源丰富而资金短缺的特点，以劳动密集型的社队企业起步，逐步发展壮大起来的，这就决定了这类企业自有资金占比极小，特别需要金融信贷的支持。当正规金融无法满足企业需求时，企业就转向非正规金融寻求资金，从而刺激了民间金融的发展。

3. 农村金融需求的新动向 随着农村经济的发展和农民收入的提高，农村金融需求出现了一些新的趋向。一是由生产性需求向生产需求与消费需求并举的方向转变；二是由种养业需求向多元化需求转变。传统种养业信贷市场份额下降，规模化种养业、农产品加工运输销售、个体私营经济等新的贷款需求逐步增长；三是由分散小额借款向集中大额借款转变。农村经济正逐步向集约化、规模化方向发展，各类经营实体需要征用土地、购建厂房、开发产品、扩大营销，资金投入额度不断加大。

总体来看，农村经济发展使得农村金融需求在数量上日益增长，在内容上日益丰富，农村金融服务对“三农”的支持方向不断拓宽。增强农业生产能力、提高农业生产效率，需要农村金融机构加大对农村水利、道路等基础设施建设和农民种植、养殖的支持力度；提高农业生产附加值、增加农民收入，需要农村金融机构加大对农业产业化企业的支持力度；改善农村生活条件，需要农村金融机构加大对农村城镇化和农民消费信贷的支持力度；改善农村生态环境、加强农村特色资源的开发利用，需要农村金融机构加大对环保和特色资源开发项目的支持力度。同时，随着社会主义新农村建设的不断推进，农村金融需求将不仅仅局限于传统的存放汇业务，银行卡、保险代理等中间业务将快速增长。

然而，农村金融的现状导致农村金融需求没有得到有效地满足。农村信用社的反映是，农户联保贷款和小额农户贷款基本能够得到满足，中小企业和个体工商户需求满足程度低一些。对于后者，农村信用社的解释是，中小企业和个体工商户抗风险能力低，信用意识淡薄。而笔者接触到的许多农户和农村企业则反映，他们与农村信用社打交道很难，很多贷款需求得不到满足。一些典型调查也证明了农村经济主体金融需求满足率低的事实。同时，农村信贷供给与农村信贷需求的结构矛盾突出。①贷款期限短。农业生产周期长、收效慢，特别是一些生态农业，周期更长，一般需要3～5年，农业产业结构调整一般需要3年左右，而农村信用社受信贷管理体制制约，贷款最长期限为一年，信贷支农期限与农业生产周期不相适应。②贷款额度小。农村信用社为规避风险，大量发放小额贷款，对大额贷款控制较严，与农业产业化发展不相适应。③投入领域窄。在贷款投放的产业结构上，注重了种植业和生产资金需求，忽视了农村二、三产业的发展；在贷款的用途结构上，注重了农业生产环节，忽视了农产品加工、流通和农民生活。农村金融服务供求之间的矛盾是制约当前新农村建设的困难之一。

（二）农村地区的金融供给受到较大制约

目前，制约我国农村金融供给的主要问题有：农村正规金融机构功能缺失，在利率管理方面存在制度上的“金融抑制”；农村正规金融供需错位；农村资金大量外流；非正规金融在农村满足农户消费支出与一定程度致富需求上已不可或缺，但无法获得合法经营地位，使得农村金融市场陷入“分割”状态。

我国农村金融供给存在的主要问题是：由商业性金融的逆向选择功能显性化；政策性金融直接推进与强力拉动功能缺失；合

作性金融难以满足农户和农村中小企业的资金需求；农业保险缺失加剧了农村金融供给的紧张；民间金融在促进农户致富的同时，也加大了农民的风险等原因造成。

1. 商业银行的运作模式制约了其对农村地区的金融产品供给 近年来，国有商业银行纷纷撤并农村地区和欠发达地区的分支机构与营业网点，而作为长期以来农村地区最重要金融机构的农业银行，非但没能填补网点与业务上的空白，相反也紧随其后，只是因为受限于各种因素而步伐较缓且左右为难。在利率最大化和资源配置有效性原则的约束下，不愿意将资金投入期限长、见效慢、风险高的农业项目。包括农业银行在内的商业银行在农村金融中的撤离与合并，引发了农村金融资源的“漏出”，直接导致了金融机构对农业信贷投入的逐年减弱。

2. 政策性银行没有发挥对农业投入的资金聚集效应 由于种种原因，农业发展银行从成立至今一直没能有效发挥其应有的职能与作用。①农业发展银行仅承担粮、棉、油收储贷款业务，事实上成了粮食部门的总管，根本不与农民发生信贷业务关系。②农业发展银行作为政策性银行，原规定其对农业提供基本建设和综合开发性贷款，但由于农业发展银行筹资渠道单一，除财政拨付的资本金外，其信贷资金主要来源于中国人民银行的再贷款，融资成本高，市场化筹资能力差，很难为农业和农村经济提供真正意义上的多元化、低成本、大金额、长期性资金。加之资金运用方式不规范，使得农业发展银行支农作用明显弱化。③目前仍有部分农业政策性金融业务分散在中国农业银行、中国工商银行、中国建设银行、国家开发银行，不利于农业政策性资金的统筹与运用，降低了其效率和效益。所以，农业发展银行支持农业、帮助农民、振兴农村的政策性金融作用不但没有得到充分发挥反而逐步弱化了。

3. 合作金融难以满足农户和农村中小企业的资金需求 由于我国农村信用社先天“合作性”的缺失，以及农村信用社与农业银行“脱钩”后，各级农村信用社作为独立法人在营利动机的驱动下，把资金更多地投向获利机会较大的乡镇企业、个体工商户，使原本就短缺的农村资金不断外流。农村信用社的历史债务包袱沉重，使农村信用社出现了大的亏损，资不抵债的农村信用社逐年增加。由于我国农村信用社行政色彩重于合作色彩，民主管理缺乏制度基础，加之地方政府又干预农村信用社，信用社的“三会”即董事会、监事会和社员大会流于形式，内部人控制现象十分严重。农村信用社以行政区划为标准的机构组织模式，加上为“三农”服务的政策性要求，使农村信用社只能局限在狭窄的生存地域中，不可避免地出现业务单一、网络缺乏、结算手段落后、金融创新滞后等问题。种种原因使得农村信用社难以独立支撑农村经济发展。

4. 邮政储蓄成为农村资金外流的主渠道 近年来，农村邮政储蓄凭借其政策因素、网络优势、人力优势、汇兑优势及市场优势迅猛发展，直接分流了农村的储蓄存款资源。有专家估计，目前邮政储蓄的存款中有65%来自农村，但邮政储蓄却把其中很大一部分投向了工业领域和城市。据推算，邮政储蓄已经从农村抽走了至少6 500亿元。

5. 农业保险“缺位”，加剧了农村金融供给紧张的状况 农业生产经营存在着自然与市场的双重风险。对于农业风险和农民的损失，以往主要靠政府财政补贴和社会救济这两种办法来解决。然而，政府财政资金有限，社会救济渠道不确定，无法从根本上解决问题。而国外成熟的经验以及国内一些地区自发的实践表明，以市场化的手段，以保险的方式来规避风险、补偿损失，是行之有效的。

但是，当前我国农业保险发展遇到了一些困难和问题。①农业保险的有效供给不足。由于农业生产的高风险性，导致农业保险的经济效益极低甚至是负效益，使得商业保险公司缺乏经营农业保险的积极性。目前，国内开办农业保险的只有中国人民财产保险股份有限公司和中华联合财产保险公司两家，而且正在压缩承保的范围、数量和险种。②农险保费高和农民支付能力低导致承保规模和范围过小。我国农业生产受自然灾害影响大且范围广泛，风险损失率相对较高。而农户的分散性造成展业不便，加大了保险成本，使农业保险的价格较高。加之大多数农户缺乏承担投保所需高额保险费的能力，从而导致我国农业保险的规模和范围不大，保险公司难以形成起码的规模效益。③政策和法律支持的缺乏导致农业保险发展缓慢。目前，我国对农业保险（种植业、养殖业）除了免征营业税之外，缺乏其他的政策优惠。另外，农业保险对相关法律又有相当强的依赖性，而我国现行的保险法对农业保险的规定非常笼统。没有相关政策和法律的支持，单纯的商业保险很难发展起来。农业保险的缺位，不仅加剧了农村金融供给紧张的状况，而且严重制约了农村经济增长和农业现代化的进程。

6. 民间金融活跃，从另一角度说明了正规金融机构资金供给不足　民间金融以其经营成本低、交易手续简便、交易过程快捷等优势对弥补金融机构对农村信贷不足确实起到了拾遗补缺的积极作用。农业发展到新的阶段之后，农业产业结构调整和农业产业化发展，会对资金需求提出多样化和数量增加的要求，由于从正规金融机构那里无法得到所需的资金支持，就必然转向内生性的民间金融。民间金融的活跃是金融供求关系使然，也与现存金融制度安排的结构性缺陷密切相关。在货币政策传导机制并不完善的情况下，资金的供给与需求之间存在巨大的缺口，不能得到完整的显示，民间融资的利率杠杆也成为有益的参考对象。但是我们也应该看到，民间借贷在一定程度上缓解了农村资金供给紧张的状况，但也从另一个角度说明了农村正规金融机构资金供给不足的状况。

（三）农村金融供求矛盾突出的原因分析

农村金融供求矛盾突出是由于当前农村金融市场存在的诸多

问题造成的。上文提及的农村地区金融机构残缺与网点撤退、金融机构权限上收、农业的风险低效性、农村资金流失都是农村金融供求矛盾突出的原因。除此之外，还有以下几个方面：

1. 政府主导下的农村金融体系具有极强的外生性，与农村经济主体的金融需求不相适应 我国农村金融体系是由政府采取自上而下的方式建立起来的，是一种政府主导的金融制度安排，具有极强的外生性。由于这种方式不是通过提高微观经济主体的参与程度或增加微观经济主体的收益来激励金融成长，所以其制度本身就缺乏与当地经济主体融合的先天不足，在没有金融成长和微观主体相辅相成、共同发育过程的情况下，政府往往成为推进金融成长的绝对主力，于是政策偏向，人为发展痕迹很重，金融组织机构或微观金融企业就有可能处于被动地位，甚至会受到排斥，其结果可想而知。我国大多数关于农村金融体系的改革都是在政府的倡导之下进行的，它的发展和多次变革，直到目前形成的农村金融市场现状，都是政府主导下的一种外生金融成长，未考虑到农村金融需求的独特特点，因此不能提供农村经济真正需要的金融服务，可以说，政府主导的农村金融体系是农村经济困境乃至整个金融支农问题的症结。

2. 农村经济的特性造成正规商业性金融的退出，农村金融环境影响农村金融服务体系的完善 一方面，农村金融需求主体居住分散、收入低下、生产季节性强，自然风险和市场风险都很大，单位存、贷款规模小，又缺乏必要的担保与抵押品，这些农村经济与生俱来的特点都决定了农村金融服务本身就有超出一般金融服务更大的风险。正因为如此，以利益最大化为目标的商业性金融机构才会纷纷撤出市场规模较小且分散的农村地区，这不仅符合商业性金融机构的发展要求，也对规范和明确农村金融市场供给方的定位有着促进作用。但另一方面，由于农村金融市场目前还远没有达到完全竞争的状态，市场缺乏信息透明度，正规金融机构获取信息的成本非常高，信息不对称导致道德风险问题突出，信用风险较大。当前，农村的金融环境即信用环境仍然较差，赖账的行为还比较普遍，而不讲信用之所以盛行，又与正规金融机构的一些经营方式对不讲信用进行鼓励有关（如结息转贷），也与政府干预和不完善的农村司法体系相关联，这种明显的“农村金融市场失灵”促成了民间非正规金融组织的发展。虽然民间金融机构有其独特的优势，可以在一定程度上克服信息不对称，但信用贷款若完全凭个人信用，其风险依然很大，利率必然很高，并不一定有可行性。农村经济自身的特点加上严重的信用风险，使得我国农村金融服务体系的弱点更加突出，再加上农村金融的政策环境不宽松，像市场准入和退出、利率自由化等对农村金融机构发展有重要影响的金融政策仍然偏紧，所以总体上依然不利于金融机构的发展和开展灵活的金融服务。

3. 农村保险严重缺位，没有起到对农村经济发展应有的保障作用　农业在我国国民经济中占有重要的地位，农业自身又具有生产周期长、受自然因素影响大等特点，因此，为确保和巩固农业的基础地位，农业保险显得十分必要，它可以在农业生产中发挥稳定器的作用。然而，我国的农业保险经过 20 世纪 90 年代初期短暂的快速发展后，一直处于停滞不前的状态，目前全国仅有几家成立不久的专业性农业保险公司，农业保险方面的保费收入，尚不足全国财险保费收入的 1%。此外，农业保险的业务覆盖范围很窄，农业保险业务的持续萎缩同农业政策调整目标和农业发展环境的变化形成强烈的反差，已经不能适应目前“三农”发展的要求。正是由于农村保险业的缺位，在农村金融体系有所萎缩的情况下，面对农村信用社较小的资金规模和经营实力，农村信贷才越发显得困难。一方面，来自自然不稳定性和市场多变性带来的双重风险使得农业经济亟须保险的支持；另一方面，由于国家对于农业保险政策性支持不到位，除了免交营业税以外，目前农业保险本质上依然属于商业性保险，考虑到上述农业的双重风险，商业性经济实体的农业保险机构自然不愿涉足农村，其自身经济效益与农民急需得到风险保障却又交不起保费的矛盾便日益突出。在同样没有保险支持的条件下，面对正规金融机构信贷的各种不利条件（如申请手续繁杂、无法进行小额贷款等），农村信贷需求方当然会转向非正规金融组织，这就使得农村正规金融的发展更加艰难。

目前，在农村开办农业保险的机构较少，开办机构所办农业保险的险种也少，农业保险业务逐年萎缩，对农业的保障作用减弱，不能覆盖农业生产风险。农业生产一旦遇险，农民收入就会受到很大影响，其结果一是增加农民偿债的困难，降低金融机构资产质量，二是通过降低农民收入水平来抑制农村金融需求的发展。农业保险与其他种类的金融服务之间存在一种联动和补充的关系。

保险机构承保农业风险积极性不高，这主要是由于农业生产的分散性和不确定因素较多，风险集中而承保成本大。目前农业保险险种大多亏损，这与保险公司商业化经营的目标是背离的。应当说，各类金融服务在农村的困境有着基本相同的原因，应当针对这些原因，站在政策性支农的角度，一揽子解决现存问题。

五、构建新农村建设金融支持体系的对策思路

建设社会主义新农村，必须加快农村金融体制改革，改善农村金融服务，加大信贷支农力度。只有理顺政策性银行、商业性银行、农村信用社和邮政储蓄的资金关系，才能形成农村资金的良性循环机制，增加农业的信贷资金投入；只有发展新的合作制金融机构，才能逐步满足农业现代化对信贷资金的要求。必须对政策性金融、商业性金融、农村信用社重新进行功能定位和调整，放宽民间金融的准入条件，建立起合理有效的运行机制，强

化农村金融体系的整体功能，形成支持农业和农村经济发展的合力。

（一）改善北京农村金融环境，促进农村金融机构健康发展

金融组织的生存和发展需要一定的金融环境，改善金融环境是调动农村金融机构贷款意愿的基础。加大财政和农业科技的投入力度，加强农村基础设施建设，改善农村经济运行条件。提高农民的组织化程度，提高农民在市场交易的谈判地位和抵御风险的能力。鼓励有条件的地方政府出资成立担保基金或担保公司，并带动其他担保机构的发展。要扩大有效抵押品的范围，增加农作物收益权、企业存货和应收账款等动产抵押、权利质押，解决农民抵押难、担保难的问题，同时保护担保债权的优先受偿权。推进农村金融立法工作，加强农村社会信用环境建设，加大执法力度，严厉打击各种逃废金融债务的行为，切实维护金融债权。同时在农村设立存款保险制度，形成有效的市场退出机制，促进农村金融机构健康持续发展。

1. 完善金融法律体系，夯实农村金融的制度基础　农村金融的发展离不开国家的支持。国家可以通过税收优惠、财政补贴、金融政策支持、加强金融监管等途径，支持农村金融机构壮大经营实力，全面促进农村金融的可持续发展。尽快制定适合农村金融发展的法律法规制度，为新农村建设中金融资源安全运行提供强有力的法律保障。中央银行要加大对农村金融的宏观调控。对资金困难的金融机构，人民银行要给予临时贷款支持，同时，要允许贫困地区的银行机构少缴或免缴存款准备金。在利率方面，对于贫困地区的贷款要实行差别管理，通过宏观调控引导资金流向农村。首先，可以在《商业银行法》的基础上，针对农村金融发展实际，尽快制定出台《农村金融法》或《合作金融法》，以保护农村合作金融的合法权益。其次，尽快修订完善《破产法》、《刑法》、《担保法》、《物权法》等法律法规，严肃追

究恶意逃废债务的自然人和企业法定代表人的刑事责任，从根本上加大法律的威慑力，使金融法规真正对违法违规行为发挥最后的“杀手锏”作用，支持和维护整个金融的建设和发展。最后，大力推行依法行政，地方政府自觉克服地方保护主义，大力支持司法公正，保障政府信用，杜绝不应有的行政干预，为建设金融环境营造良好的法律环境。

2. 建设征信体系，净化农村金融的信用环境 农村金融系统作为整个经济系统的有效组成部分，讲信用应该成为农村金融系统中行为的基本原则。推进信用体系的建设，是推进农村金融建设的基本内容之一。首先，要综合运用法律、经济、宣传、舆论监督等手段，建立和完善社会信用的正向激励和逆向惩戒机制。其次，要广泛开展企业信用评级和信用乡镇、信用村、信用社区、信用户、信用企业建设，进一步营造重信用、讲诚信的社会风气。最后，要大力发展中小企业信用担保机构，畅通资本金补充渠道，完善信用担保机构风险补偿机制，放大担保倍数。农村金融业的发展应允许和鼓励多种所有制形式的担保公司并存：一是鼓励各类商业化的信用担保机构积极拓展符合农村特点的担保业务；二是有条件的地方可以设立多种形式的农业担保机构；三是在规范管理和自愿的基础上，有借款要求的企业或农户可集资组建互相合作的担保基金会；四是发展政府专项担保基金，用于支持农业产业结构调整和个体私营经济的发展。在此基础上，农村金融机构应该针对农村经济的特点，创新新的抵押、担保和信贷管理方法，实施多种抵押担保办法，探索创新实行农具、牲畜、农作物收获权等动产抵押、仓单质押、权益质押、农户联保等多种担保方式。鼓励并利用借款人联保小组以及组织借款人互助合作形式，避免农村金融市场存在的不完全信息所导致的贷款回收率低下的问题；利用担保融资、使用权担保以及互助储金会等办法，改善信息的非对称性；采用融资与实物买卖（如肥料、作物等）相结合的方法，提高贷款的安全性。

（二）完善北京农村商业金融体系，拓宽商业信贷渠道

要建设社会主义新农村，必须重新构建新的北京农村金融体系。虽然商业性金融机构正在逐步退出农村市场，但政策性金融、合作金融和民间金融依旧应该积极发挥支农作用，尤其是合作金融机构和广泛存在的非正规民间金融组织，应当努力在农村经济改革过程中壮大实力，并形成具有竞争力、充满活力的，能够协调发展的多元化农村金融体系结构，完善农村金融服务体系，改善农村金融环境。

这既要注意发挥农村国有商业银行的作用，又要注意发挥其他的商业银行的作用。其他的金融机构要创新，要更多的给民间资本以机会和出路，动员和鼓励社会资本和产业资本进入农村发展产业，鼓励社会力量进入农村发展社会事业，给民间资本一个进入市场的制度框架，如担保基金、社区发展基金、资金互助和保险互助合作金融组织，或者是小额贷款机构，或者是其他的形式，都可以探讨，多种形式发展，多条腿走路。

1. 强化政策性银行支农作用　政策性金融肩负着支持和保护农业的重要使命，利用政策性银行支持农业现代化，是当今世界各国的通行做法。纵观国际政策性金融的发展，其基本职能就是配合国家制定的经济发展规划，重点支持国家确定的重点行业和产业，以推动本国经济的迅速发展。作为我国农业政策性银行，农业发展银行目前的功能发挥不足，仅作为发放和管理农副产品收购资金的银行，其他作用发挥不够，必须按照国际通行的政策性金融的做法进行调整改革。要把农业发展银行办成真正的农业政策性银行，总的方向是：以国家信用为基础，筹集农业政策性信贷资金，承担国家规定的农业政策性金融业务，代理财政支农资金的拨付，为农业和农村经济发展服务，真正体现政府农业经济政策取向。农业发展银行要按“贷得出、收得回”的金融方式运行，但不以营利为目的，不能与商业金融竞争。凡是商业

银行愿意发放贷款的项目，农业发展银行要退出。凡商业银行不愿发放贷款但能收回本金的项目，农业发展银行必须去做。同时，农业发展银行应该努力探索如何发挥国家干预和调节农村经济的重要工具作用，怎样弥补市场机制的局限性；如何与商业性金融互为补充；怎样运用政策性金融引导社会投资方向，带动商业性金融较好地满足农业现代化进程中重要基础设施、基础产业建设对资金的需求，扶持支柱产业的形成；怎样利用高科技，加强信息功能，在农村金融体系中真正发挥政策性农村金融对农业的调节和保护作用。农业发展银行还应探索组织结构创新模式，解决机构、人员与业务差异问题，不断探索业务创新问题，扩大收购贷款范围和金融服务范围，目前至少要将扶贫、农业综合开发等专项贷款和粮食企业附营业务贷款从农业银行划转回农业发展银行，使农业发展银行真正担负起应有的职责，同时解决农业银行政策性经营与商业性经营不分的问题。重新界定和拓宽农业发展银行的经营职能和业务领域。农业发展银行作为目前唯一直接服务于农村的政策性金融机构，要为农村公共产品的开发、为农田水利水电开发以及公路、通信、技术推广等农业综合开发提供基本贷款支持，成为农村政策性金融的综合性银行。

对于农业发展银行的改革，应立足我国农业和农村经济发展的实际，借鉴国外农业政策性金融发展的基本经验，在国家支农体系和农村金融体系的框架内统筹考虑，具体从以下几个方面提高其为“三农”服务的经营绩效。首先，调整农业发展银行的职能定位，强化其政策支农功能。鉴于农业发展银行已完成收购资金封闭运行目标的现实和促进农业经济发展的客观实际需要，农业发展银行业务应尽快调整其职能定位，延伸业务范围。①调整贷款对象。把贷款对象由原来单一的国有粮食购销企业，逐步扩大到国有控股粮食购销企业及改制后落实原有债务、具备贷款条件、继续从事粮食经营的非国有企业；②适当延伸业务范围。在有效防范信贷风险、不与商业银行竞争的前提下，延伸对粮棉产业链条的信贷支持，支持具有收购资格的粮棉产业化龙头企业开展粮棉收购，支持粮食购销企业与加工企业开展联合经营；③拓宽业务种类。增加农业综合开发贷款业务，加大农业基础设施投入力度，改善农业生产条件，提高农业的劳动生产率，增强农业的市场竞争力。农业发展银行应该进一步拓宽支农领域，以农村“水、电、路、气”建设为突破口，支持农村基础设施建设，改善农村经济和社会发展以及投资的整体环境；支持建设优势农产品产业带，实施种子工程贷款；支持农田水利工程、农村能源、生态农业体系的建设；以“万村千乡”工程为重点，支持新型农村市场流通体系建设，提高农产品流通效率；为农户学习农业新知识提供助学贷款，培育新农村建设需要的人才，积极推广农业科学技术；继续做好新时期的农村扶贫开发工作。国家开发银行也应该加大支农力度，可以单独开辟一个用于农村的贷款基金，使开发性金融更多地参与农村道路、电力等基础设施建设和农业产业化、农业资源开发项目的投资。其次，建立稳定的资金来源，优化负债结构。目前，我国农业发展银行的资金来源单一，规模有限，不仅增加了国家金融的系统风险，而且严重制约了其履行农业政策性金融的职能和自身抵御风险的能力。①充实农业发展银行的资本金。国家财政拨给农业政策性银行的资本金占其信贷资产的比重，应大于国有商业银行和其他银行。②公开发行上市流通的政策性金融债券。从社会投资者手中筹集中长期信贷资金，减轻由商业银行行政性摊派认购金融债券的压力，增强政策性银行资金来源的稳定性，化解“长”资产与“短”负债的期限结构矛盾。③允许农业发展银行吸收社会公众存款。

2. 加大商业性贷款的支农力度　按照商业化经营的原则，作为国有商业银行，农业银行是不负有直接的支持农业现代化的责任的，因为商业银行的经营目标，是实现利润的最大化，事实上，工、农、中、建四大国有商业银行之间的业务范围早已没有明显的区分。如果中央政府运用行政手段指令农业银行发放农业贷款，则会回到政企不分、产权不明、职责不清的老路。因此，要求农业银行发放支农贷款，国家主要是运用经济手段，通过宏观经济政策的调整，引导国有商业银行发放支农贷款。例如，通过调整税收政策，区分不同的贷款种类，按照产业政策的不同，实行不同的税率，减免农村贷款利息收入的税收；通过货币政策的调整，增加对商业银行低息的农业资金再贷款等，让商业银行觉得发放农业贷款有利可图，因而把一定比例的资金投入农业领域。开放邮政储蓄自主运用资金渠道，让市场资金运用的利率水平约束邮政储蓄的吸储行为，邮政储蓄自主运用的资金可以购买国债，也可以购买金融债券、企业债券，特别是购买农业发展银行的债券，允许邮政储蓄参股农村信用社，把农村资金运用到农村。同时，商业银行只有认真分析经济金融的发展形势，及时调整经营策略，不断开辟新的利润增长点，才能实现利润的最大化。随着社会主义新农村建设的开展和政府对农业投入的加大，农村商品生产日益活跃，农产品销售不只是在国内市场，也瞄准了国际市场，工农业生产在交叉，加之新技术、通信网络的应用，整个农业的概念在扩大，农业现代化必将迎来新的快速发展时期。商业银行和农村信用社必须抓住这个契机，加大对农业的投入力度，在社会主义新农村建设的进程中占有应有的市场份额。

农业银行的改革方向是按照国有银行改革的要求，深化产权制度和内部管理制度的改革，办成真正的商业银行。要加强信息披露并保证财务数据的真实性，科学划断政策性业务和商业性业务，对农业银行剥离的扶贫贷款业务，国家应采用招标方式由多家金融机构平等竞争贴息优惠；要深化产权制度改革，强化内部机制，建立科学严密的信贷管理制度，努力防范和化解信贷风险；要调整信贷结构和投向，重点满足农业产业化龙头企业、农业科技园区、农村基础设施建设和县域工商企业的资金需求，充分发挥县域商业金融主渠道作用。鼓励农业银行在农村开办银行卡、代理、租赁、担保、保管、理财和信息咨询等新产品，满足农村多元化的金融需求。巩固和稳定农业银行的分支机构及其在支持农村经济中的重大作用，按照市场化原则，支持农村中竞争性强的企业的建设和发展，更多关注和支持农产品产业带、主导产业生产基地、农产品专业市场建设的有效需求，提高对农村龙头企业的综合服务水平，支持外贸和新兴产品中的农村商业企业。

商业银行应牢固树立商业银行意识，妥善处理好支持产业发展和农村事业发展的关系、有效支持和风险控制的关系，增强可持续发展的能力，在支持农业结构调整、壮大特点农业、推广龙头企业等方面产生示范作用。具体的支持重点是：①支持一批辐射面广、带动性强、发展前景好的上规模、有特色、科技型的农业产业化龙头企业，促使企业扩大生产规模，提高产品附加值，增强辐射带动功能，实现市场带企业、企业拓基地、基地联农户的有效传动作用；②以“绿色家园”建设为重点，支持符合“产业支撑、绿色环保、规划科学、可持续发展”标准的新农村基础建设；③按照高产、优质、高效、生态、安全的要求，调整优化农业结构，积极支持当地的特色农业、绿色食品和生态农业，培育农产品知名品牌；④支持本地农产品增强国际竞争力，扩大出口额；⑤支持县域内劳动力密集型中小企业发展，鼓励农村富余劳动力新地再就业。此外，商业银行在支持农村建设小康社会工作中，除了加强信贷支持外，还应在金融服务手段及其他业务功能上提供安全、快捷的现代化金融服务。做好金融法规与知识宣传、信息咨询工作、完善结算服务功能，积极开展中间业务和延伸性业务。

3. 推动和支持北京农村商业银行的发展，使其充分发挥农村金融主力军作用　北京农村商业银行要继续完善法人治理结构，加快经营机制转换，加强内控制度和风险管理机制建设。通过政府政策引导和资金支持以及人民银行信贷政策指引，强化北京农村商业银行的支农功能，对与“三农”有关的中小企业、农业服务经济实体、专业性合作经济组织、个人和农户给予信贷支持。北京农村商业银行要将商业化经营与服务“三农”有机结合起来，把准市场定位，大力推广农户小额信用贷款和联保贷款，努力搞好搞活小企业融资，创新服务手段，拓展业务品种，充分发挥支农主力军作用。

4. 改革邮政储蓄，引导邮储资金回流，控制农业资本流失

从农村金融本质特征和邮政储蓄银行自身优势的契合度来看，邮政储蓄银行将逐步成为农村金融的又一生力军。农村金融需求单笔小、品种多、分布广、总额大，而邮政储蓄遍布城乡、星罗棋布、全面渗透的营业网点正好能满足微型化农村金融的需求。因此，邮政储蓄银行应该在农业区域大范围内开展形形色色的金融业务，在最小化市场风险的前提下实现业务利润最大化。同时，邮政储蓄银行还可以在农业保险、农业担保等新的领域发挥作用，在保险公司、商业化担保机构和农业生产者之间构建一座桥梁。引导邮储资金回流是解决我国农村信贷资金流失问题的可行性做法。在邮政储蓄银行组建初期，在资金运用过程中，应重视对“三农”的投入，通过资金拆借、购买重点建设债券等方式，用于国家级大型农业基础设施建设和农业开发项目；邮政储蓄可委托其他金融机构发放“三农”贷款，对存放农村信用社的大额协议存款，当地财政应给予适当贴息优惠；通过税收优惠等配套政策，鼓励邮储银行将县及县以下邮政储蓄份额，超过20%的部分通过适当方式用于农村；在商业性担保能力较强的地区和政府有能力组建担保基金或担保机构的地区，邮储银行可以开办担保类贷款，增加贷款种类，扩大贷款的覆盖面；建议县级人民银行将邮储上存的转存款全额转化成支农再贷款，重点增加对当地经济信贷投放较多的金融机构再贷款额度；鼓励邮政储蓄资金参股农村信用社，试办农村小额贷款机构，为支持新农村建设提供长期的资金投入方式。对不同地区的金融机构实行差别税率政策，将减免税与存贷款比例挂钩，引导资金流向农村，为支持新农村建设提供长期的资金支持。邮政储蓄网点多，物流、信息等方面具有优势，有利于资金回流农村。但要确保邮政储蓄在农村吸储资金返还农村，不仅要对其运营模式进行改制，更要从深处着手，对邮政储蓄银行的资金运用进行必要的制度约束。规定储蓄余额的一定比例直接用于支农贷款或者转存当地的农村信用社和其他支农金融机构，转存利息由国家补贴。另外，也可以规定邮政储蓄银行购买一定额度的农业政策性金融债券。

5. 按合作制原则培育新型的合作金融组织 农村金融制度供给的错位与不足，使农村正规金融供给短缺，农村资金超出需求得不到满足，使得农民不得不转向民间金融。但是，民间金融伴随而来的高利息、高风险给农民带来了高成本、高负担。要加强政府对农村金融机构风险的管理力度。要完善相关法律法规，明确民间借贷政策，规范民间融资合法经营。通过降低农村金融机构的准入门槛，参照国外经营理念，从农村的实际和农民的需要出发，进一步扶持专门为农业生产和农村经济发展服务的农村金融投资公司，引导、规范民间互助会等互助性的融资形式，使更多的民间资本有组织、有计划地注入农村金融市场，为新农村建设提供各类金融服务，或者建立相应的中介机构，增加民间金融交易的正规性和安全性。

2005 年《中共中央国务院关于推进社会主义新农村建设的若干意见》中指出，“鼓励在县域内设立多种所有制的社区金融机构，允许私有资本、外资等参股”，这是农村金融改革的一个重大突破。因此，在保证资本金充足、严格金融监管和建立合理有效的退出机制的前提下，大力发展社区金融机构、小型金融担保公司等多种类型的金融机构，鼓励更多的民间资金进入合规、合法的小型金融机构。同时，要进一步鼓励和引导农户发展资金互助组织和规范民间借贷。民间金融组织作为正规金融机构的有益补充，具有制度优势、信息优势、成本优势和速度优势。这些独特优势，使其与正规金融形成了强烈的互补效应，有力地促进了农村经济的发展，成为我国金融体系中不可或缺的组成部分。金融监管部门可以在法制的框架下，采取登记备案的形式、自律管理的方式让民间金融规范起来，通过制定和完善《民间融资法》等法规体系，给予民营小额信贷组织、农户资金互助组织、信用协助会等民间金融一个合法的活动平台，使其合法化、公开化、规范化，并加强利率监管和业务范围监管，充分发挥其拾遗补缺的作用，为弱势群体和农村民间经济融资解决实际问题。金融管理部门应尽快制定管理办法，要根据市场化原则，就农村小型金融机构、民间金融组织的设立、运作、监管、市场退出等做出具体明确的规定，促使这类金融机构的发展驶入快车道。

尽管我国一直未出现过真正的合作金融组织，但这绝非意味着我国不需要合作金融。现实的农业生产组织形式呼唤合作金融为农民提供信贷资金。农村一家一户的小生产，其资金需求量小又比较分散，农业银行、信用社等不愿对其发放贷款，而农户对信贷资金的需求量虽小但时间性很强，如果不能及时方便地为农户提供信贷服务，农户便会失去市场机会，从而使他们的盈利能力降低。因此，在当前家庭经营为主的小商品生产处于主导地位的农村，只有“自助互惠”的合作金融才能成为农村金融的主体。对农村分散而经济实力弱小的农民来说，通过自愿的联合实现资金互助是一种必然选择。如果农民、农户没有自己的合作金融组织为其服务，则大量农村金融市场的真空，就可能被民间借贷、地下钱庄等灰、黑色金融去填补。因此，应当从农村的现实需要出发，发展农村合作金融，重新构建我国农村合作金融组织，重新发育新的真正意义的合作金融组织。建设社会主义新农村，不仅要求国内商业银行增加信贷投入，也要求允许民间金融的进入，外资金融机构也可以介入。农业现代化资金需求缺口大，为中外金融机构介入农村金融市场提供了广阔的业务拓展空间，农村经济市场日渐活跃，既为金融机构提供了新的效益增长点，也为农业企业选择金融服务提供了有利条件。亦如市场是开放式的，农村金融市场也不存在樊篱，只要交易双方达成共识，便有了自己的市场，在外资金融机构对农村市场研究分析后，必然会选择最佳切入点，参与农业市场的竞争。引导和鼓励其他银行业金融机构开发农村市场和支持服务新农村建设。在农村设有银行业机构网点的“工、中、建、邮”等银行机构及民间金融组织，应将在农村地区吸收的存款一定比例用于农村；国家要运用政策引导商业性金融支持服务“三农”，国有商业银行也应积极开发农村市场，对新农村建设中的大工程、大项目提供必要的、一定的中长期信贷支持。

（三）加强北京农村金融监管，促进农村金融的平衡发展

加强对民间金融的监控管理，放开其市场准入条件，国家放开民间金融的市场管制，不是说放开对民间金融的管制。相反，针对民间金融的种种风险和弊端，需要加强引导和管理，严厉打击民间非法金融活动。有关金融监管部门要把风险高的民间金融纳入监控范围，对一些高利率的民间金融要进行利率管制，建立起一套有效的监管体系。在完善的监管体制下，放开其市场准入条件，充分发挥民间金融的资金供给作用。

金融监管应该以风险控制为天职，以增强金融主体的自我调节功能为监管目标。针对当前农村金融体系抵抗风险能力薄弱的情况下，监管部门需拓展监管范围，不仅要将农村金融机构的日常经营活动纳入，同时也要把非金融机构的金融业务纳入，以减少其可能产生的对农村金融机构、农村金融及农村经济的冲击；此外，还要提升监管水平，既要对农村金融机构的常规经营活动进行监管，同时也要对产品创新行为、制度建设等进行引导，以切实提升农村金融机构的经营管理水平。

（四）加强财政支持力度，完善农业保险

农业保险主要由政府直接经营，或政府委托保险公司经营，

保险公司只向政府收取管理费用而不以收取保费赢利。从我国现阶段的国情看，发展农业保险决不能照抄照搬外国的任何现成模式，而单纯走依靠商业保险的路子又存在着很多困难。因此，农业保险取得突破的关键在于财政支持，这是世界各国农业保险发展得出的共同结论。

1. 确立明确的政策支持 政策支持是农业保险开展的核心。①建立政府组织推动机制。通过采取媒体宣传报道、保险公司开展宣传咨询活动等多种形式，使广大农民充分认识农业保险对稳定农民生活、保障农民增收的重要作用，不能将农业保险视为“乱收费”、“增加农民负担”。②建立财政金融支持机制，调动商业保险公司承保和农民投保的积极性。对农业保险予以财政支持，改政府直接补贴为间接扶持，是WTO对农业扶持的重要绿色通道。我们应充分利用这一规则，加快建立对农业保险的财政金融支持机制。一是对投保农民提供保险费补贴，提高农民对农业保险的购买力。二是对保险公司提供费用补贴，减轻商业保险公司的费用压力。三是建立农业风险准备金，用于发生巨灾时的大额保险赔付。四是逐步推进财政对农业保险的支持。在目前政府财力有限的情况下，先对几种关系到国计民生的主要农作物提供一定支持，使其优先形成一个比较完全的市场，待时机成熟后再扩大险种的支持范围。

2. 研究制定农业保险法规 随着农业和整个国民经济的发展，我国农业保险的发展急需健全法律体系予以保障。用法规形式明确农业保险的政策性属性，政府的管理职能和支持方式，经营主体应该享受的具体优惠政策，保险双方权利义务，业务经营范围，业务运作（包括保险金额确定、费率形成机制、赔偿办法、会计核算制度、精算制度），财政补贴险种、补贴标准及计算方法，农业再保险办法等，形成发展政策性农业保险完备的法律、制度保证。

政府经营政策性农业保险的目的是保障农业生产链条的持

续，减小农业风险发生带来的损失，经营的原则必须是：低保费，高保障。针对保费收入不稳定的情况，可以预留部分支农补贴，转为保险基金，中央和地方政府都应当按比例给予参保一部分保费补贴。同时，政府要积极鼓励和引导商业保险机构进入农业保险领域，充分利用他们的资金优势和信息优势。再者，便是加大宣传动员力量，提高广大农民参保的积极性。但最终必须依靠发展农村经济来提高农业保险的规模。积极培育和发展农村保险市场，引导保险公司业务链条向农村延伸，根据“三农”特点开发适合的保险新产品，提高农村地区的保险密度和保险深度。在兼顾农民支付能力、商业保险公司盈利可能以及政府财政承受能力的基础上，探索适合北京特点的农业保险发展道路，建立政策性保险和商业性保险相结合的农业保险制度。加强农村信用环境建设，完善农村中小企业和农户信用评级与信用担保体系，发展互助担保组织，建立农业信贷风险基金。加快三农保险体系建设，把组建政策性“三农”保险机构纳入新农村建设的总体规划，对商业保险公司开办农业保险进行财政补贴。

我国农业是弱势产业，受自然和市场因素影响大。发展农业保险和农产品期货可以分散和降低农业生产的自然风险和市场风险，降低农业金融体系的系统性风险，为促进农业保险的发展，要加大财政补贴力度，财政补贴应坚持基本保障的原则，保险标的应选择关系国计民生的种植业和养殖业，并主要实行保费补贴，可由中央和地方财政根据各地农业风险状况和农业经济发展水平，从财政资金中各划出一定比例份额用于投保农户的保费补贴；在免征种养两业营业税和印花税的同时，免征种养两业的所得税，对其他涉农保险营业税按5%先征，按3%返还，印花税按0.1%先征，按0.05%返还，将返还的税金充实风险基金；支持中国再保险公司承担起国家农业再保险职能，为各家从事农业保险的机构分散风险，各保险主体也要积极探寻与国际再保险企业的合作，将农业风险向更大范围分散；设立中央级农业巨灾风险基金，主要由中央、地方提供财政支持，积累巨灾风险金，对遭遇巨灾损失的农业保险公司提供一定程度的补偿，并设立专门的巨灾风险基金管理机构。

通过建立农村金融机构的贷款保险制度，可以有效地促进农村金融机构的贷款发放，而且能确保农村金融机构的经济效益趋向最大。因此，国家要积极扩大农业政策性保险的试点范围，鼓励商业性保险机构开展农业保险业务，保障农业发展和农村信贷资金安全。同时，为解决农民和农村中小企业贷款担保难问题，分散农村信贷资金风险，可由农民自发组建实行连带责任的联保集体，化解当前农民“贷款难”与信用社“放贷难”之间的矛盾，形成农村信贷资金投入稳定增长的长效机制。

□□□□□□□□□□ 第四章

北京市政策性农业保险分析

一、引言

农业巨灾保险是各国保险业正在拓展的新领域。在建立和不断完善我国政策性农业保险制度过程中，如何通过再保险业务来分散农业巨灾风险，是亟待实践探索和研究的新问题。

2007 年 4 月，北京市开始实施政策性农业保险制度。在当年出台的试行方案中提出，综合赔付率超过 160％的巨灾赔付由北京市政府承担。为进一步分散农业巨灾风险，2009 年 8 月初，北京市政府与瑞士再保险股份有限公司和中国再保险（集团）股份有限公司签署政策性农业再保险合作协议。北京市农委代表市政府作为投保人，将全市农业保险业务作为统一整体，直接出资向再保险公司购买再保险。在发生巨灾损失的情况下，任一保险公司赔付率超过 160％后，再保险公司将直接向保险公司支付赔付率 160％～300％的风险赔款。

北京市在全国率先通过政府直接购买再保险，“创新了政策性农业再保险的运作方式，对丰富全国政策性农业保险管理模式，具有重要意义”；同时，也提出了一项值得认真探讨的课题，即在农业巨灾风险 50 年一遇的灾害风险程度较低的地区，为分散农业巨灾风险，如何选择再保险运作方式？究竟是政府直接承担巨灾超赔部分的赔付业务，或是由政府向再保险公司购买再保险，还是由原保险公司与再保险公司直接开展赔付率超赔分保的方式，才能“实现财政资金支出效用比最优”?

农业生产风险具有不确定性，尤其是农业巨灾的出现具有低概率和极强破坏性特征，需要在较长时段内才能判断政府以及保险和再保险公司应对巨灾的能力。保险和再保险业务及其资金流动过程具有动态和反馈特征。系统动力学（System Dynamics）是一门分析研究信息反馈系统的学科，被称为“政策和策略的‘实验室’”。包括系统动力学在内的动态模拟，“这种评估风险的确定方法或情景分析”，“可能足以为当地政府部门制定减灾计划提供依据”（李心德，2006）。为此，以北京市为背景，应用系统动力学原理和方法，构建了政策性农业再保险动力学模型，设计了10种不同组合方案，通过动态模拟，展示了2000—2030年期间，在不同风险情景下，保险公司和再保险公司中长期经营状况以及政府补贴和巨灾储备金的变化趋势，对比和分析了政府购买再保险与政府直接超赔再保险以及由原保险公司直接与再保险公司实行赔付率超赔再保险的各种假设下，政府和原保险公司应对巨灾风险的能力，以及三种再保险运作方式的优劣，以期为政府决策和保险公司经营提供参考。

二、国内外农业保险制度模式及其研究状况

（一）国外农业保险制度模式

国外农业保险制度可以划分为以下四种主要模式。

1. 政府主导型模式　实行这种模式的国家以美国和加拿大为代表，1980年以后，瑞典、智利、墨西哥等国也采用这种模式。这种模式的最大特点是，以国家专业保险机构为主导，对政策性农业保险进行宏观管理和进行直接或间接经营。依据法律法规，建立由政府组建的官方的农作物保险公司，并由该公司提供

农作物的直接保险。政府认捐农作物保险公司相当数额的资本股份，对其资本、存款、收入和财产免征一切税负。农民仅支付一部分纯保费，其余部分由政府补贴。政府鼓励私营保险公司、联合股份保险公司及保险互助会等参与农作物保险计划，并依法对他们承保或代理的农作物一切险和再保险提供一定比例的保费补贴和经营管理费用补贴。同时，由中央政府统一组建的政策性的全国农业再保险公司进行农业的再保险。

2. 政府支持型相互保险模式 采用这种模式的主要有日本。其主要特点是，政府不直接经营农险业务，由不以营利为目的的市、町、村农业共济组合与都、道、府、县农业共济组合联合会经营农业保险。国家通过立法对关系到国计民生的和对农民收入影响较大的主要农作物（水稻、小麦等）和饲养动物实行法定强制保险，其他实行自愿保险。政府的主要职能是进行监督和指导，为农业组合联合会提供再保险、保费补贴和管理费补贴。补贴分为两大块：一是政府财政设立农业共济再保险特别账户，对农户的互助保费补贴和再保险业务进行专门管理，财政对农户的保费补贴将直接划拨到该账户；二是对农业保险的其他补助，例如合作社、联合社和全国农业共济协会的事业费、损害评价补贴、农业保险事业推广补贴等。各合作社向都、道、府、县级的联合会进行保险；政府通过设立农业共济再保险特别账户，接受都、道、府、县级农业共济组合联合会的再保险，承担对农户受灾时保险金支付的最终责任，即保险赔偿政府兜底。以家畜保险为例，损害（家畜死亡或伤病等）发生后，共济组合、联合会和政府分保承担赔偿责任的20%、30%和50%。如果发生地区性的较大灾害，例如大规模的传染病或者水灾等异常自然灾害，由政府承担全部赔偿责任。

3. 政府资助的商业保险模式 实施这种模式的主要是一些欧洲的发达国家如德国、法国、西班牙、荷兰和大洋洲的澳大利亚等。该模式主要特点是：全国没有统一的农业保险制度和体系，政府一般不经营农业保险。农业保险主要由私营保险公司、保险相互会社或保险合作社经营，一般只经营雹灾、火灾和其他特定灾害保险。农民自愿参保，自负保费，有的国家也给予一定的保费补贴。

4. 政府重点选择性扶植模式 采取这种模式的主要以亚洲一些发展中国家为代表，如斯里兰卡、泰国、印度、菲律宾、巴基斯坦、孟加拉国等，还有中、南美洲的一些发展中国家，如巴拿马、巴西等国家。这些国家发展农业保险主要有以下特点：①大多数国家的农业保险主要由政府专门保险机构或国家保险公司提供；②保险险种少、保农程度低、保障范围小，主要承保本国主要粮食作物如水稻和小麦；③除孟加拉国外，都实行与农业生产的贷款相联系的强制性保险。

从各国实行的农业保险制度模式可以看出：①政府都通过立法对农业保险给予法律支持。②由政府对农户和承保部门提供一定比例的保费补贴和经营管理费补贴。如 2000 年美国平均补贴额为纯保费的 53%，其中巨灾保险补贴全部保费，多种险农作物保险、收入保险等保费补贴率为 40%。日本费率越高，补贴越高。水稻费率超过 4%的补贴为 70%，旱稻费率超过 15%的最高补贴 80%，小麦最高补贴 80%。③政府对农业保险提供再保险支持。④各国农业保险主要以收支平衡为主要经营目标，既保障农户的合法权益，又使农业保险得以健康持续地发展。

（二）国内政策性农业保险主要经营模式

目前，我国政策性农业保险主要有六种经营模式。①“安信模式”，由上海安信农业保险公司实行的“政府财政补贴、以险养险”模式。在遇到特大灾害，公司通过巨灾再保险仍无法承担保险责任时，政府通过特殊救灾政策给予支持。②“安华模式”，由安华农业保险股份有限公司采取成立全国性商业保险公司代办政策性农业保险业务的经营模式。③“互助制模式”，在原黑龙江农垦总局风险互助体系的基础上筹建的阳光农业相互保险公司，是我国第一家相互制农业保险公司，既没有资本金，也不能发行股票，风险基金来源于会员缴纳的保险费，运营资金由外部筹措。④“共保体”模式，即浙江省经过两年多的试点成立的“政策性农业保险共保体”。其主要特点是“市场运作，政府兜底”，共保体由 10 家保险公司组成，其中 1 家公司为首席承保人，根据浙江省人民政府授权，负责运作浙江省的政策性农业保险项目。⑤“安盟模式”，首家进入我国农险市场的法国安盟保险公司采取的运作模式，特点是依靠强大的网络、资金、丰富的农险经验和管理优势占领市场。⑥“委托代办”模式，2006 年，苏州市推进农业保险委员会通过公开招标方式选择两家商业保险公司作为合作对象，委托其代办农业保险业务，苏州市各级政府对投保人给予保费补贴，保险公司经办具体业务并提取一定比例的管理费，同时承担有限风险。当农业保险基金出现超赔时，保险公司分摊超赔额的 10%，但超赔分摊上限不超过保险公司累计取得的管理费总额。

（三）国内外政策性农业保险研究状况

国内外学者对政策性农业保险和巨灾保险的研究主要包括其市场供给、市场需求、发展可行性和发展模式四个方面。国外学者认为，农民对农作物保险的需求相对较低，是导致私营农作物保险市场未能发展起来的一个原因。农作物保险的需求弹性很低，一般为 0.2 到 0.92（Knight and Coble，1997；Godwin and Swith，1995）。在参加美国联邦农作物保险计划的农业生产者中，规避风险只是促使他们投保的一个次要原因。更确切地说，农民是否参与农作物保险计划主要是根据预期利益的大小（即保费补贴的高低）来决定的（Calvin and Quiggin，1999）。由于逆向选择、道德风险、关联风险的存在，对大多数生产者来说，农作物保险的成本是很高的，以至于高到没有足够的农业生产者来支持一个有效的农作物保险市场的运作。而在高风险地区，农作物保险的成本可以高到令生产者无法负担的地步。在美国，尽管政府对农作物保险市场干预时，其经济效益和达到社会公平性方面的作用微弱，但美国政府认为，还需要从农作物保险的社会功能，从它对农业经济的稳定性的作用来看这个问题，70 多年来争论的焦点不是国会是否应当向农民提供援助，而是政府应该以何种方式援助。

国内对政策性农业保险和巨灾保险的研究起步较晚。政策性农业保险研究大多集中在保险的模式选择及实践介绍方面。有关农业巨灾研究论文，大多是对农作物巨灾风险分区和费率厘定、农业巨灾风险解决办法的思考，如建立巨灾保险基金，通过发行巨灾风险证券，将保险公司的风险进行证券化，从而将风险转移到资本市场上，实现风险与现金流的置换，在更大范围内分散风险（左正龙，2009)。《中国农业巨灾保险制度研究》是国内农业巨灾保险方面的第一部专著，重点对建立农业巨灾的可行性、目标模式和制度选择等进行了研究，提出了建立我国“二元化”的农业保险制度，并探讨了其建设内容（邓国取，2007)。

国内外有关农业保险的研究方法，采用的主要工具是决策论、概率论和数理统计方法，尚未见到运用系统动力学原理和方法对农业保险和再保险问题开展研究的成果。

三、北京市政策性农业保险发展和研究状况

（一）北京市政策性农业保险制度建设和发展状况

2007 年 4 月，北京市政府制定并颁布了关于建立北京市政策性农业保险制度的决定。与国内其他试点相比，北京市建立的“政府引导、政策支持、市场运作、农民自愿”政策性农业保险模式，具有风险控制合理、保险保障全面、可操作性较强等特点，在全国率先采用了政府补贴“保费＋管理费＋巨灾风险准备

金”的模式。其主要支持政策措施是：第一，根据都市型现代农业发展需要、农民保险需求和农业产业发展布局等因素，开展了包括种植业和畜牧业在内的16个险种的政策性农业保险试点，“十一五”期间，政策性农业保险将覆盖北京主要种养生产项目的30%；第二，市政府给予参保农民50%的保费补贴，并鼓励各区县在市级补贴基础上累加补贴农民保费，目前，已经有区县出台了相关政策，补贴比例达到20%～30%；第三，市政府按照市级政策性农业险种保费总收入10%的标准，给予保险公司经营管理费用补贴；第四，“十一五”期间，市财政每年按照上年农业增加值的1‰预提巨灾风险准备金，并鼓励各区县设立本区县的巨灾风险准备金，通过多层次的巨灾准备，提高“北京模式”应对巨灾风险的能力。

据报道，从2007年5月到年底，北京市政策性农业保险保费收入6 762万元，参保农户4.54万农户，总保险金额15.77亿元，三家保险公司赔付支出3 456万元，赔付农户1.2万户，当年政策性农业保险已覆盖全市主要种养业项目的15%。2008年，北京市政策性农业保险持续快速发展，保险险种从2007年的12个扩大为16个；全年共实现保费收入2.495亿元，同比增长3.3倍；参保农户16.4万户，总保额达63.3亿元，赔付农户7.9万户。政策性农业保险总体覆盖了全市农业的30%以上，提前两年完成了“十一五”期间政策性农业保险覆盖北京市主要种养业生产项目30%的发展目标。

2009年，政策性农业保险风险突出了保障作用，可持续发展能力进一步增强，全年共提供89.44亿元的风险保障，同比增长41.3%，覆盖主要农业资源近40%；实现保费收入3.46亿元，同比增长38.5%；参保农户24.26万户次，同比增长47.9%。同时，为满足北京特色农产品风险保障需求，新增了樱桃和大枣两个种植业保险，使开办险种增加到18个。2009年，赔付支出2.66亿元，同比增长39.4%，受益农户15.53万户次，同比增长 96.9%。其中，种植业有 68.34 万亩因大风、冰雹、雪灾等自然灾害遭受损失，保险赔付支出 9 322.3 万元；养殖业保险有 186.3 万头（只）畜禽遭受损失，保险赔付支出 17 310.0 万元。政策性农业保险使受灾农户及时得到了损失补偿，为灾后恢复生产发挥了积极作用。

2007 年 5 月到 2009 年底，北京市政策性农业保险累计为首都农业提供了 168.5 亿元的风险保障，参保农户达 45.2 万户次，赔付金额 4.9 亿元，受益农户 24.7 万户次。政策性农业保险的深入发展，强化了广大农户的风险意识、互助意识和市场意识，保障了都市型现代农业生产发展，促进了首都社会主义新农村建设。

为了发挥再保险市场作为风险分散主渠道的作用，利用再保险机制，减轻政府承担政策性农业保险的巨灾风险，2009 年 8 月初，北京市农委代表北京市政府与瑞士再保险、中国再保险签署了政策性农业再保险合作协议。按照协议约定，再保险公司采用赔付率超赔再保险合约方式，由直接承保政策性农业保险业务的 3 家保险公司分别核算赔付率，当年农业保险赔付率 160%以下的风险将由保险公司承担，任一家保险公司赔付率超过 160%后，可直接向再保险公司索赔，赔付最高限为赔付率 300%。赔付率在 300%以上的风险，由政府每年按照农业增加值的 1‰提取的农业巨灾风险准备金提供保障。按照这一风险区间购买再保险，基本可以满足 50 年一遇的农业巨灾风险防范需求，财政资金支出效用比最优。北京市政府购买再保险的费率不低于 6%，通过对北京 2009 年政策性农业保险预估收入的测算，本年度北京市政府将最高可获得 5.88 亿元的风险保障。

据报道，在北京市财政局、农林部门的领导支持下，北京市养鸡业协会、谷物协会、果树产业协会聘请保险经纪机构，提供专业保险技术支持，并依法注册登记了风险互助金管理委员会，相继试办了养鸡风险互助，农作物、蔬菜风险互助和果树风险互助等政策性农业保险，受到广大京郊农民欢迎。据不完全统计，到 2007 年底，北京互助保险累计参加风险互助的农户 27.57 万户，共承保农业风险 49 亿多元，筹集互助保险金 1 820.43 万元，为受灾农民补助 1970.19 万元。

（二）北京市政策性农业保险制度研究状况

在北京市建立政策性农业保险制度的过程中，积极立项开展了相关理论和应用研究。其中最重要的是由北京市农委立项开展的《北京市农业生产风险和保险区划研究》课题。这项课题研究通过理论联系实际、定性和定量相结合的方法，分析了北京市种植业发展的演变趋势，对北京市主要农作物生产划分了风险区域和保险区划，厘定了不同损失水平下各种农作物的费率程度，评估了北京模式与其他模式的异同。研究成果的主要结论是：

1. 北京市农作物播种面积缓慢下降，但各区县形成了明显的特色农作物生产分布。

2. 北京市区县主要农作物的损失分布和风险反应不同，现行政策性农作物保险费率与本研究按照单产损失率厘定的费率有一定偏差。其中，1978—2006 年间，水果类生产相对于常年趋势值而言，发生减产的年份占到 60%左右（17 年），而减产超过 10%以上的年份占到 32%（9 年），损失率超过 10%的年份为 5 年（17.2%），单产损失率超过 30%的占 3.8%（1 年）。瓜蔬类生产发生减产的年份占 63%（18 年），减产超过 10%以上年份占 16%（4 年），损失率超过 20%的年份为 1 年（3.5%），单产损失率超过 30%的比例为 1.5%。粮食作物生产发生减产的年份占 48%（14 年），减产超过 10%以上的年份占 19%（6 年），损失率超过 20%的年份为 3 年（8.67%），单产损失率超过 30%的占 2.67%（1 年）。经济作物生产发生减产的年份占 54%（16 年），减产超过 10%的年份占 28%（8 年），损失率超过 20%的为 3 年（11.75%），单产损失率超过 30%的比例为 6.75%（2

年）。

3. 北京市政府完全有财力和能力通过多种方式鼓励农户参加较高保障水平的农业保险。

4. 虽然从巨灾发生概率来看，北京属于风险程度较低地区，但由于巨灾的偶发性和破坏性较大的特点，需要对其进行有效管理。

5. 采取不同风险等级的地区之间以及不同作物之间的保险组合策略，从而降低区域和单一作物面临的生产风险。

另一项研究成果《政策性农业保险巨灾风险分担机制模拟——以北京市政策性农业保险为例》，以北京市农业保险历史数据为基础，应用非参数信息扩散模型，模拟了保险公司不同损失率发生的概率。结果表明，在 1983—2007 年的 23 年中，农业保险综合赔付率在 0～100％的有 9 年（39.13％），在 100％～200％区间的年份有 5 年（21.73％），超过 200％以上的年份有 9 年（39.13％），农业保险综合赔付率呈现出“两端多、中间少”的分布特点。认为将政府的超赔比例定位在农业保险综合赔付率 160％，这个标准偏低，不利于制度目标的实现，特别是不利于北京市农业巨灾风险准备金的建立和积累。而综合赔付率为 180％和 210％均可作为新的政府农业保险超赔比例，在此比例下，农业巨灾风险准备金都充裕，完全有能力保证北京市政策性农业保险的持续开展，这主要是因为北京市农业生产整体风险较小，但应加强对巨灾风险准备金的管理并提高使用效率。

以上研究为北京市政策性农业保险制度的设计、建立提供了重要依据，发挥了重要作用。从有关文献看，2007 年以前，北京市农业保险投保人数和险种较少，使得每年保费收入非常少。据《保险年鉴》（2003—2008 年）资料，2002 年、2003 年、2004 年和 2005 年全市农业保费收入分别仅为 1 万元、20 万元、119 万元和 184 万元，到 2006 年也只有 402 万元，而 2004 年、2005 年和 2006 年的综合赔付率分别为 282％、105％和 109％。

推行政策性农业保险的2007年，农业保费收入猛增到7 535万元，是2006年的18.7倍，农业赔付支出为4 020万元，综合赔付率仅为83%。这说明，通过不同农业风险地区农户投保和险种组合，尤其是总保额大幅增多的情况下，使得农业生产风险分散，完全有可能降低北京市政策性农业保险的综合赔付率。因此，使用小额保费收入的历史统计数据推断未来风险概率，需要十分谨慎。

动态模拟是评估保险业务潜在损失和进行策略分析的有效工具。而系统动力学在我国农业保险中的应用研究成果还少见到。因此，在北京市建立政策性农业保险制度的过程中，对保险公司和再保险公司承受巨灾风险的能力及其持续经营状态，尤其是为分散农业风险而采取的再保险模式，都需要进行超前研究，通过对不同风险可能发生情景下的中长期动态模拟，展示各保险主体的行为趋势，揭示巨灾风险对保险主体的冲击后果，寻求有利于政策性农业保险业持续发展的途径。

四、政策性农业再保险动力学模型设计

（一）政策性农业保险系统的结构分析

系统动力学研究的是问题而不是客观系统本身。因此，需要首先明确研究的问题和达到的目的，然后划定系统边界，选取适宜的变量，分析变量间的因果关系。本项研究的主要问题和目的是，分析北京市建立政策性农业保险制度的过程中，保险公司和再保险公司承受巨灾风险的能力及其能否持续经营，对比和分析政府购买再保险与政府作为分入人接受再保险以及由原保险公司直接与再保险公司实行赔付率超赔再保险的各种假设下，政府和原保险公司应对巨灾风险的能力，通过上述问题的研究为政府制定政策和保险公司持续经营提供参考。

为满足上述研究需要，再保险动力学模型由四个子系统耦合

而成，即保费收入和赔付、政府巨灾储备金、保险公司成灾赔付与利润和基金形成，以及再保险公司巨灾赔付四个子系统。

1. 保费收入和赔付子系统 根据研究目的，这一子系统不需要扩展到地区和险种，选取的主要变量是：当年保险费总收入，当年成灾赔付支出，财政保费补贴，财政经营管理费补贴，综合赔付率。其中综合赔付率的计算公式是：

综合赔付率＝（当年赔付支出＋附加费用）/当年保费收入

附加费用＝当年保费收入×提取比例

（本文提取比例为 30%，其中管理费用 20%，手续费 8%，其他因素 2%）

2. 政府巨灾储备金子系统 根据北京市政府和再保险公司协议，这部分的主要变量是：每年新增加的巨灾储备金，累计巨灾储备金，逐年农业增加值和计提比例（按上年农业增加值的1‰计提）。为开展政策对比研究，假设将政府每年支付给再保险公司的再保险费，纳入政府巨灾超赔储备金，并由政府承担保险公司赔付率在 160%～300%时的巨灾超赔支出，同时增加政府巨灾赔付支出和累计巨灾赔付等变量。

3. 保险公司成灾赔付和利润基金子系统 这个子系统由两部分组成，一是保险公司成灾赔付；二是经营利润和基金形成，“经营利润和基金”在此专指保险公司可用于成灾赔付的经营利润和各种基金的统称，按保险法规定，假设保险公司 2007 年可用于赔付的资本金和基金为 1.8 亿元。主要变量有：当年保险公司成灾赔付支出（当年综合赔付率＜160%时），累计成灾赔付金额，当年形成经营利润和基金（经营利润采用简单计算，其值等于当年保费收入＋财政经管费补贴－当年经营管理费－当年成灾赔付支出），累计经营利润和基金。为进行政策分析，在这个子系统中还作了如下假设，即由原保险公司直接向再保险公司购买再保险，并且每年向再保险公司缴纳再保险费；还进一步假设，当原保险公司因直接分保而出现当年赔付支出亏损时，按政策规定可通过无息贷款或政府直接注资方式予以弥补。

4. 再保险公司巨灾赔付子系统　按北京市政府和再保险公司协议，保险公司综合赔付率在160%～300%时，由再保险公司赔付。这个子系统主要观察，再保险公司的再保险费收入能否满足巨灾赔付需要。主要变量是：新增再保险费（其值为纯保费乘以再保险费率，本文再保险费补为6%），巨灾赔付支出和再保险费存量。

上述四个子系统耦合在一起，构成了政策性农业保险制度和再保险的复杂反馈系统（图4-1)。这个系统，既存在正反馈回路又有负反馈回路。正反馈回路的特点是强化系统的行为，会产生偏离某种参照物、中性状态或目标值的结果，是一种不稳定平衡；与正反馈回路相反，负反馈回路总是使系统的行为趋向于某种平衡稳态，是一种自校正回路。在正、负反馈回路的共同作用下，系统才能够存在并稳定持续发展。

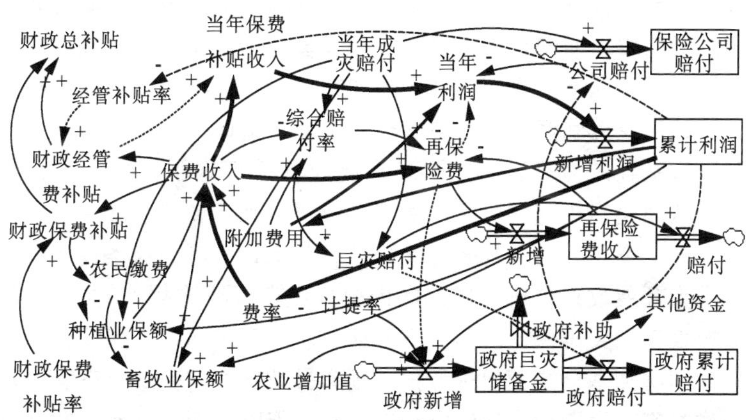

图4-1　政策性农业再保险系统流程图

政策性农业再保险系统的主要反馈回路如下：

(1) 农户参保正反馈回路。图4-1中这条正反馈回路是：

财政保费补贴 $\xrightarrow{-}$ 农民自己缴费 $\xrightarrow{-}$ 保额 $\xrightarrow{+}$ 保费收入 $\xrightarrow{+}$ 财政

保费补贴。即财政对参保农户的保费补贴越多，农户自身缴纳的保费就越少，农户参保积极性提高，投保额可能增加，使得农险保费收入增多，反过来又增加了财政补贴，而农户自缴保费相对减少。如此循环，使参保农户和保额不断增多。

（2）保险公司保费收入正反馈回路。保险公司保费收入和政府的经营管理费补助越多，才有可能增加当年利润，使公司累计利润增多；公司经营的利润越多，公司就会通过扩大宣传、完善服务等方式，争取更多农户投保，从而增加保费收入和政府补助；如此循环，使得公司累计利润不断增多。

（3）再保险公司再保险费收入正反馈回路。再保险公司巨灾赔付后的再保险费净收入越多，再保险公司会愈加争取和分保农业巨灾风险再保险，如此循环，使其净收入的积累不断增多。

（4）经营利润和基金与保费收入负反馈回路。模型中的“经营利润和基金”在此专指保险公司可用于成灾赔付的经营利润和各种基金的统称。保险公司累计经营利润和基金越多，就可能促使其降低费率而使当年保费收入和经管补贴减少，进而减少了下一年经营利润，最终使累计利润和基金减少并维持在一定水平。

（5）经营利润和基金与管理费用负反馈回路。保险公司累计利润和基金的减少，必然要求提高经营管理水平，减少经管费用，从而使当年利润增多，最终导致累计利润和基金增多。

（6）公司利润和基金与政府注资负反馈回路。这条负反馈回路是为开展政策分析而增加的内容（用点画线连接）。在原保险公司直接购买再保险的假设下，如果由于巨灾赔付使保险公司的累计利润和基金余额出现亏损，则通过政策规定由政府巨灾储备金或筹集其他资金直接注资予以弥补。保险公司累计利润和基金越少，政府弥补资金越多，即保险公司当期赔付支出越少，使得次年公司利润会增加，年底累计利润和基金增多以致由亏为盈，此时政府不再予以资金弥补。

（7）再保险公司经营负反馈回路。如果再保险公司进行一次巨灾赔付后，使得其累计再保险费收入（其值等于净保费收入乘以6%的再保险费率）在长期出现严重赤字，此时再保险公司会通过调高再保险费率而增加再保险费收入，以此增强其应对巨灾赔付的能力。

（二）主要参数及假设

1. 农业增加值及预测　根据《北京市统计年鉴（2008）》第一产业增加值资料，对农业增加值序列的平稳性进行ADF和PP检验，原序列是非平稳的。用1阶差分序列进行检验，带有常数项ADF和PP检验结果表明，在1%的显著水平下拒绝原假设，认为农业增加值1阶差分序列是平稳的（表4-1、表4-2）。

表4-1　北京市农业增加值平稳性的ADF检验

原假设：D（GDP1）存在单位根

含常数项

滞后阶数：0（基于SIC标准，最高滞后阶数=4）

		t-统计量	概率值（P值）
ADF检验统计量		−3.997 570	0.006 3
显著性水平	1%	−3.788 030	
	5%	−3.012 363	
	10%	−2.646 119	

表4-2　北京市农业增加值平稳性的*PP*检验

原假设：D（GDP1）存在单位根

含常数项

		Adj. t-Stat	概率值（P值）
*PP*检验统计量		−3.912 693	0.007 6
显著性水平	1%	−3.788 030	
	5%	−3.012 363	
	10%	−2.646 119	

为此，建立农业增加值1阶差分的单变量自回归平均移动模型ARMA（1，1）如下（表4-3）：

表4-3 北京市农业增加值1阶差分ARMA模型

因变量：D（GDP1）

方法：最小二乘法

样本区间：1988—2008年

观察值：21（经调整）

25次迭代后收敛

变量	系数	标准误差	t统计量	概率值（P值）
DD1	9.942 895	0.978 222	10.164 25	0.000 0
C	2.575 317	0.199 759	12.892 11	0.000 0
AR（1）	0.485 114	0.157 117	3.087 605	0.006 7
MA（1）	−0.997 473	0.177 942	−5.605 612	0.000 0
R^2	0.857 135			
调整的R^2	0.831 923	因变量的标准差		5.248 074
回归的标准误差	2.151 561	赤池（Akaike）标准		4.539 908
残差平方和	78.696 65	舒瓦茨（Schwarz）标准		4.738 864
对数似然比	−43.669 03	F统计量		33.997 78
DW值	1.225 069	概率（F统计量）		0.000 000

对残差序列进行LM检验，不能拒绝原假设，即回归方程的残差序列不存在自相关，表明该回归方程的估计结果是有效的。可以看出，各项统计检验比较理想，可用于预测。用此模型预测1986—2030年北京市第一产业增加值增长趋势，预计2015年为138亿元，与2009年相比，年平均递增2.6%；2020年为154亿元，5年间年平均递增2.2%；2030年为183亿元，10年间年平均递增1.74%，如图4-2和表4-4所示。

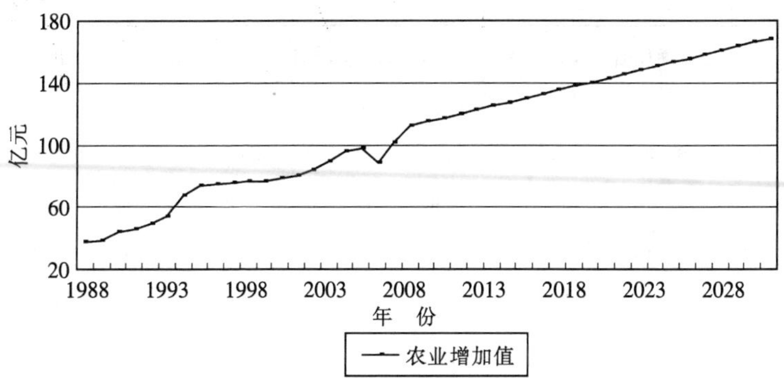

图 4-2　北京市农业增加值增长趋势

表 4-4　北京市再保险动力学模拟主要参数

年份	农业增加值（亿元）	保费收入（亿元）	赔付支出（亿元）				
			方案 1	方案 2	方案 3	方案 4	方案 5
2008	112.80	2.48	1.66	1.66	1.66	1.66	1.66
2009	118.30	3.46	2.66	2.66	2.66	2.66	2.66
2010	120.75	4.00	4.00	3.60	3.60	3.60	3.60
2011	124.86	4.52	12.2	4.30	12.2	4.30	12.2
2012	127.91	5.00	3.47	3.47	3.47	4.70	3.47
2013	131.49	5.50	3.62	3.62	3.62	3.62	3.62
2014	134.72	5.60	5.00	5.00	5.00	5.00	5.00
2015	138.08	5.70	3.55	3.55	3.55	3.55	3.55
2016	141.31	5.80	3.33	3.33	3.33	3.33	3.33
2017	144.56	5.90	5.40	5.40	5.40	7.65	5.40
2018	147.75	5.95	3.88	3.88	3.88	3.88	3.88
2019	150.91	5.98	3.41	3.41	3.41	3.41	3.41
2020	154.03	6.00	3.66	3.66	3.66	3.66	3.66
2021	157.13	6.05	6.00	6.00	7.75	7.75	6.06
2022	160.18	6.12	3.71	3.71	3.71	3.71	3.78

（续）

年份	农业增加值（亿元）	保费收入（亿元）	赔付支出（亿元）				
			方案1	方案2	方案3	方案4	方案5
2023	163.20	6.18	3.49	3.49	3.49	3.49	3.60
2024	166.19	6.24	3.64	3.64	3.64	3.64	3.78
2025	169.15	6.34	5.00	16.19	7.79	7.79	5.28
2026	172.07	6.45	3.60	3.60	3.60	3.60	3.87
2027	174.96	6.55	3.65	3.65	3.65	3.65	3.93
2028	177.82	6.67	3.84	3.84	3.84	3.84	4.27
2029	180.65	6.84	6.00	6.00	7.79	16.19	18.45
2030	183.44	7.00	4.02	4.02	4.02	4.02	4.69

注：其他方案的赔付率见情景分析说明。

2. 政策性农业保险费收入 2000—2006 年北京市农业保险费收入数据来自《保险统计》历年资料。据北京市政策性农业保险办公室公布，2007 年、2008 年、2009 年保费收入分别为 0.64 亿元、2.48 亿元和 3.46 亿元。2010—2030 年保费收入，是根据该市种植业和畜牧业生产状况和参保比例的估算值，预计 2020 年保费收入为 6 亿元，2030 年达到 7 亿元（表 4－3）。系统动力学主要研究行为变化的趋势，对参数要求并不严格。模拟结果表明，即使在 2020 年以后，年保费收入保持 6 亿元，也不会影响本研究的基本判断。

3. 农业生产成灾赔付支出 2009 年及以前数据来源同保费收入（2007 年、2008 年和 2009 年每年成灾赔付 0.31 亿元、1.66 亿元和 2.66 亿元）。2010—2030 年保险赔付支出，参考该市 1983—2004 年农业保险年度成灾概率有关文献（高涛，2009）和农业生产成灾文献（邢鹂，2008），为进行政策分析而设计的 5 组基本数据，其综合赔付率见图 4－3。各赔付方案设计思路是，该市政府认为综合赔付率[1]达到 300%的巨灾大概为 50 年出现一次，再保险费率不低于 6%，因此，在 2007—2030 年的 20 多年中，共假设了综合赔付率可能出现的三种情景 10 种组合方案。

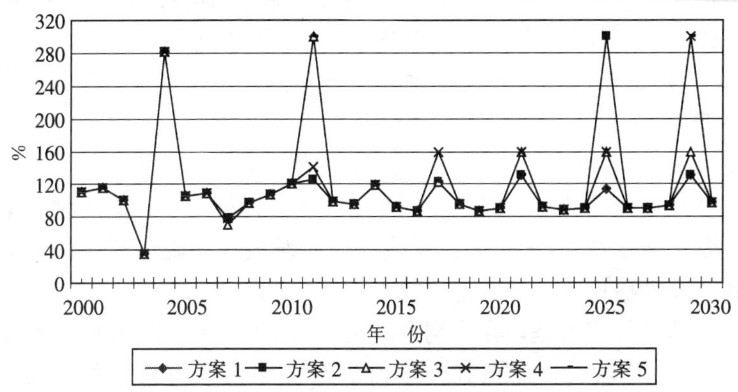

图 4－3　方案 1～方案 5 农业保险综合赔付率假设

第一种情景是，无论是政府购买再保险，还是在政府直接实行超赔再保险的运作方式下，如果综合赔付率接近 300%的巨灾只出现 1 次，而且可以分为早出现（方案 1，2011 年出现巨灾）和晚出现（方案 2，2025 年出现）两种可能，同时还假定，由于全球气候变暖，未来农业生产发生自然灾害的频率和损失率都可能较以前有所增大，2009 年以后，综合赔付率在 100%～160%的共有 8 个年份，其他年份综合赔付率均在 90%左右，此时，两个方案的平均综合赔付率分别为 116.19%和 116.78%。这两种方案设计目的，是为了观察保险公司、再保险公司以及政府在一次巨灾出现早晚不一的情况下，各方应对巨灾的能力。对保险

① 综合赔付率的计算公式是：综合赔付率＝（当年赔付支出＋附加费用）/当年保费收入，附加费用＝当年保费收入×提取比例。本文提取比例为 30%，其中管理费用 20%，手续费 8%，其他因素 2%。

公司而言，判断其应灾能力的指标是公司累计利润和基金中长期趋势，对再保险公司用累计的再保险费收入表示。对政府而言，这两种方案主要对比两种决策的中长期后果：一是，如果政府仅仅用按农业增加值中计提的巨灾储备金来应对未来巨灾冲击；二是，如果政府将向保险公司缴纳的再保险费和按农业增加值中计提的巨灾储备金共同作为应对未来巨灾风险的基金。

第二种情景是，在第一种情景或早或晚出现一次综合赔付率接近300%的巨灾假设下，同时或早或晚再出现三次综合赔付率接近160%的高赔付率灾害，并称之为方案3和方案4，其平均综合赔付率分别为122.42%和124.48%。很明显，这两种方案主要是观察在20多年中，保险公司应对或早或晚出现1次巨灾和3次高赔付率一般灾害的能力。

第三种情景是，在早期和晚期先后共出现两次综合赔付率接近300%的巨灾，而在其他年份的综合赔付率与第一种情景一样，此时的平均综合赔付率为124.68%，并称之为方案5。这一方案设计目的在于观察20多年中，假如在综合赔付率接近300%的巨灾出现两次的极端情况下，保险公司、再保险公司和政府应对巨灾的能力。

在上述第一和第二种情景中，还同时设计了由原保险公司直接与再保险公司实行赔付率超赔再保险的假设下，测试原保险公司应对巨灾风险能力的第6、第7和第8方案。第6和第7方案的赔付率与前述第1和第2方案相同，测试当早期或晚期出现一次巨灾赔付时原保险公司的经营状况。同时，还设计了在早期出现1次巨灾以及早期和晚期各出现1次巨灾情景下，当原保险公司经营出现亏损时由政府注入资金弥补亏损的方案8和方案9。在方案9的基础上，假设从2020年以后保费收入逐年增加，2030年达到7亿元，并且保持综合赔付率不变，其目的在于测试保费收入变化对系统行为趋势的影响。

可以看出，利用上述三种情景10种组合方案，完全可以满足对北京市三种政策性农业再保险运作方式承受未来巨灾冲击的各种政策分析。

本项研究使用美国 Pugh-Roberts Associates（PRA）公司的 DYNAMO 专用软件 Professional DYNAMO Plus（简称 PD Plus）版本，进行动态模拟。

五、动态模拟研究的主要结论

通过对上述三种情景 10 种赔付方案动态模拟结果的比较和分析，可以看出未来 20 多年中，北京市政策性农业再保险可能出现的一些基本趋势，并得出如下主要结论：

（一）政府购买再保险的运行模式并不能“实现财政资金支出效用比最优”

在未来 20 多年里，无论早期或晚期分别出现一次巨灾，由北京市政府向保险公司购买再保险的方式，尽管“可以满足 50 年一遇的农业巨灾风险防范需求”，但是，这样做并不能“实现财政资金支出效用比最优”。假设在购买再保险的第三年，即 2011 年出现了一次综合赔付率将近 300% 的巨灾，此时政府以 7 008 万元的累计再保险费支出，获取了再保险公司对农户最高为 5.7 亿元的巨灾保障，政府三年累计缴纳的再保险费与再保险公司的一次巨灾最多赔付之比为 0.12∶1，此时政府资金的杠杆率为 8.14，似乎“实现了财政资金支出效用比最优”；但是由于这种巨灾 50 年才发生一次，即使 2030 年发生了一次这样的农业巨灾，政府缴纳的再保险费累计达到 7.22 亿元，与当时再保险公司最多承担 7.55 亿元巨灾赔付基本相当，说明如果到未来 20 年时才出现一次巨灾，相当于政府用同样多的财政资金为农户最多购买了大约相同金额的巨灾保障；假设在年保费收入 6 亿元不变的情况下，到 2040 年再保险费累计为 10.73 亿元，不考虑资金投资率的情况下，与再保险公司的一次巨灾赔付之比为1.42∶1，即才经过31年的再保险，即使出现了一次巨灾，政府却花费了比再保险公司的最高赔付金额多出42%的财政资金为参保农户换取了巨灾保障，更不用说保险期限还不到四五十年。而且在再保险费率大于6%的情况下，政府财政资金运作的效率还会降低。可见，在农业巨灾风险发生概率较低的地区，由政府出资去购买再保险的运作方式，是否能实现财政资金的优化配置，是值得怀疑的。

（二）政府直接承担巨灾超赔的再保险方式增大了政府应对早期出现巨灾的筹资难度

在这种运作方式下，设定政府巨灾储备金来源由农业增加值计提资金和原计划缴纳的再保险费构成。尽管从中长期看，政府巨灾风险资金会更加雄厚，应对巨灾的能力会不断增强。如果在晚期（2025）才出现一次综合赔付率将近300%的农业巨灾，政府巨灾风险准备金累计达到8亿多元，完全可以满足最高巨灾赔付7.55亿元资金的需要（图4-4，方案2）。但是，在未来20

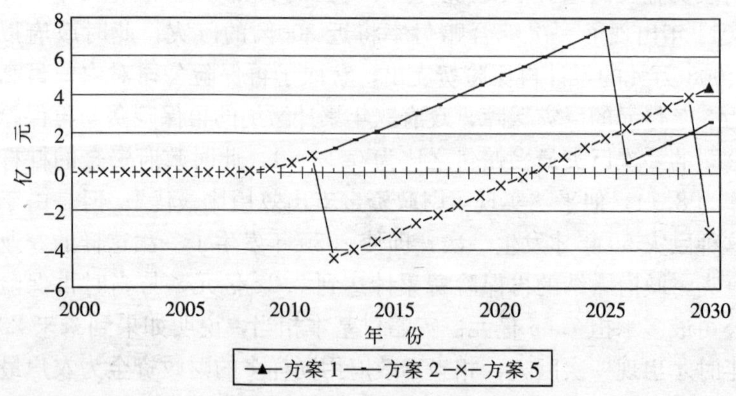

图4-4 政府直接承担巨灾再保险时政府累计巨灾储备金变化趋势

多年中，如果在 2012 年前出现一次巨灾时，政府需要动用 4.46 亿元其他资金（方案 1）才能满足对当年巨灾超赔部分的赔款需要，这给政府当年资金筹措增加了难度。在极端情况下，如果未来 20 年中早期和晚期各出现 1 次巨灾，政府在 2029 年还需要另行筹集资金 3.1 亿元以应对巨灾赔付（方案 5）。

（三）原保险公司直接与再保险公司开展赔付率超赔再保险既可实现保险公司的可持续发展又提高了政府资金的效率

假设由原保险公司直接与再保险公司开展赔付率超赔再保险，并且当原保险公司因巨灾赔付而出现亏损时，政府用巨灾储备金弥补其资金缺口。从政府角度看，这种再保险方式使政府为保险公司注入的财政资金产生了明显效果。假如仅在早期（2011）出现一次综合赔付率将近 300％的巨灾时，政府大约需要为保险公司注资 1.29 亿元资金以弥补亏损，扶持其持续经营（图 4－5，方案 8）。即使早期和晚期各出现一次巨灾情景下，由于政府早期一次注资补助，提高了其持续发展的能力，在 2029 年又一次出现巨灾赔付后，当年末保险公司仍可盈余 1.64 亿元（方案 9）。原保险公司直接购买再保险运作方式的优势是，首先，这种运作方式与政府直接承担巨灾超赔方式中，为满足早期巨灾赔付政府需要再筹措其他 4.5 亿多元的资金相比较，相当于此时用 1.29 亿元的财政资金为参保农户换取了近 5.7 亿元的巨灾赔偿，财政资金运用效率高达 4.4 倍。即使在 2020 年以后收缴的保费收入逐年增多的情景下，也不会改变这种基本趋势（方案 10）。其次，与政府购买再保险方式三年中累计缴纳再保险费 7 008 万元相比较，尽管这种运作方式中财政注入的 1.29 亿元资金，略多于政府购买再保险方式缴纳的再保险费，但此后，甚至在晚期（2025）再次出现农业巨灾的极端情况下，原保险公司不再需要政府注资而可以持续经营，相当于节省了财政资金多年向再保险公司缴纳 5.5 亿元再保险费的支出。因此，原保险公司直接与再保险公司开展赔付率超赔再保险这种运作方式，一方面，它克服了政府直接超赔再保险方式中政府早期巨灾储备金严重不足的状况，提高了财政资金运作效率；另一方面，它比政府直接购买再保险运作方式减少了用大量财政资金缴纳再保险费用的支出，为政府节约了大量资金。

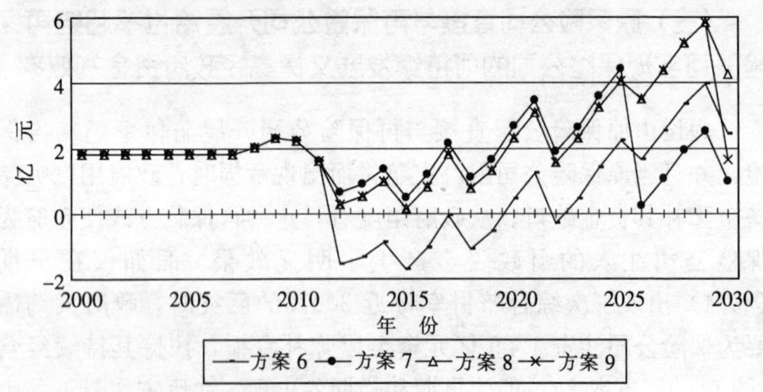

图 4－5　原保险公司直接购买再保险（方案 6、方案 7）和此时再由政府注资扶持（方案 8、方案 9）下，原保险公司累计利润和基金趋势比较

六、政策建议

（一）建立政策性农业保险经营的激励和约束机制

政策性农业保险制度建设中，政府财政对农户保费和保险公司经营管理费给予了大量补贴。因此，政策性农业保险制度框架下的农业保险公司经营目标，应该和政府“保护农民、稳定农业”的目标相一致，要更多地承担社会公益责任，而不应该成为以营利为目标的商业保险公司。从动态模拟结果来看，按照政府直接购买再保险方式运作，在未来二十多年里，预计有十多个年份，保险公司的累计赢利和基金存量可能达到 3 亿～10 亿元。为此，应该建立对农业保险公司经营的激励和约束机制，一方

面，既要让农业保险公司保持适度的赢利水平，又要在公司因遭受巨灾赔付而出现亏损时，给公司以贷款优惠或政府直接注入必要的运营资金，以保证农业保险公司的可持续发展。另一方面，要根据政策性农业保险业发展中一些重要指标的变化状况，及时对费率进行调整，以兼顾农户、政府和保险公司各方的利益。

（二）对不同运作方式的再保险业务进行试点比较

动态模拟结果表明，北京市政府已签约试行的政府直接向再保险公司购买再保险的运作方式，还不能被认为是“实现财政资金支出效用比最优”的方案。而由原保险公司直接与再保险公司开展赔付率超赔再保险业务，可以极大地减少政府财政支出，有利于维护政府利益。由政府直接承担农业巨灾再保险是美、日等发达国家采取的主要模式。为此建议，政府可在经营北京市政策性农业保险业务的原保险公司中，分别选定两家公司与再保险公司开展赔付率超赔分保和由政府直接超赔再保险业务试点工作；同时，积极支持北京市养鸡业协会、谷物协会、果树产业协会创办的“北京农业互相保险”的再保险业务。通过几年实践，对不同再保险方式的优劣进行比较，为我国政策性农业保险和再保险制度建设提供经验。

（三）积极开展我国农业巨灾保险的理论和应用研究

农业巨灾保险不同于一般自然灾害下的农业保险，它是专门针对农业巨灾所提供的保险措施，是指对遭受巨大自然灾害的农业生产者所形成的严重经济损失进行分散并提供补偿的一种农业保险，具有投保费率高、赔付支出多和利润低等特点。我国开展农业保险的历史还不长，政策性农业保险才刚刚起步，还处于探索阶段。因此，政策性农业保险中的巨灾保险问题，不仅需要在今后的实践中进行探索，更需要积极开展理论和应用研究。借鉴国外农业巨灾保险的理论和实践经验，重点研究我国农业巨灾保险的制度模式、保险的功能定位、保险体系、政策支持、风险管理、法制建设以及农业巨灾保险产品和衍生品创新等问题。通过对农业巨灾保险的研究，推动和完善我国政策性农业保险制度的建设，并通过再保险业务有效转移和分散农业巨灾风险。

□□□□□□□□□□□ 第五章

京郊乡镇企业融资问题及建议

京郊乡镇企业包括乡（镇）、村、联户、个体办的工业、建筑业、运输业、商业、饮食服务业以及农业等企业。京郊乡镇企业的高速发展，不仅使郊区农村经济结构、产业结构和劳动力就业结构发生了根本性的变化，而且有力地推动了农村工业化、农业现代化和城市化的进程，为建设社会主义新农村做出了重要的贡献。

从北京郊区乡镇企业地区分布来看，按照行政区划，可分为近郊四区（朝阳、海淀、丰台、石景山）、远郊十区县（昌平、门头沟、通州、顺义、大兴、房山、平谷、密云、怀柔、延庆）。从发展水平上可划分为三类，第一类是城近郊区乡镇企业发达地区；第二类是远郊区县平原乡镇企业次发达地区；第三类是山区乡镇企业发展相对落后地区。

近年来，北京郊区乡镇企业实现了快速发展。2008 年底，北京郊区乡镇企业个数为 159 194 家，其中私营、个体企业数量占 92%；制造业、交通运输仓储业、批发零售贸易业和餐饮旅游服务业行业企业数量占 80%；二、三产业企业数量占 98%，规模以下中小企业数量占 97%。2008 年，规模以上乡镇企业达到 3 935 家，占乡镇企业总数的 2.5%，同比增加 143 家，工业及乡镇企业吸纳就业 140 万余人。

2008 年至 2009 年上半年，北京的乡镇企业发展具有以下几个特点：

1. 乡镇企业经济总体继续增长 2008 年，京郊乡镇企业总收入 3 248.8 亿元，增长 9.5%；增加值 601.3 亿元，增长 7.5%；利润总额 175.4 亿元，增长 6.6%；工业增加值增长 11.9%，增幅提高 0.4 个百分点；出口交货值负增长 2.4%，增幅下降 8.9 个百分点。2009 年上半年，京郊乡镇企业实现总收入 1 598 亿元，同比增长 3%；实现增加值 287.3 亿元，同比增长 3.5%；实现利润总额 81.1 亿元，同比增长 1.4%；实现工业增加值 165.3 亿元，同比增长 6.9%；实现出口产品交货值 58.2 亿元，同比下降 16.8%。从业人员 123 万人，同比增加 1.9 万人。劳动者报酬 86.3 亿元，同比增长 8.3%。人均劳动者报酬 7 003元，同比增加 428 元。

2. 产业结构有所变化 2008 年，京郊乡镇企业增加值按一、二、三产业划分比重为 1.3∶55.7∶43。其中：第二产业增加 1.3 个百分点，第三产业减少 1.5 个百分点。2009 年上半年，住宿餐饮业实现总收入 41.3 亿元，同比增长 12.4%；增加值 10.6 亿元，同比增长 13.5%；利润总额 3.3 亿元，同比增长 4.5%。社会服务业实现总收入 98.5 亿元，同比增长 13.8%；增加值 25.3 亿元，同比增长 4.3%；利润总额 6.4 亿元，同比增长 0.3%。

3. 规模企业数量增加，对乡镇企业总体增长贡献加大 2008 年，北京规模以上乡镇企业达到 3 935 家，占乡镇企业总数的 2.5%，同比增加 143 家；规模企业总收入增速比乡镇企业总收入增速快 4 个百分点，拉动乡镇企业总收入增长 9.1 个百分比点，对乡镇企业总体增长贡献率高达 96%。

4. 镇村经济总量规模继续扩大 2008 年，乡镇企业总收入超过 5 亿元（含）的乡镇数 130 个，同比增加 5 个，占全市的 70.7%。乡镇企业总收入超过 10 亿元（含）的乡镇数 91 个，同比增加 3 个，占全市的 49.5%。乡镇企业总收入超过 50 亿元

（含）的乡镇数 16 个，同比增加 6 个，占全市的 8.7%。这反映了镇（村）区域经济总量不断增加的良好势头。

5. 职工收入显著增长，社会贡献也进一步加大 2008 年，京郊乡镇企业职工劳动者报酬 194.5 亿元，同比增长 15.0%；人均劳动者报酬 13 899 元，同比增长 14.7%，比全市农民人均纯收入高 3 152 元。2008 年，上交国家税金 134 亿元，同比增长 9.6%。2009 年上半年，京郊乡镇企业从业人员 123 万人，同比增加 1.9 万人。劳动者报酬 86.3 亿元，同比增长 8.3%。人均劳动者报酬 7 003 元，同比增加 428 元。

京郊乡镇企业的发展壮大，在促进经济快速增长、缓解就业压力、加快新农村建设等方面都发挥了不可替代的重要作用。

一、有关乡镇企业融资的基本概念

（一）企业融资及其实质

融资是资金融通的简称，其本质是资源的配置过程。具体包括资金的融入和融出两个方面。对企业融资问题的研究，主要是从资金融入的角度来进行分析。企业融资就是作为资金需求者的企业，通过一定的方式向资金供给者融入资金用于投资或生产经营。

乡镇企业融资是乡镇企业为了达到资本形成的目的，运用金融工具实现储蓄转化为投资的过程，其本质是乡镇企业资源配置的过程。在我国现实经济活动中，乡镇企业的资源配置方式体现出多种方式的交织和综合的特点。

（二）乡镇企业融资方式

企业融资方式就是指企业获取资金的形式、手段和渠道。按照不同的标准和需要，可对乡镇企业融资方式作不同的划分。

1. 按照融资过程中资金来源的不同方向，可分为内源融资

和外源融资　内源融资是企业创办过程中原始资本的积累和运行过程中剩余价值的资本化，具体包括初始投资形成的股本、折旧基金以及留存收益（如各种形式的公积金、公益金和未分配利润）等。外源融资是企业通过一定的方式向自身之外的其他经济主体筹集资金，包括发行股票和债券、向银行借款等；企业与其他企业之间的商业信用、融资租赁等也属于外源融资的范畴。

2. 按融资过程中金融中介作用的不同，可分为直接融资和间接融资　直接融资和间接融资是外源融资的两种基本的融资方式。直接融资是企业以发行股票或债券的形式筹资；间接融资则指企业通过商业银行等为中介机构进行的融资。

3. 按照融资过程中形成的产权关系不同，可以分为股权融资和债权融资　股权融资是企业向股东筹集资金，是企业创办或增资扩股时所采取的融资方式。债权融资是企业利用发行债券、银行借款的方式筹集资金的方式。

（三）企业融资结构

企业融资结构指的是企业不同融资方式的构成及其数量之间的比例关系，企业的融资结构是企业融资行为的结果，不仅决定和影响着企业的融资能力、融资绩效，而且反映了企业的融资风险和融资成本，在企业融资问题研究中，融资方式、融资结构问题具有重要地位。企业的融资结构一方面与企业治理结构有密切关系，它直接影响到企业所有权和控制权在不同权益主体之间的配置和分布；另一方面对企业价值也会产生重大影响，企业在一定投资机会约束下根据自己的目标函数和收益成本事先选择合适的融资方式以确定最佳融资结构，从而使企业价值最大化。

（四）企业融资模式

企业融资模式主要是从资金供应方对企业融资的直接影响的角度来分析融资的特点，反映出一个国家或者地区的多数企业在一定时期内融资的特征。根据融资过程中利益主体的不同，可分为政府主导型融资模式、银行主导型融资模式和市场主导型融资模式，三种不同的模式对应不同的外在约束力量，即计划约束型、债权约束型、股权约束型。根据资金供应方与企业关系的不同，分为保持距离型融资和关系型融资模式。所谓保持距离型融资是指投资者并不直接干预经营战略决策，只要他们得到合同规定的支付，信息的收集和对企业的监督靠市场和法律来实施；关系型融资是投资者直接干预经营战略决策来保证其利益的实现，信息的收集和对企业的监督主要在密切的长期的交易关系中进行。

（五）国外中小企业融资的主要方式及政府政策

1. 国外中小企业融资的主要方式　国外中小企业的融资方式主要包括自筹资金、直接融资、间接融资、政府扶持资金等。自筹资金在中小企业资本中所占比例最高，美国一般超过 60%；法国、意大利在 50%左右。直接融资或间接融资在不同国家所占比重各不相同，美、英和德国等自由主义意识较重的国家直接融资的比重高于间接融资的比重；法国、意大利、日本和韩国等国家则呈现出间接融资比重高于直接融资比重的现象。政府扶持资金所占比重最小，一般占企业总资产的 5%～10%左右。

国外中小企业融资的专业化特点突出。资料显示，美国有上万家专门从事中小企业金融服务的中小企业投资公司。这些中小企业投资公司极大地弥补了市场上有限的创业资本与创办中小企业及其发展所需的巨大的资金缺口。这些中小企业投资公司都是完全由私人拥有、管理并使用自有资本的投资公司。它们在小企业管理局注册，并得到有关许可证，在小企业管理局的担保下向中小企业发放利率优惠的贷款。

2. 国外政府的融资扶持政策　国外政府中小企业融资扶持政策丰富多样，主要有财政补贴、税收优惠、贷款援助、风险投资和开辟直接融资渠道等。

财政补贴的主要类型有：就业补贴、研究与开发补贴、出口补贴等。如法国，中小企业每新增一个就业机会，政府给予2万～4万法郎的财政补贴，对3年内新增6名职工以上的中小企业，每名补贴1.2万～1.5万法郎；对节能企业，每节约1吨石油补贴400法郎。德国则是按《中小企业研究与技术政策总方案》设立专项基金，对中小企业的技术开发提供资助；为中小企业承担培训任务，可得到政府的补贴。

税收优惠方面主要有降低税率、税收减免、提高税收起征点和提高固定资产折旧率等。通过各种税收优惠可使中小企业的税收减少一半以上，使其赋税总水平由占增加值的30%降到15%左右。这笔免税资金是普惠的，对中小企业的生存至关重要。

贷款援助的主要方式有：贷款担保、贷款贴息、政府直接的优惠贷款等。如美国中小企业局（SBA）的主要任务就是以担保方式诱使银行向中小企业提供贷款。SBA对75万美元以下的贷款提供总贷款额75%的担保；对10万美元的贷款提供80%的担保，贷款偿还期最长可达25年。

风险资本。风险基金是政府、或民间创立的为高新技术型中小企业创新活动提供的具有高风险和高回报率的专项投资基金。美国的风险基金最为发达，遍及全国500多个“小企业投资公司”，其中大部分主要是向高新技术型中小企业提供基金的。英国则成立了由100多家从事中小企业风险投资的小型金融公司组成的专设“风险资本协会”（BVCA），为高科技“风险企业”提供了大量的资金援助。鼓励中小企业到资本市场直接融资。为解决中小企业的直接融资问题，一些国家探索开辟“第二板块”，为中小企业，特别是科技型中小企业，提供直接融资渠道。

中小企业信用担保体系。从国外的经验看，美国是由政府小企业管理局或专门机构为小企业贷款担保，这种担保通常是向商业银行担保，最高担保额是50万美元，如果贷款逾期不还，由小企业管理局保证支持90%的未偿还债务，贷款的期限最长可达25年。英国政府于1981年制定了“中小企业贷款担保计划”，通过政府担保，中小企业可以从银行获得低于金融市场利率的长期贷款，差额由政府补贴。通过此项计划获得的贷款可以用于除认购本公司股票以外的发展企业的任何用途。计划规定，面向新老企业的中期贷款，使用期为2～10年，一次可获得优惠利率加0.5%的贷款10万英镑，若是创办2年以上的企业，则最高可一次贷款25万英镑。政府对创办2年以上的企业担保85%，对其余企业担保70%。

二、京郊乡镇企业融资中存在的问题

近年来，随着乡镇企业运行环境的重大变化，随着乡镇企业自身矛盾的长期蓄积和释放，乡镇企业实现阶段性转变的要求也日益强烈起来。实际上，乡镇企业自身也正在孕育着这种阶段性变化。乡镇企业新阶段的基本特征，概括地说，主要有以下五个方面：第一，市场需求越来越成为决定乡镇企业生存发展的基本因素，结构性矛盾日益凸显为乡镇企业供求关系中的主要矛盾。第二，发挥资源比较优势对于乡镇企业发展的重要性已开始减弱，乡镇企业的发展已经在越来越大的程度上取决于竞争优势的发挥。第三，乡镇企业对资源、要素和市场的依赖已经日益突破了社区和农村的限制，实行资源、要素、甚至产权跨地区、跨部门、跨所有制流动的要求日益强烈起来；乡镇企业的发展，也日益需要把开拓国内外市场作为一项基本任务。第四，乡镇企业的发展，涉及的利益关系越来越复杂，越来越难以解决，越来越需要城乡改革的协同配合，宏观、微观体制改革的协调配套。第五，乡镇企业发展进入加快分化和重组的新时期，乡镇企业能否适应新阶段的要求，实现其阶段性转变，一方面，将影响其资金使用效率，进而影响其资金需求的增长；另一方面，将影响其利润生成能力，进而直接影响其内源融资能力、间接影响其外源融资能力。积极促进乡镇企业的阶段性转变，对于全方位地提高乡镇企业的融资能力，是非常重要的。为了促进其阶段性转变，乡镇企业在发展思路上，需要注意以下几个方面：面向市场，重新确立乡镇企业结构调整的基本方向和战略重点，大力发展农副产品加工业；加快培育城乡统一的劳动力市场，积极促进农民的跨区域流动和农民向城市的转移；积极促进企业家和农村能人阶层的成长，提高乡镇企业的经营创新能力；积极引导乡镇企业向城镇集中，加快农村的城镇化进程；在重视乡镇企业发展劳动密集型产业的同时，加快高新技术对乡镇企业传统产业的改造，积极促进乡镇企业的产业升级，增强乡镇企业的竞争优势；加快乡镇企业产权制度的改革与创新，积极促进城乡要素市场的发育；加大力度促进城乡产业的横向分工和按产品加工阶段进行的纵向分工；将实现乡镇企业的阶段性转变。

虽然近几年京郊乡镇企业发展速度较快，但是仍然存在许许多多外部和内部的制约因素，其外部因素主要包括：政策上的限制，如行业准入限制、税费征收不公平以及法律法规欠缺或者可操作性不强；服务上的障碍，如政府服务意识不强、社会中介服务比较落后；乡镇企业融资体系不够完善等。在京郊乡镇企业投资面临的众多制约因素中，乡镇企业融资问题是一个长期以来一直难以破解的难题，也是十分迫切需要解决的问题之一。

1. 缺乏股权融资渠道，内部融资比例高 目前，乡镇企业基本没有进行股权融资的渠道，二板市场尚在讨论之中，原有的地方性股权交易市场已全部取消。中小企业在改制过程中通过集资进行过大量的股权融资，但由于没有可交易的市场，企业职工手中持有的股权不具有流动性，这样一方面企业股权持有者承担着无限风险；另一方面也削弱了企业以此方式进一步融资的能力，致使企业无法降低负债比率，改善资本结构。1994 年以后，中央政府明令禁止企业的社会集资活动，同时关闭地方性股权交易系统，取消各类柜台交易或场外交易，因此，目前合法的股权融资渠道只有深圳和上海的两家股票交易所。众所周知，对于公司股票在这两个市场上市交易，政府有着严格的规定和极其严格的审批程序，只有具备相当规模的企业才能够获得资格上市，而且周期极长（一般需要 2～3 年的时间），成本极高。况且，非国有企业上市刚刚获得准允，数年来通行的规则是：具备上市资格的首要条件是国有企业。显然，以非国有部门为主体的中小企业没有可能在这一市场上进行融资。目前正在讨论关于二板市场建立的问题，最终的运行框架和基本规则虽然还没有公布，仍需要进行相关的法律修订，但是，可以肯定这个市场主要是针对成长性好、科技水平高、资金密集型的中小企业的。对那些以解决就业为主、盈利水平不高、成长性一般的劳动密集型企业，在这一市场上市的机会也不会太多。

2. 外部融资中的债务融资存在很多问题，且债务融资渠道极其单一　①国有商业银行垄断经营，中小型金融机构特别是非国有中小型金融机构发育严重不足。②国有商业银行大量信贷资源投入到国有部门特别是国有大中型企业中，由于国有部门的低效率，无法及时足额地还本付息，不仅导致银行形成大量不良资产，同时也降低了信贷资源的利用效率，减少了乡镇企业可获得的信贷资源。③国有商业银行规模庞大，但计划经济体制下形成的行政化、官僚化问题仍然存在，加之信息不对称，对乡镇企业的信贷风险难以控制，导致商业银行对乡镇企业的贷款具有更高的成本。④乡镇企业部门进行债券融资面临许多实际困难，几乎很难以这种方式实现债务融资，况且目前中央政府严格限制企业通过债券发行进行融资的方式。⑤中国货币市场发展缺陷大，发育程度低。虽然票据市场建立很早，但一直没有形成规模，甚至在 1988—1995 年间票据的承兑和贴现基本停止。加上乡镇企业本身的信用程度不高，通过票据贴现、承兑等货币工具进行短期融资在目前情况下也具有很大的运作难度。⑥由于中国企业目前信用程度普遍不高，企业间三角债严重，因此财务报表上所显示出来的“企业间借款”或应收款的数额十分巨大。过度的债务融资，加上企业债务融资渠道过于单一，导致企业过度依赖银行信贷扩张来实现投资增长。中国的国有商业银行承担着保障国民经济增长的资金供给义务，而作为商业银行又不得不考虑银行资产的安全性、流动性和赢利性，企业过度的债务融资和单一的债务融资渠道使得银行体系处于“贷款不是，不贷款也不是”的境地；同时，国有商业银行固有的“放大机制”使得银行在经济增长乏力时，必将选择缩减信贷规模以规避金融风险，从而导致企业投资大规模缩减，加重了经济的不景气。

3. 乡镇企业债务融资信用普遍不足 随着商业银行体制的建立，银行信贷资金的抵押、担保制度日益完善。由于乡镇企业本身股本投资不足，再加上信用担保机制的严重缺乏，普遍面临着债务融资信用不足问题。为了解决信用不足的问题，一些企业不得不使投资活动偏离利润目标，将极为稀缺的资本投入到赢利能力很低甚至根本没有赢利可能的项目中。如在十分偏僻的小山村斥资数亿元建设度假村、高尔夫球场、康乐宫等旅游房地产项目，以增加其获取银行贷款的可抵押资产，结果不仅没有改善资产的质量，反而导致资产的流动性大幅度下降，增加了信贷资金的风险。

目前，信用担保体系的作用受到诸多限制。一是目前各级政府财政资金非常紧张，能够拿出用作设立担保基金的资金非常有限。同时，政府主办的担保基金是一种政策性机构，因此收益性和赢利性并非其首要目标，这一限制使得企业或投资商不愿意拿出资金参与其中。资金来源不足是担保基金规模扩大的一个重大约束，而规模太小的担保基金又难以满足广大乡镇企业的信贷需求。纯粹的商业性或民间担保机构由于其对资金安全性和赢利性的考虑，关注的对象不会是就业创造型的普通中小企业。二是目前的担保体系无法覆盖县及县以下的中国 90％以上的中小型或微型的企业。三是由于中小型金融机构的缺乏，国营大型商业银行自身资产状况、风险控制方式和手段的约束，以及它们对乡镇企业贷款的相对高成本，即使信用担保及其他相关问题能够得到解决，它们也会对乡镇企业的贷款有所顾忌。显然我们暂时还不能对信用担保体系能够发挥的作用估计过高。

4. 缺乏为乡镇企业投资决策和经营管理提供咨询服务的机构，造成投资失败率过高　20 世纪 90 年代以来，中国市场状况发生了巨大变化，进入市场的门槛大大提高，过去 10 万元投资即能生产出有市场需求的产品，而现在投资数百万元甚至上千万元也不一定能够获得市场的“入场券”。这样，企业一项投资失败就有可能导致业主全军覆没，不仅新的投资无法收回，甚至连过去积累的财富也将一去不回。中国的乡镇企业家是从“面朝黄土背朝天”的农民转变过来的。他们在早期的投资实践中取得了一定的成绩，积累了一定的经验和财富，这些成功的经验常常使得他们忽略了宏观管理体制的变革和市场的演进状况，他们依然沿用过去不断“试错”的办法来进行投资活动。面对竞争日益激烈的市场及不断恶化的信用状况，投资的风险日渐增大，对企业经营者而言已经到了只能胜不能败的程度。因此，科学的投资决策与管理已经成为乡镇企业迫切需要解决的问题。但在现实中，与科学决策、管理相关的市场分析、项目评估、资产管理和交易、债务管理等中介机构的供给却严重不足。

在乡镇企业发展过程中，资金增长一直是乡镇企业发展重要的贡献因子，资金短缺一直是制约乡镇企业发展的突出问题。对于乡镇企业来说，银行贷款是其资金的主要来源。然而，随着国有银行商业化和农村金融市场的清理整顿，随着我国加入 WTO 以后，乡镇企业的融资困难问题已成为制约乡镇企业进一步发展的瓶颈。从目前来看，在我国的金融机构体系中，工、农、中、建四大国有商业银行拥有全国金融资产的绝大多数，但对乡镇企业，他们所发放的贷款却一直比较低。除农业银行外，其他三家国有商业银行对乡镇企业的贷款规模都小于其贷款总额的8%，小城镇企业仅使用了不到30%的金融资源，其中乡镇企业分得的份额则更少。这与乡镇企业对国家作出的贡献是极不相称的。乡镇企业资金严重短缺，阻碍了京郊乡镇企业的进一步发展。在需求方因素方面，由于乡镇企业绝大多数为中小企业和微型企业，中小企业特点本身存在着一些固有缺陷，这些缺陷部分导致融资难问题。过去的大量乡镇集体企业改制导致了许多企业产生了逃废债行为，从而恶化了与银行、信用社的信用关系。此外，企业之间三角债较多，这与社会信用环境恶化、法律制裁不力有关，也影响其资信和在银行、信用社的融资能力。在供给方因素方面：在信贷部门，当前存在严重的金融抑制，整个农村正式金融系统效率低下，非正式金融系统受到严重打压和排挤。无论是正式金融系统和非正式金融系统，金融抑制政策导致金融组织制度创新不足。在资本市场，则缺乏面向乡镇中小企业的股票市场和债券市场。企业之间共同的、组织化的互助或者商业融资安排也非常缺乏，受到政府政策的严重压制。

三、北京乡镇企业融资难的原因及分析

北京乡镇企业融资困难既有乡镇企业经营的不确定性、信用观念不强、融资成本较高等企业内部原因，也有我国金融体系不健全等外部原因。

（一）外部原因

1. 国际经济环境的变化 当前，国际经济一体化的进程不断加快，但在世界范围内建立多极化国际金融体系已成大趋势，这对促进新一轮的国际经济合作和一体化既有希望与机遇，又有困难与挑战。从理论上说，市场不仅是国内资源的配置手段，而且也是国际资源的配置手段；从实践来看，迄今世界上还没有一

个能在封闭状态下实施市场经济的成功模式，而开放性是市场经济的又一个重要特征。目前，在乡镇企业中，绝大多数是以国内市场为依托的“乡土型”企业，其产品的辐射区域比较狭窄，这将很难适应国内外市场一体化的要求。同时，国内统一市场的发展进一步加快，竞争将趋于激烈，再加上国外投资的增加，越来越多的三资企业也加入国内市场，使得国内市场的竞争进一步加剧。在这种情况下，乡镇企业面临双重挑战，乡镇企业自身发展空间受到限制，相应的其外源融资能力也就受到抑制。

2. 金融改革和发展滞后　一方面，银行对乡镇企业融资的交易成本比较高；另一方面，在国家对银行贷款的利率管制较严，在对乡镇企业的融资中，银行就难以通过贷款利率的适当上调来化解高交易成本对其经营效益的不利影响。我国国有商业银行原来定位于服务于国有企业，且考虑到贷款成本和风险，将贷款投向乡镇企业尤其是中小乡镇企业的比例较小。虽然近几年来国家开始注意到中小企业融资问题，出台了有关政策，但收效甚微，包括多数乡镇企业在内的中小企业从银行获得贷款的难度仍然较大。四大国有商业银行根据《关于进一步改善对中小企业金融服务的意见》都建立了中小企业信贷部，但在实际运作中仍然存在许多不足。在信贷结构层面，信贷资金仍然倾向于大企业和垄断性行业。中小企业本身的贷款风险，使得许多商业银行，特别是新近成立的城市商业银行，宁愿增加对国债的投资，也较少向中小企业发放贷款，这给京郊乡镇企业的发展带来的融资困境。而且，现有金融机构的结构分布，也不利于乡镇企业融资。现有的金融机构主要是对乡镇企业融资成本较高的国有商业银行，在以中小企业为主的乡镇企业的融资方面，具有比较优势的中小银行发展非常有限。

国有商业银行作为我国银行业的主体，长期以来一直以服务国有大企业、追求规模效益为经营宗旨，国有商业银行与国有大企业形成了兴衰与共的牢固关系。近年来，我国在企业发展中强调“抓大放小”、“扶优限劣”，实行主办银行制度，使得这种关系又得到了进一步强化。随着我国市场经济体制的逐步形成和完善，以及受国际金融危机的警示和出于对国内金融资产质量不高的现实的考虑，国有商业银行开始通过引进国际先进银行的管理经验来进行业务运作，实行市场化的资产负债风险管理，把清理金融资产、降低不良贷款作为工作重点。为此，在信贷管理制度上进行了相应的改革，普遍上收和集中了信贷管理权限，实行集约化经营，最大限度地压缩风险资产的比重。在资金核算与风险控制方面，提出了培育“双大”、“双龙”等客户战略，把资金投向大城市、大企业、大客户和大项目，这样一来，乡镇企业的贷款自然就在压缩之列。国有商业银行主观上的理性经营行为在客观上给乡镇企业的融资带来了负面影响。

另外，与乡镇企业有关的某些政策变化，也进一步增加了乡镇企业的融资困难。比如：近年来，许多地方已经取消了支持乡镇企业发展的财政周转金；“绿色壁垒”已对全国乡镇企业的发展构成新的障碍。随着环境问题的国际化和污染治理手段的贸易化，“绿色壁垒”日益成为我国乡镇企业拓宽国际国内市场的又一屏障。由此带来的结果是：关闭“五小”和“十五小”企业，但在这项政策的执行过程中，出现了“一刀切”、缺乏对关停企业的补偿、对乡镇企业的执行力度比国有企业大。这一方面，会给相关地区、相关企业的发展和收入增长带来暂时的困难，甚至会使其因此背上沉重的债务包袱；另一方面，会直接、间接地打乱与“五小”、“十五小”有关的乡镇企业的资金良性循环关系，使与此相关的一批乡镇企业因债务链的突然中断而出现生存危机。

3. 民间金融发展不够规范　民间金融属于非正式金融范畴，表现为那些没有被国家信用控制和中央银行监管的金融活动。从法律角度看，没有经过国家相关管理部门注册登记的各种金融组织形式、金融行为、金融市场和金融主体都属于民间金融范畴。

在我国，民间金融的形式除了非法集资、金融诈骗外，还表现为自由借贷和私人钱庄、合会、民间集资、民间贴现、典当业信用以及其他民间借贷组织等。目前，我国民间金融的规模约为1万亿元左右。一方面，我国金融体系的缺陷和缺乏弹性的利率政策给民间金融提供了生存和发展的空间。另一方面，民间金融一般都建立在明晰的私人产权和无限责任的基础上，往往能够贴近局部信息，以人际信任为基础充分利用自履约机制，在一定程度上解决了正式金融所难以解决的逆向选择和道德风险问题，在一定范围内具有相对于正式金融的比较优势，能满足特定经济主体的金融需求。但是，民间金融的风险也较大。民间金融游离于官方金融监管范围之外，不具备外部审计和相应外部风险分担机制，可能会产生较大的金融风险。它往往与地下经济相联系，通常缺乏必要的金融法规规范，资金的供给方和需求方都面临着巨大的不确定因素，信用难以确立。虽然给民间金融发展及乡镇企业提供了一条体制外的融资通道，但因为它本身还存在许多不规范的行为，其对乡镇企业的作用还没有充分发挥出来，加剧了乡镇企业的融资难度。

京郊乡镇企业贷款多数来自于农村信用社，但相对于商业银行来说，农村信用社不良贷款率较高，出于对加强金融风险防范、提高信贷资产质量方面的考虑，提高了对贷款对象的质量要求和乡镇企业向其融资的进入门槛，比如强调贷款的抵押和担保，这本身有其合理性。在客观上却造成了给乡镇企业融资增加了难度。而且，随着北京市农村信用社改制成农村商业银行以后，其运作的方向应该是以商业化为目标，势必会减少政策性贷款，这对于不具有融资优势的乡镇企业来说，融资将会面临更多的困难。

农村信用社属于合作金融性质，与乡镇企业同处一地，使其对乡镇企业财务与经营状况较为了解，贷款的信息成本和监督成本大大降低。由于它不以盈利为主要目的，因而可以得到政府的支持。其实收资本由社员和企业股金构成，这使得其产权明晰化。农村信用社内部实行合作制的民主管理，外部实行乡县联社部分行政管理的行业自律职能，使其面对较好的制度环境。所有这些有利条件应该使得农村信用社能很好地为乡镇企业的融资提供服务。然而，实际情况并非如此。以下三方面的原因造成农村信用社的发展严重不足：①我国乡镇政府常常不适当地干预农村信用社的贷款政策。为了上项目，出政绩，不少地方乡、镇长办公会拍板订货，现场办公压贷。由于项目上马时未经认真论证评估，往往投产经营后销路不畅，有的项目施工过程中即半途夭折，这样形成了呆账坏账后有关领导又不负任何责任，使得农村信用社的财务状况严重恶化。②农行曾一度负责农村信用社的行政管理，这加速了农村信用社资产状况恶化的过程。在此期间，农行的乡镇企业贷款连续数年零增长，为保证在农行开户企业的发展，农行以“发挥行社集体功能”的名义，使用信用社的贷款进行发放，当农村信用社资金不足时由农行拆给。后来农行以多种名义抽回拆给农村信用社的资金，而贷款却由农村信用社承担。加之贷款企业不在农村信用社开户，使得应清收的贷款信用社无法清收。在农行与农村信用社脱钩之前，某些地方的农行分支机构向信用社划转大量不良贷款。在农行与农村信用社脱钩后，农村信用社重新布点，但由于固定资产增加过快，使得其不良资产的比例进一步上升。迄今，农村信用社不良资产比例已超过了不良资产剥离前的四大国有银行。此外，财政拖欠农村信用社保值补贴利息也加重了农村信用社的财务负担。目前，财政拖欠国有商业银行的保值补贴利息已经解决，但欠农村信用社的保值补贴利息仍久拖不决，所有这些成为农村信用社亏损的重要因素。

4. 国有企业改革的深化，使得国有企业活力显著增强，市场空间加大 在早些年里，国有企业由于受传统经济体制的束缚，其生产经营的自主权和创新积极性严重不足，虽然国有企业的实力比乡镇企业强，但由于缺乏灵活性，仍竞争不过乡镇企业。这几年国有大中型企业进行了改革，转换了企业的经营机制，使得国有大中型企业的活力明显增强，并恢复了对市场的控制权，造成乡镇企业只能为国有大中型企业进行配套服务，拾遗补缺，结果乡镇企业的生产经营自主权缩小，抑制了乡镇企业的发展，继而导致乡镇企业内源融资能力的下降。

5. 过剩经济与买方市场的挑战　在短缺经济下，由于商品短缺，形成了长期的买方市场，乡镇企业就是在买方市场下伺机而发展起来的一支"异军"。然而，市场经济体制的建立和发展，必将带来商品市场的繁荣，反过来又促进生产的发展。目前，全国95%以上的商品已呈现低水平过剩的经济现象，基本进入了买方市场。在这种情况下导致了销售疲软，使得乡镇企业的发展受到很大的阻碍。相应的乡镇企业的内源融资能力受到限制。

6. 资本市场发展不健全　现阶段，我国的资本市场的发展存在严重缺陷，表现为资本市场缺乏层次差异，尤其是低层次的资本市场严重短缺。我国资本市场体系呈现出高度集中和将资本市场股市化的特征。首先，就主板市场而言，集中于沪深两个证券交易所，而且其定位主要是为满足国有企业和政府大型建设项目的直接融资而建立的，对乡镇企业吸收较少。中小企业板块虽然已经于2004年在深圳设立，但是也只能吸引部分乡镇企业上市融资，并不能满足多数乡镇企业的直接融资需求，而且其自身的运作中还出现了很多问题。其次，债券市场发展受到限制。债券市场的进入门槛过高，一般乡镇企业根本无法进入，难以通过发行债权的方式筹集资金。最后，缺乏区域性股权交易市场。1997年我国地方性股权场外交易市场关闭以后，使得乡镇企业在内部融资无法满足其投资扩张的需要的情况下，同时缺乏股权融资的渠道和场所，导致企业负债比率普遍过高，债务负担过重，降低了企业对投资风险和经营风险的承受能力。因此，我国目前资本市场的缺陷与我国不同类型地区、不同类型企业对资本市场的多层次需求，特别是与以中小企业为主体的乡镇企业对低层次资本市场的需求远远不相称。乡镇企业在直接融资上受到了很大的限制。

7. 中介服务机构发展不足　乡镇企业的银行贷款主要有两大类：信用贷款和担保贷款。担保贷款又分三类：保证贷款、抵押贷款和质押贷款。随着银行商业化的迅速推进，特别是自1995年《中华人民共和国担保法》实施以来，在我国，由于从事企业信用评估之类的中介机构发育不足，绝大多数乡镇企业不具备在银行获得信用贷款的条件，银行的乡镇企业贷款大部分都属于担保贷款。由于乡镇企业资产少，资产质量差，加上我国从事企业信用担保的中介机构发育不足，迄今为止，相当大的一部分乡镇企业仍难以获得有效的保证人（第三者）担保，进而难以得到银行的保证贷款。乡镇企业要通过抵押贷款形式获得贷款，也相当困难，因为大多数乡镇企业资产少，规模小，可以提供抵押的资产相当有限，同时，因资产评估等相关的金融中介服务机构发展不足，导致抵押资产评估作价难，资产处理损失大，“以资抵债”资产变现难，管理费用增长快，“以资抵贷”过程交易费用高。

8. 风险投资基金不发达　我国风险投资业始于1985年9月，国务院批准设立中国新技术创业投资公司，此后风险投资在我国有了一定的发展。但目前来说，我国风险投资的发展存在许多阻碍，具体表现在：风险投资资金来源渠道单一，主要是由银行、财政、科技部门建立的各类公司；运作过程也不规范，缺乏外部市场的监控和内部机制的制约；风险投资机制不健全，自我增值能力不强等。尤其值得注意的是，目前我国缺乏风险投资退出机制，因此风险投资的高收益难以变现，这对以中小企业为主的京郊乡镇企业发展非常不利。

（二）内部原因

1. 乡镇企业经营不稳定且财务状况透明度低 乡镇企业自身素质不高、经营风险大是引发融资难的重要原因。严格地说，一个企业要进行投资行为时，首先要对投资风险有一定的预测与防范，经过充分的市场调查做出理性的决定，这样投资不仅对资金的运作与市场占有具有先前的预见性，而且，更重要的是对经济变化的大趋势有一个宏观的认知，从而使企业能够稳定发展。乡镇企业具有经营灵活的特点，这就意味着其产品和市场会经常发生变动，没有自己的品牌和稳定的主营业务。对于投资者来说，这些灵活性会给其预期收益带来很大的不稳定性。同时，由于乡镇企业本身资产少、实力不够雄厚、产品缺乏竞争力，与大企业相比，抵御外部冲击的能力弱，因此，乡镇企业具有较高的倒闭率。乡镇企业经营的不稳定性和较高的倒闭率，使投资者面临很大的风险。此外，大多数乡镇企业的财务管理混乱，没有完善的财务制度，财务状况透明度低，这些都是导致银行不愿意贷款给乡镇企业的原因。

2. 京郊乡镇企业信用建设的重视程度不够 从整体情况来看，京郊乡镇企业大多不太重视信用建设，相当一部分乡镇企业信用等级低，能够得到的担保和抵押少，从而加大银行对乡镇企业的贷款风险。就其内部情况分析，集体企业由于是公有制的一部分，融资相对比较容易，在其发展过程中时常获得各金融机构的融资服务，因而其信用建设水平相对较高。私营企业一般以中小企业为主，面临着激烈的市场竞争，其发展中还存在内部管理制度落后、财务制度不规范、信用观念淡薄等问题，往往忽视了信用建设，这给取得抵押担保贷款造成了困难。还有部分乡镇企业借改革之机逃避银行债务，从而直接恶化了银企关系。对信用建设的忽视加大了融资的难度。

农村信用环境不理想，它的形成有国家经济政策和信贷政策方面的原因，也有企业管理者自身道德因素的原因，是经济扩张、政策失控、个人行为等因素综合作用的结果。目前，金融机构对企业的信用评级十分重视，但是一部分乡镇企业认为不值得在信用评级上花费资金；另一部分认为在日常生产中用不上，没有必要去做信用评级；甚至有一些企业根本就没有听说过信用评级。由此可见，自身信用问题并没有引起企业的足够重视，而银行在贷款的审批发放中，企业信用等级是重要的考核指标之一。信用等级较低，自然抗风险能力较弱，乡镇企业的银行贷款受到限制。

3. 乡镇企业的融资成本较高 就间接融资而言，乡镇企业的贷款具有数量小、频率高、时间性强等特点，融资的规模经济不明显。银行在发放贷款时，每笔贷款的交易成本实际上差别不大，且交易成本有随着融资规模的增加而下降的趋势。存在着贷前调查、贷中审查、贷后监督等成本，与大企业相比，中小企业的贷款规模较小，因此其单位贷款的交易成本就比较高，形成了融资过程中的规模劣势问题。因此，乡镇企业融资的成本较高，没有规模经济优势。

4. 融资中的信息不对称问题严重 信贷市场上的信息不对称问题一直是困扰资金供给者和需求者的难题。很多京郊乡镇企业在产权制度等方面存在缺陷，普遍缺乏相应的内部控制机制，财务制度不规范，会计信息往往失真。因此，与规模大的企业相比，京郊乡镇企业面临的信息不对称问题就更为严重，在融资便利程度上就处于很大的劣势，从外部获得资金的机会就少得多。

5. 产权改革方面的限制也给融资带来了限制 一方面，随着乡镇企业资金密集程度越来越高，其吸纳劳动力能力下降，通过劳动力带资入厂解决乡镇企业融资难的可能性已经基本消失。另一方面，采用股份合作制等产权改革形式来吸收企业职工、经营者和社区农民入股，以实现乡镇企业直接融资的迅速增长，也变得比较艰难。

6. 乡镇企业难以获得贷款担保　有调查表明，在企业难以获得贷款的众多因素中，有45%的企业是因为难以获得第三方担保。一方面，信誉好的企业和银行大多不愿贷款给乡镇企业，主要一个原因是乡镇企业没有合格的抵押资产。我国《担保法》第三十七条规定："耕地、宅基地、自留地、自留山等集体所有的土地、土地使用权不得抵押"。而广大农民投资者自身的资产实力有限，最有价值的资产就是承包的土地，因此基本没有可供抵押的有效资产。

四、对北京乡镇企业融资问题的建议

乡镇企业要发展，资金问题是关键。作为金融部门来说，如何在支持乡镇企业发展的同时，达到双赢的目的，这是关键所在，也是政府、企业、金融机构三方的共同努力方向。

1. 北京乡镇企业要进行经营方式和经营体制改革　第一，在产品的选择上，乡镇企业必须要结合企业自身的经济实力、经营特点、地域特点，进行准确的市场定位；发挥自身的优势，生产出具有自身特色、能够满足某一特定细分市场需求的产品。同时，也要全面考察企业所处行业的发展前景，在投入一个新的项目之前，应做项目投资分析，而不能盲目进行。第二，建立健全现代企业制度，提高企业管理水平，树立良好的形象和信誉。一方面，乡镇企业要建立健全企业内部的各项制度，淘汰落后的管理方式，按现代企业制度要求，逐步由家族式的管理转向现代企业的科学管理，有效地提高企业的经营管理水平。另一方面，对一个企业来说，良好的信誉是制胜的关键。企业自身需要加强内部的信用管理，培养信用调查、分析、监督方面的人才，从而提高企业自身的融资能力。第三，提高企业技术创新水平。乡镇企业中有很多传统产业，要提高企业的竞争力，就要使自己的产品有特色，这就需要有创新意识，并且依靠科技进步，提高技术创新水平，提高产品科技含量。同时还要注意市场的变化，开发新的产品，满足市场的需要，从而创造良好的内部融资环境。

2. 积极培植朝阳行业、苗子企业，促进区域经济的发展

乡镇企业信贷资金需求量相当大，作为金融机构来说，应尽量整合资源，形成各自的服务群体。如对农村信用社来说，尽管贷款总量居全区所有金融机构前茅，但由于服务面广，目前有农户、个体工商户、乡镇企业贷款户数万户，再加上受单户贷款额度的控制，全面支持显得力不从心，今后支持乡镇企业的重点，是以贷款规模在500万元以下的企业为主，兼顾个别大型骨干企业。从大的方面来说，将根据当地行业的资源优势，积极支持培育朝阳行业、苗子企业，具体实行一镇一策，在选定重点行业之后，再根据中小企业的经营情况，确定贷款支持重点。

3. 转变服务观念，营造良好的金融投资环境，实现社会资源有效整合

（1）落实产业政策，加强企业指导。根据北京市产业政策导向，立足生态涵养发展区功能定位，调整优化产业结构，关停一批“五小”及“三高”企业，鼓励企业自主创新和技术进步，积极培育循环经济、环保企业和自主品牌，基本形成了新能源、食品加工、生物制药等几个主导行业，工业逐步朝着轻型化、生态化、高端化的方向发展，为争取上级政策扶持和金融支持奠定了基础。

（2）组织包装项目，争取资金扶持。三年来，经委加强政策集成、对接和宣传，举办产业扶持政策对接会、支农政策宣贯工作会、项目申报培训会，将各口产业扶持政策汇编成册下发给重点企业，并邀请北京市工业促进局、北京市乡镇企业局等领导到企业现场指导项目，极大调动企业申报项目积极性。同时，加强与上级部门沟通联系，主动汇报工作，努力争取政策倾斜。

（3）搭建沟通平台，促进银企合作。为推动“政府协调引导、银行合作支持、担保积极配合、企业主动参与”的融资服务平台建设。

我们要抓住有利契机，发展壮大主导特色产业，培育引进优质企业，积极争取上级政策扶持及金融支持，努力为乡镇企业发展提供有力的资金保障。

4. 培育发展主导优势产业　①乘胜而上，大力发展新能源产业，加强与北京市、中关村、朝阳区对接，加快新能源产业园建设，积极引进新能源及环保技术研发、设备生产及配套服务企业。②挖掘潜力，发展高端食品加工业。面向高端市场，扩大有机、绿色、精深加工食品范围，鼓励龙头企业成为带动基地标准化生产、科研成果转化和循环经济发展的典范，加快永宁国家级农副产品加工示范基地建设，壮大葡萄酒庄、玫瑰深加工等地方特色产业。③完善功能，培育高新技术及生产性服务业。充分利用良好的生态环境，发挥长城文化资源优势，积极优化环境、完善配套服务，主动承接研发总部、高新技术、商贸服务及文化创意等产业转移。

5. 积极争取政策倾斜扶持　乡镇企业的绝大多数是中小企业，从国外经验来看，中小企业在争取融资方面具有天然的弱质性。为了克服这种弱质性，许多国家十分重视通过优惠政策来扶持中小企业的融资和发展。如对中小企业融资，财政予以一定的贴息和补贴；通过财政投资引导带动其他投资入股，多形式地建立中小企业发展基金，扶持中小企业发展当前，在我国乡镇企业的发展中，借鉴这个经验进行相应的政策调整是非常必要的。比如，为了支持乡镇企业发展和乡镇企业的结构调整，可以设立乡镇企业结构调整专项基金；乡镇企业通过结构调整形成优势产业、优势项目和龙头企业；大力发展乡镇企业中的农产品加工业，促进农业产业化龙头企业的发展；对乡镇企业的技术改造和产业升级予以重点支持等。乡镇企业结构调整专项基金，可以通过财政出资、发行债券、银行出资或财政贴息等方式筹措。也可以借鉴我国农业综合开发基金的设立和运行方式，实行按比例配套投入（资金）的做法。主要由中央财政投入的资金、地方财政投入的资金、乡镇企业结构调整专项贷款、乡镇企业和农民目筹资金收入方面构成，形成“国家引导、配套投入、民办公助、滚动开发”的资金形成机制和“国家投入为主导、乡镇企业或农民投入为主体”的综合投入机制：以有限的财政资金引导，带动全社会对乡镇企业结构调整的支持，特别是注意调动和发挥农民、乡镇企业作为结构调整主体的积极性。

6. 搭建政银企互动平台 健全政银企沟通制度，落实牵头部门，明确部门职责，努力构建良好的政银企关系。一是建立和完善协调例会制度，坚持按季分析、通报经济金融形势；二是做好优势项目、优质企业筛选和推荐工作；三是定期召开乡镇企业融资协作洽谈会，向金融机构推荐生产经营好、发展潜力大、贷款风险小的优秀企业。建立政府补偿、增资机制。充分发挥现有担保机构的作用，建立风险补偿、增资机制，政府与担保公司约定，如融资担保出现代偿或担保金不足情况，由政府按约定比例承担部分代偿或对担保金进行增资，以增强担保公司可持续发展后劲。

7. 构建多元化融资体系，推进乡镇企业筹资的社会化 以往支撑我国乡镇企业发展的资本来源主要是企业的内部积累和银行贷款这两大部分，前者属于内源融资的范畴，后者则属于外源融资中的一种。内源融资的优点是企业可以扎扎实实、稳步地向前发展，风险比较小，局限性则在于其资金形成的规模较小并且速度较慢，难以适应企业快速发展的需要。而外源融资则克服了内源融资的这些局限性，能使企业发展所需的较大规模的资金在较短的时间内筹集到，尽管其风险可能相对较大。所以，两者之间具有互补性，虽然在企业发展的不同阶段其侧重点有很大的不同，一般都结合着使用。比如，在企业发展的初创期，由于企业刚刚开始发展，内部积累肯定十分有限，这时，外源融资就显得十分重要和急迫。而当企业获得了一个时期的稳定发展和赢利后，内部有了一定的资本积累可供使用，这时如何很好地利用已经积累增大的资本来支持企业的进一步发展就显得尤为突出，外源融资方式降到了次要地位。但当企业面临重大结构转换和技术升级任务或生产规模需要适应市场情况迅速扩张时，仅仅依靠内源融资显然难以满足要求，必须借助于外源融资的方式。外源融资方式除包括银行贷款这种乡镇企业比较熟悉的形式外，还包括企业发行债券融资和发行股票直接从资本市场融资等形式。回顾我国乡镇企业发展的历史可以看到，银行贷款这种融资方式在我国乡镇企业的发展过程中确实起过重要的作用，尤其是在国家宏观政策上强调要支持各种类型的乡镇企业的发展时，这种作用特别明显。在相当长的一个时期里，由于多方面的原因，各级银行机构的经营自主权十分有限，时常受到地方各级政府的干预，如当地的县、乡级政府可以直接或间接地指令当地的银行机构给当地的乡镇企业发放贷款等。这是在传统体制下银行金融机构对乡镇企业发展进行资金支持的一个重要方式，但目前这种方式显然已不是很灵，银行在是否给企业发放贷款上已有很大的自主性。这本来是一个进步和一件喜事，但问题在于，由于这些银行金融机构绝大部分都是国有性质，并且内部体制也还没有很好理顺，因而它们的行为并没有真正合理化，还很难在赢利和规避风险上作出符合实际的理性选择。就以近年来人们谈论甚多的银行“惜贷”现象来说，一方面它确实反映了现今银行机构行为的一定程度的合理化，如不再愿意向负债率很高、坏债比重很大的国有企业进行贷款等，另一方面也反映出所存在的问题，如乡镇企业中的私人企业，许多由于所有制关系等方面的原因而不容易得到国有银行的贷款，一般的乡镇企业则可能因为规模较小、不像国有企业那样看起来比较“可靠”更不易得到贷款，以及由于目前的国有银行作为大银行的运行成本较高，客观上使其难以实现对生产规模不大的乡镇企业的“微观信贷”等。所有这些都说明，目前由国有银行一统天下的银行融资体制十分不利于乡镇企业今后的进一步发展，而逐步发展起来并与非国有中小企业相适应的非国有中小银行业无疑是一种可以从根本上改变这一局面的可行的对策。

8. 加快社会信用体系建设和征信行业建设 信用问题是解决企业融资难的根本前提，要解决乡镇企业的信用问题，首先，要加强信用教育，使企业了解、认知信用对其发展的重要意义；其次，不断完善银行信贷登记咨询系统的功能，建立统一规范的企业信用信息系统；再次，要大力开展企业的信用评级活动，为企业创造一个良好的外部信用环境，使银行愿贷、敢贷，放心贷款。在建设社会信用体系初级阶段，应注重促进征信行业的发展，只有征信行业得到全面的和健康的发展，才能形成失信惩罚机制的基本条件。征信系统涵盖面越大，其服务性就越强，人们对其依赖也会越大。我国的征信行业处于起步阶段，缺乏统一的政府行业监督管理部门，需要设立相应的监督管理机构。应鼓励民间资金投资经营各类征信机构，使之能够竞争性地提供信用信息服务。此外，应加速制定《社会信用信息法》，为商业化的社会征信机构在开展企业和个人信用信息的搜集、保存、评级、服务等业务提供基本的法律依据，改善目前社会信用体系。尽快建立中小企业信用担保体系，但也不再是传统意义上的政府行政担保，而是政府扶持下的市场化担保，政府仅以其出资额承担有限责任。建立乡镇企业信用担保体系的根本目的是建立起以乡镇企业为突破口，包括信用征集、信用评价、信用担保在内的社会化信用体系。一是选择市场公开操作型的乡镇企业信用担保体系；二是建立健全乡镇企业信用担保体系，确保担保公司得到协作银行、再担保机构的支持。

9. 政府营造良好政策环境并建立完善的支持体系 一是建立中小企业政策性金融组织机构。这也是各个国家或地区从金融角度支持中小企业发展的重要手段。例如，日本政府专门设立了面向中小企业的金融机构——中小企业金融公库、商工组合中央金库、国民金融公库、中小企业投资育成公司等政府金融机构。商工组合中央金库是半官方性质，贷款对象只限于商工组合及其会员；国民金融公库贷款对象为零售企业；中小企业金融公库贷款对象为零售企业以外的一些经营实业的中小企业；中小企业投资育成公司是专门为扩大中小企业的资本实力，促使某些小企业发展成为中型企业的金融机构。因此可以看出，日本中小企业融资体系是一个功能齐全的体系，它的服务对象几乎囊括了所有类型的中小企业，并且这些政策性融资机构在很大程度上弥补了其他融资机构的遗漏和不足。从我国的融资机构设置来看，可以建立专门为中小企业服务的商业银行，这在很大程度上可以舒缓中小企业的融资困境。二是健全和完善支持、保护中小企业的法律体系。健全的法律体系可以为中小企业的发展提供保障，为了支持中小企业发展，许多国家和地区先后通过金融立法对中小企业进行贷款融资支持。例如，日本先后颁布了《商工组合中央金库法》、《国民金融公库法》、《中小企业金融公库法》、《中小企业信用保险公库法》等，这些立法阐明了政府对中小企业的金融扶持政策。而在我国，相应的法律法规则较少且不完善，为了给乡镇企业的健康发展创造一个良好的法制环境，我国需要健全和完善中小企业法律体系，做到有法可依，同时加大执法力度。

10. 建立政府银行企业对接平台　建立金融部门扶持导向，省地县主导产业、产品发展和企业资金需求相适应的政银企对接体系，各级职能部门要与金融部门定期召开联席会议，加强金融机构与企业间的信息沟通，筛选、储备、扶持一批项目，促进地方经济发展。建立小额信贷融资平台。以国有商业银行、地方银行为主体，强抓机遇，规范运作，加速建设小额信贷融资平台。建立信用担保平台。加快建设各层次的信用担保平台，使其充分发挥在解决贷款难、融资难中的担保问题。建立政策平台。发挥政策优势，用足用活中央政策，搭建地方政府、金融机构和企业共赢的政策平台。建立诚信体系平台。出台地方性配套法规，开展信用评价机制、自律机制、社会监督机制、惩罚机制等建设，把诚信建设从行政命令上升到用经济调节、法律规范的层面，逐步消除不讲诚信企业逃废银行贷款的生存土壤，使其成为强制性、人人遵守的社会规范。

充分发挥政策银行对产业发展的政策导向作用。由于乡镇企业中绝大多数是劳动密集型企业，吸纳劳动力就业是乡镇企业的优势，但在争取融资方面具有天然的弱质性，需要通过优惠政策措施来扶持，切实降低融资贷款门槛。一是严格执行股权、经营权、抵押担保物等贷款担保方面的有关规定；二是对缺少抵押担保物，但又符合国家产业政策、发展势头良好、发展潜力较大的乡镇企业流动资金贷款实行“整体授信、封闭运行”的贷款融资机制。

为了改善京郊乡镇企业的融资状况，还需要注意加强乡镇企业产权关系的改革和融资体制的创新，帮助乡镇企业拓宽融资渠道增加资金来源，推动京郊乡镇企业直接融资的发展。

附　录

附录 1　个人贷款管理暂行办法

中国银行业监督管理委员会令

2010 年第 2 号

《个人贷款管理暂行办法》已经中国银行业监督管理委员会第 72 次主席会议通过，现予公布，并自发布之日起施行。

主席　刘明康

二〇一〇年二月十二日

个人贷款管理暂行办法

第一章　总　　则

第一条　为规范银行业金融机构个人贷款业务行为，加强个人贷款业务审慎经营管理，促进个人贷款业务健康发展，依据《中华人民共和国银行业监督管理法》、《中华人民共和国商业银行法》等法律法规，制定本办法。

第二条 中华人民共和国境内经中国银行业监督管理委员会批准设立的银行业金融机构（以下简称贷款人）经营个人贷款业务，应遵守本办法。

第三条 本办法所称个人贷款，是指贷款人向符合条件的自然人发放的用于个人消费、生产经营等用途的本外币贷款。

第四条 个人贷款应当遵循依法合规、审慎经营、平等自愿、公平诚信的原则。

第五条 贷款人应建立有效的个人贷款全流程管理机制，制订贷款管理制度及每一贷款品种的操作规程，明确相应贷款对象和范围，实施差别风险管理，建立贷款各操作环节的考核和问责机制。

第六条 贷款人应按区域、品种、客户群等维度建立个人贷款风险限额管理制度。

第七条 个人贷款用途应符合法律法规规定和国家有关政策，贷款人不得发放无指定用途的个人贷款。

贷款人应加强贷款资金支付管理，有效防范个人贷款业务风险。

第八条 个人贷款的期限和利率应符合国家相关规定。

第九条 贷款人应建立借款人合理的收入偿债比例控制机制，结合借款人收入、负债、支出、贷款用途、担保情况等因素，合理确定贷款金额和期限，控制借款人每期还款额不超过其还款能力。

第十条 中国银行业监督管理委员会依照本办法对个人贷款业务实施监督管理。

第二章 受理与调查

第十一条 个人贷款申请应具备以下条件：

（一）借款人为具有完全民事行为能力的中华人民共和国公民或符合国家有关规定的境外自然人；

（二）贷款用途明确合法；

（三）贷款申请数额、期限和币种合理；

（四）借款人具备还款意愿和还款能力；

（五）借款人信用状况良好，无重大不良信用记录；

（六）贷款人要求的其他条件。

第十二条　贷款人应要求借款人以书面形式提出个人贷款申请，并要求借款人提供能够证明其符合贷款条件的相关资料。

第十三条　贷款人受理借款人贷款申请后，应履行尽职调查职责，对个人贷款申请内容和相关情况的真实性、准确性、完整性进行调查核实，形成调查评价意见。

第十四条　贷款调查包括但不限于以下内容：

（一）借款人基本情况；

（二）借款人收入情况；

（三）借款用途；

（四）借款人还款来源、还款能力及还款方式；

（五）保证人担保意愿、担保能力或抵（质）押物价值及变现能力。

第十五条　贷款调查应以实地调查为主、间接调查为辅，采取现场核实、电话查问以及信息咨询等途径和方法。

第十六条　贷款人在不损害借款人合法权益和风险可控的前提下，可将贷款调查中的部分特定事项审慎委托第三方代为办理，但必须明确第三方的资质条件。

贷款人不得将贷款调查的全部事项委托第三方完成。

第十七条　贷款人应建立并严格执行贷款面谈制度。

通过电子银行渠道发放低风险质押贷款的，贷款人至少应当采取有效措施确定借款人真实身份。

第三章　风险评价与审批

第十八条　贷款审查应对贷款调查内容的合法性、合理性、准确性进行全面审查，重点关注调查人的尽职情况和借款人的偿还能力、诚信状况、担保情况、抵（质）押比率、风险程度等。

第十九条 贷款风险评价应以分析借款人现金收入为基础，采取定量和定性分析方法，全面、动态地进行贷款审查和风险评估。

贷款人应建立和完善借款人信用记录和评价体系。

第二十条 贷款人应根据审慎性原则，完善授权管理制度，规范审批操作流程，明确贷款审批权限，实行审贷分离和授权审批，确保贷款审批人员按照授权独立审批贷款。

第二十一条 对未获批准的个人贷款申请，贷款人应告知借款人。

第二十二条 贷款人应根据重大经济形势变化、违约率明显上升等异常情况，对贷款审批环节进行评价分析，及时、有针对性地调整审批政策，加强相关贷款的管理。

第四章 协议与发放

第二十三条 贷款人应与借款人签订书面借款合同，需担保的应同时签订担保合同。贷款人应要求借款人当面签订借款合同及其他相关文件，但电子银行渠道办理的贷款除外。

第二十四条 借款合同应符合《中华人民共和国合同法》的规定，明确约定各方当事人的诚信承诺和贷款资金的用途、支付对象（范围）、支付金额、支付条件、支付方式等。

借款合同应设立相关条款，明确借款人不履行合同或怠于履行合同时应当承担的违约责任。

第二十五条 贷款人应建立健全合同管理制度，有效防范个人贷款法律风险。

借款合同采用格式条款的，应当维护借款人的合法权益，并予以公示。

第二十六条 贷款人应依照《中华人民共和国物权法》、《中华人民共和国担保法》等法律法规的相关规定，规范担保流程与操作。

按合同约定办理抵押物登记的，贷款人应当参与。贷款人委托第三方办理的，应对抵押物登记情况予以核实。

以保证方式担保的个人贷款，贷款人应由不少于两名信贷人员完成。

第二十七条　贷款人应加强对贷款的发放管理，遵循审贷与放贷分离的原则，设立独立的放款管理部门或岗位，负责落实放款条件、发放满足约定条件的个人贷款。

第二十八条　借款合同生效后，贷款人应按合同约定及时发放贷款。

第五章　支付管理

第二十九条　贷款人应按照借款合同约定，通过贷款人受托支付或借款人自主支付的方式对贷款资金的支付进行管理与控制。

贷款人受托支付是指贷款人根据借款人的提款申请和支付委托，将贷款资金支付给符合合同约定用途的借款人交易对象。

借款人自主支付是指贷款人根据借款人的提款申请将贷款资金直接发放至借款人账户，并由借款人自主支付给符合合同约定用途的借款人交易对象。

第三十条　个人贷款资金应当采用贷款人受托支付方式向借款人交易对象支付，但本办法第三十三条规定的情形除外。

第三十一条　采用贷款人受托支付的，贷款人应要求借款人在使用贷款时提出支付申请，并授权贷款人按合同约定方式支付贷款资金。

贷款人应在贷款资金发放前审核借款人相关交易资料和凭证是否符合合同约定条件，支付后做好有关细节的认定记录。

第三十二条　贷款人受托支付完成后，应详细记录资金流向，归集保存相关凭证。

第三十三条 有下列情形之一的个人贷款，经贷款人同意可以采取借款人自主支付方式：

（一）借款人无法事先确定具体交易对象且金额不超过三十万元人民币的；

（二）借款人交易对象不具备条件有效使用非现金结算方式的；

（三）贷款资金用于生产经营且金额不超过五十万元人民币的；

（四）法律法规规定的其他情形的。

第三十四条 采用借款人自主支付的，贷款人应与借款人在借款合同中事先约定，要求借款人定期报告或告知贷款人贷款资金支付情况。

贷款人应当通过账户分析、凭证查验或现场调查等方式，核查贷款支付是否符合约定用途。

第六章 贷后管理

第三十五条 个人贷款支付后，贷款人应采取有效方式对贷款资金使用、借款人的信用及担保情况变化等进行跟踪检查和监控分析，确保贷款资产安全。

第三十六条 贷款人应区分个人贷款的品种、对象、金额等，确定贷款检查的相应方式、内容和频度。贷款人内部审计等部门应对贷款检查职能部门的工作质量进行抽查和评价。

第三十七条 贷款人应定期跟踪分析评估借款人履行借款合同约定内容的情况，并作为与借款人后续合作的信用评价基础。

第三十八条 贷款人应当按照法律法规规定和借款合同的约定，对借款人未按合同承诺提供真实、完整信息和未按合同约定用途使用、支付贷款等行为追究违约责任。

第三十九条 经贷款人同意，个人贷款可以展期。

一年以内（含）的个人贷款，展期期限累计不得超过原贷款期限；一年以上的个人贷款，展期期限累计与原贷款期限相加，不得超过该贷款品种规定的最长贷款期限。

第四十条　贷款人应按照借款合同约定，收回贷款本息。

对于未按照借款合同约定偿还的贷款，贷款人应采取措施进行清收，或者协议重组。

第七章　法律责任

第四十一条　贷款人违反本办法规定办理个人贷款业务的，中国银行业监督管理委员会应当责令其限期改正。贷款人有下列情形之一的，中国银行业监督管理委员会可采取《中华人民共和国银行业监督管理法》第三十七条规定的监管措施：

（一）贷款调查、审查未尽职的；

（二）未按规定建立、执行贷款面谈、借款合同面签制度的；

（三）借款合同采用格式条款未公示的；

（四）违反本办法第二十七条规定的；

（五）支付管理不符合本办法要求的。

第四十二条　贷款人有下列情形之一的，中国银行业监督管理委员会除按本办法第四十一条采取监管措施外，还可根据《中华人民共和国银行业监督管理法》第四十六条、第四十八条规定对其进行处罚：

（一）发放不符合条件的个人贷款的；

（二）签订的借款合同不符合本办法规定的；

（三）违反本办法第七条规定的；

（四）将贷款调查的全部事项委托第三方完成的；

（五）超越或变相超越贷款权限审批贷款的；

（六）授意借款人虚构情节获得贷款的；

（七）对借款人违背借款合同约定的行为应发现而未发现，或虽发现但未采取有效措施的；

（八）严重违反本办法规定的审慎经营规则的其他情形的。

第八章　附　　则

第四十三条　以存单、国债或者中国银行业监督管理委员会认可的其他金融产品作质押发放的个人贷款，消费金融公司、汽车金融公司等非银行金融机构发放的个人贷款，可参照本办法执行。

银行业金融机构发放给农户用于生产性贷款等国家有专门政策规定的特殊类个人贷款，暂不执行本办法。

信用卡透支，不适用本办法。

第四十四条　个体工商户和农村承包经营户申请个人贷款用于生产经营且金额超过五十万元人民币的，按贷款用途适用相关贷款管理办法的规定。

第四十五条　贷款人应依照本办法制定个人贷款业务管理细则及操作规程。

第四十六条　本办法由中国银行业监督管理委员会负责解释。

第四十七条　本办法自发布之日起施行。

附录2 中国银行业监督管理委员会合作金融机构行政许可事项实施办法

（银监会令 2006年第3号 2006年1月12日）

第一章 总 则

第一条 为规范中国银行业监督管理委员会（以下简称银监会）及其派出机构实施合作金融机构行政许可行为，明确行政许可事项、条件、适用操作流程和期限，保护申请人合法权益，根据《中华人民共和国银行业监督管理法》、《中华人民共和国行政许可法》和《中华人民共和国商业银行法》等法律、行政法规及国务院有关决定，制定本办法。

第二条 本办法所称合作金融机构包括：农村信用合作社、县（市、区）农村信用合作社联合社、县（市、区）农村信用合作联社、地（市）农村信用合作社联合社、省（自治区、直辖市）农村信用社联合社（以下简称省（区、市）农村信用社联合社）、农村合作银行和农村商业银行。

第三条 银监会及其派出机构依照本办法和《中国银行业监督管理委员会行政许可实施程序规定》，对合作金融机构实施行政许可。

第四条 合作金融机构下列事项应经银监会及其派出机构行政许可：机构设立，机构变更，机构终止，调整业务范围和增加业务品种，理事（董事）和高级管理人员任职资格等。

第五条 申请人应按照《中国银行业监督管理委员会行政许可事项申请材料目录和格式要求》提交申请材料。

第二章 法人机构设立

第一节 农村信用合作社设立

第六条 设立农村信用合作社，应当具备下列条件：

（一）有符合银监会规定的章程；

（二）以发起方式设立且发起人不少于500人；

（三）注册资本最低限额为100万元人民币，且为实缴资本；

（四）有符合任职资格条件的理事和高级管理人员；

（五）主任和副主任的人数不少于2名；

（六）80%以上的从业人员有1年以上金融工作的经历或具有金融及相关专业中专以上的学历；

（七）有健全的组织机构和管理制度；

（八）有符合要求的营业场所、安全防范措施和与业务有关的其他设施。

第七条 设立农村信用合作社，还应当符合以下审慎性条件：

（一）有健全的风险管理体系，能有效控制关联交易风险；

（二）有科学有效的人力资源管理制度，有较高素质的专业人才；

（三）具备有效的资本约束和补充机制；

（四）没有地方人民政府财政资金入股；

（五）银监会规定的其他审慎性条件。

第八条 设立农村信用合作社应当有符合条件的发起人，发起人包括：自然人、境内非金融机构、境内金融机构、境外金融机构和银监会认可的其他发起人。

前款所称境外金融机构包括香港、澳门和台湾地区的金融机构。

第九条　自然人作为发起人，应当符合以下条件：

（一）有完全民事行为能力；

（二）有良好的社会声誉和诚信记录；

（三）入股资金为自有资金且来源合法，不得以借贷资金入股，不得以他人委托资金入股；

（四）为拟设立农村信用合作社所在地的居民或在所在地有固定住所且居住满3年以上的非所在地居民；

（五）银监会规定的其他审慎性条件。

第十条　单个自然人投资入股比例不得超过2%，职工自然人合计投资入股比例不得超过25%。

第十一条　境内非金融机构作为发起人，应当符合以下条件：

（一）在工商行政管理部门登记注册，具有法人资格；

（二）有良好社会声誉、诚信记录和纳税记录；

（三）财务状况良好，最近2个会计年度连续盈利；

（四）有较强的经营管理能力和资金实力；

（五）年终分配后，净资产达到全部资产的30%以上（合并会计报表口径）；

（六）权益性投资余额原则上不得超过本企业净资产的50%（含本次投资金额，合并会计报表口径）；

（七）入股资金为自有资金且来源合法，不得以借贷资金入股，不得以他人委托资金入股；

（八）注册地在拟设立农村信用合作社辖区内；

（九）银监会规定的其他审慎性条件。

第十二条　单个境内非金融机构及其关联方合计投资入股比例不得超过10%。

第十三条　境内金融机构作为发起人，应当符合以下条件：

（一）银行资本充足率不低于8%，非银行金融机构资本总额不低于加权风险资产总额的10%；

（二）权益性投资余额不得超过其净资产的 50%（含本次投资金额，合并会计报表口径）；

（三）最近 2 个会计年度连续盈利；

（四）公司治理良好，内部控制健全有效；

（五）主要审慎监管指标符合监管要求；

（六）银监会规定的其他审慎性条件。

省（区、市）农村信用社联合社、地（市）农村信用合作社联合社、县（市、区）农村信用合作社联合社不得向农村信用合作社入股。

第十四条 单个境内金融机构及其关联方合计投资入股比例不得超过 20%。

第十五条 境外金融机构作为发起人，应当符合以下条件：

（一）最近 1 年年末总资产原则上不少于 10 亿美元；

（二）银监会认可的国际评级机构最近 2 年对其给出的长期信用评级为良好；

（三）最近 2 个会计年度连续盈利；

（四）银行资本充足率应达到其注册地银行业资本充足率平均水平且不低于 8%，非银行金融机构资本总额不低于加权风险资产总额的 10%；

（五）内部控制制度健全；

（六）注册地金融机构监督管理制度完善；

（七）所在国（地区）经济状况良好；

（八）银监会规定的其他审慎性条件。

银监会根据金融业风险状况和监管需要，可以调整境外金融机构投资入股条件。

第十六条 单个境外金融机构对单个农村信用合作社投资入股比例不得超过 20%。多个境外金融机构投资入股比例合计不得超过 25%。

前款所称投资入股比例是指境外金融机构所持股份占农村信

用合作社的股份总额的比例。境外金融机构关联方的持股比例应当与境外金融机构合并计算。

第十七条　农村信用合作社设立应当经筹建和开业两个阶段。

设立农村信用合作社应当成立筹建工作小组，农村信用合作社发起人应当委托筹建工作小组作为申请人。

第十八条　中国银行业监督管理委员会监管分局（以下简称银监分局）辖区内农村信用合作社的筹建申请，由银监分局受理并初步审查，报中国银行业监督管理委员会监管局（以下简称银监局）审查并决定。银监局自收到完整申请材料之日起 4 个月内作出批准或者不批准的书面决定。

银监局所在城市的辖区内农村信用合作社的筹建申请，由银监局受理、审查并决定。银监局自受理之日起 4 个月内作出批准或者不批准的书面决定。

第十九条　农村信用合作社的筹建期为批准决定之日起 6 个月。如遇特殊情况，申请人应当在筹建期限届满前 1 个月内向银监局提交筹建延期申请。银监局在收到书面申请之日起 20 日内作出是否批准延期的决定，筹建延期的最长期限为 3 个月。

申请人应在前款规定的期限届满前提交开业申请，逾期未提交的，由决定机关办理筹建许可注销手续，收回筹建批准文件。

第二十条　银监分局辖区内农村信用合作社的开业申请，由银监分局受理并初步审查、银监局审查并决定。银监局自收到完整申请材料之日起 2 个月内作出核准或者不予核准的书面决定。

银监局所在城市的辖区内农村信用合作社的开业申请，由银监局受理、审查并决定。银监局自受理之日起 2 个月内作出核准或者不予核准的书面决定。

第二十一条　农村信用合作社应在收到开业核准文件并领取金融许可证后，到工商行政管理部门领取营业执照。

农村信用合作社自领取营业执照之日起 6 个月内应当开业。

如遇特殊情况，申请人应当在开业期限届满前 1 个月内向银监局提交开业延期申请。银监局在收到书面申请之日起 20 日内作出是否批准延期的决定，开业延期的最长期限为 3 个月。

农村信用合作社未在前款规定时限内开业的，由决定机关办理开业许可注销手续，收回开业核准文件和金融许可证，并予以公告。

第二节 县（市、区）农村信用合作社联合社设立

第二十二条 设立县（市、区）农村信用合作社联合社，应当符合以下条件：

（一）有符合银监会规定的章程；

（二）以发起方式设立且辖区内农村信用合作社不少于 8 家；

（三）注册资本最低限额为 100 万元人民币，且为实缴资本；

（四）有符合任职资格条件的理事和高级管理人员；

（五）主任和副主任的人数不少于 2 名；

（六）80％以上的从业人员有 1 年以上金融工作的经历或具有金融及相关专业中专以上的学历；

（七）有健全的组织机构和管理制度；

（八）有符合要求的营业场所、安全防范措施和与业务有关的其他设施。

第二十三条 设立县（市、区）农村信用合作社联合社，还应当符合以下审慎性条件：

（一）有良好的公司治理结构；

（二）有健全的风险管理体系，能有效控制关联交易风险；

（三）有科学有效的人力资源管理制度，有较高素质的专业人才；

（四）具备有效的资本约束和补充机制；

（五）没有地方人民政府财政资金入股；

（六）银监会规定的其他审慎性条件。

第二十四条 设立县（市、区）农村信用合作社联合社应当

有符合条件的发起人，发起人为辖区内农村信用合作社。

县（市、区）农村信用合作社联合社职工可以集中资金入股。

省（区、市）农村信用社联合社、地（市）农村信用合作社联合社不得向县（市、区）农村信用合作社联合社入股。

第二十五条　农村信用合作社作为发起人，应当符合以下条件：

（一）注册地位于拟设立县（市、区）农村信用合作社联合社辖区内；

（二）权益性投资余额不得超过其净资产的50％（含本次投资金额）；

（三）银监会规定的其他审慎性条件。

第二十六条　单个农村信用合作社持股不得低于5万股，投资入股比例不得超过20％。

第二十七条　入股县（市、区）农村信用合作社联合社的职工，应当符合以下条件：

（一）有完全民事行为能力；

（二）入股资金为自有资金且来源合法，不得以借贷资金入股，不得以他人委托资金入股；

（三）银监会规定的其他审慎性条件。

第二十八条　单个职工自然人投资入股比例不得超过2％，职工自然人合计投资入股比例不得超过25％。

第二十九条　县（市、区）农村信用合作社联合社设立应当经筹建和开业两个阶段。

设立县（市、区）农村信用合作社联合社应当成立筹建工作小组，县（市、区）农村信用合作社联合社发起人应当委托筹建工作小组作为申请人。

第三十条　银监分局辖区内县（市、区）农村信用合作社联合社的筹建申请，由银监分局受理并初步审查、银监局审查并决定。银监局自收到完整申请材料之日起 4 个月内作出批准或者不批准的书面决定。

银监局所在城市的辖区内县（市、区）农村信用合作社联合社的筹建申请，由银监局受理、审查并决定。银监局自受理之日起 4 个月内作出批准或者不批准的书面决定。

第三十一条 县（市、区）农村信用合作社联合社的筹建期为批准决定之日起 6 个月。如遇特殊情况，申请人应当在筹建期限届满前 1 个月内向银监局提交筹建延期申请。银监局在收到书面申请之日起 20 日内作出是否批准延期的决定，筹建延期的最长期限为 3 个月。

申请人应在前款规定的期限届满前提交开业申请，逾期未提交的，由决定机关办理筹建许可注销手续，收回筹建批准文件。

第三十二条 银监分局辖区内县（市、区）农村信用合作社联合社的开业申请，由银监分局受理并初步审查、银监局审查并决定。银监局自收到完整申请材料之日起 2 个月内作出核准或者不予核准的书面决定。

银监局所在城市的辖区内县（市、区）农村信用合作社联合社的开业申请，由银监局受理、审查并决定。银监局自受理之日起 2 个月内作出核准或者不予核准的书面决定。

第三十三条 县（市、区）农村信用合作社联合社应在收到开业核准文件并领取金融许可证后，到工商行政管理部门领取营业执照。

县（市、区）农村信用合作社联合社自领取营业执照之日起 6 个月内应当开业。如遇特殊情况，申请人应当在开业期限届满前 1 个月内向银监局提交开业延期申请。银监局在收到书面申请之日起 20 日内作出是否批准延期的决定，开业延期的最长期限为 3 个月。

县（市、区）农村信用合作社联合社未在前款规定时限内开业的，由决定机关办理开业许可注销手续，收回开业核准文件和金融许可证，并予以公告。

第三节　县（市、区）农村信用合作联社设立

第三十四条　设立县（市、区）农村信用合作联社，应当符合以下条件：

（一）有符合银监会规定的章程；

（二）以发起方式设立且发起人不少于1 000人；

（三）注册资本1 000万元人民币以上；

（四）有符合任职资格条件的理事和高级管理人员；

（五）主任和副主任的人数不少于2名；

（六）80％以上的从业人员有1年以上金融工作的经历或具有金融及相关专业中专以上的学历；

（七）有健全的组织机构和管理制度；

（八）有符合要求的营业场所、安全防范措施和与业务有关的其他设施。

银监局根据拟设县（市、区）农村信用合作联社所在地实际情况，可对前款第三项注册资本进行适当调整，但不得低于500万元人民币。

第三十五条　设立县（市、区）农村信用合作联社，还应当符合以下审慎性条件：

（一）有良好的公司治理结构；

（二）有健全的风险管理体系，能有效控制关联交易风险；

（三）有科学有效的人力资源管理制度，有较高素质的专业人才；

（四）具备有效的资本约束和补充机制；

（五）没有地方人民政府财政资金入股；

（六）银监会规定的其他审慎性条件。

以新设合并方式设立县（市、区）农村信用合作联社，同时还应当符合以下条件：

（一）农村信用合作社和县（市、区）农村信用合作社联合

社全部自愿参与；

（二）县（市、区）农村信用合作社联合社具有较强的管理能力；

（三）农村信用合作社和县（市、区）农村信用合作社联合社按合并财务报表测算，账面资能抵债；

（四）核心资本充足率不低于 2%，且在设立后能够不断提高。

第三十六条 设立县（市、区）农村信用合作联社应当有符合条件的发起人，发起人包括：自然人、境内非金融机构、境内金融机构、境外金融机构和银监会认可的其他发起人。

第三十七条 发起人应当符合本办法第九条、第十一条、第十二条、第十三条、第十四条、第十五条和第十六条的规定。

单个自然人投资入股比例不得超过 5‰，职工自然人合计投资入股比例不得超过 25%。

省（区、市）农村信用社联合社、地（市）农村信用合作社联合社不得向县（市、区）农村信用合作联社入股。

第三十八条 县（市、区）农村信用合作联社设立应当经筹建和开业两个阶段。

设立县（市、区）农村信用合作联社应当成立筹建工作小组，县（市、区）农村信用合作联社发起人应当委托筹建工作小组作为申请人。

第三十九条 银监分局辖区内县（市、区）农村信用合作联社的筹建申请，由银监分局受理并初步审查、银监局审查并决定。银监局自收到完整申请材料之日起 4 个月内作出批准或者不批准的书面决定。

银监局所在城市的辖区内县（市、区）农村信用合作联社的筹建申请，由银监局受理、审查并决定。银监局自受理之日起 4 个月内作出批准或者不批准的书面决定。

第四十条 县（市、区）农村信用合作联社的筹建期为批准决定之日起 6 个月。如遇特殊情况，申请人应当在筹建期限届满前 1 个月内向银监局提交筹建延期申请。银监局在收到书面申请之日起 20 日内作出是否批准延期的决定，筹建延期的最长期限为 3 个月。

申请人应在前款规定的期限届满前提交开业申请，逾期未提交的，由决定机关办理筹建许可注销手续，收回筹建批准文件。

第四十一条　银监分局辖区内县（市、区）农村信用合作联社的开业申请，由银监分局受理并初步审查、银监局审查并决定。银监局自收到完整申请材料之日起 2 个月内作出核准或者不予核准的书面决定。

银监局所在城市的辖区内县（市、区）农村信用合作联社的开业申请，由银监局受理、审查并决定。银监局自受理之日起 2 个月内作出核准或者不予核准的书面决定。

第四十二条　县（市、区）农村信用合作联社应在收到开业核准文件并领取金融许可证后，到工商行政管理部门领取营业执照。

县（市、区）农村信用合作联社自领取营业执照之日起 6 个月内应当开业。如遇特殊情况，申请人应当在开业期限届满前 1 个月内向银监局提交开业延期申请。银监局在收到书面申请之日起 20 日内作出是否批准延期的决定，开业延期的最长期限为 3 个月。

县（市、区）农村信用合作联社未在前款规定时限内开业的，由决定机关办理开业许可注销手续，收回开业核准文件和金融许可证，并予以公告。

第四节　省（区、市）农村信用社联合社设立

第四十三条　设立省（区、市）农村信用社联合社，应当符合以下条件：

（一）有符合银监会规定的章程；

（二）以发起方式设立；

（三）注册资本最低限额为500万元人民币，且为实缴资本；

（四）有符合任职资格条件的理事和高级管理人员；

（五）主任和副主任的人数不少于2名；

（六）80%以上的从业人员有1年以上金融工作的经历或具有金融及相关专业中专以上的学历；

（七）有健全的组织机构和管理制度；

（八）有符合要求的住所、消防设施和与业务有关的其他设施。

第四十四条 设立省（区、市）农村信用社联合社，还应当符合以下审慎性条件：

（一）有良好的公司治理结构；

（二）有科学有效的人力资源管理制度，有高素质的专业人才；

（三）具备有效的资本约束和补充机制；

（四）没有地方人民政府财政资金入股；

（五）银监会规定的其他审慎性条件。

第四十五条 设立省（区、市）农村信用社联合社应当有符合条件的发起人，发起人包括：辖区内县（市、区）农村信用合作社联合社、县（市、区）农村信用合作联社、地（市）农村信用合作社联合社和农村合作银行。农村商业银行在自愿的前提下可以作为省（区、市）农村信用社联合社发起人。

第四十六条 县（市、区）农村信用合作社联合社、县（市、区）农村信用合作联社、地（市）农村信用合作社联合社、农村合作银行和农村商业银行作为发起人，应当符合以下条件：

（一）注册地位于拟设立省（区、市）农村信用社联合社辖区内；

（二）权益性投资余额不得超过其净资产的50%（含本次投资金额，合并会计报表口径）；

（三）银监会规定的其他审慎性条件。

第四十七条　单个县（市、区）农村信用合作社联合社、县（市、区）农村信用合作联社、地（市）农村信用合作社联合社、农村合作银行和农村商业银行投资入股比例不得超过10%，入股金额不得超过其自身实收资本的30%。

第四十八条　省（区、市）农村信用社联合社设立应当经筹建和开业两个阶段。

信用社联合社发起人应当委托筹建工作小组作为申请人。

第四十九条　省（区、市）农村信用社联合社的筹建申请，由银监局受理并初步审查、银监会审查并决定。银监会自收到完整申请材料之日起4个月内作出批准或者不批准的书面决定。

第五十条　省（区、市）农村信用社联合社的筹建期为批准决定之日起6个月。如遇特殊情况，申请人应当在筹建期限届满前1个月内向银监会提交筹建延期申请。银监会在收到书面申请之日起20日内作出是否批准延期的决定，筹建延期的最长期限为3个月。

申请人应在前款规定的期限届满前提交开业申请，逾期未提交的，由决定机关办理筹建许可注销手续，收回筹建批准文件。

第五十一条　省（区、市）农村信用社联合社的开业申请，由银监局受理并初步审查、银监会审查并决定。银监会自收到完整申请材料之日起2个月内作出核准或者不予核准的书面决定。

第五十二条　省（区、市）农村信用社联合社应在收到开业核准文件并领取金融许可证后，到工商行政管理部门领取营业执照。

省（区、市）农村信用社联合社自领取营业执照之日起6个月内应当开业。如遇特殊情况，申请人应当在开业期限届满前1个月内向银监会提交开业延期申请。银监会在收到书面申请之日起20日内作出是否批准延期的决定，开业延期的最长期限为3个月。

省（区、市）农村信用社联合社未在前款规定时限内开业的，由决定机关办理开业许可注销手续，收回开业核准文件和金融许可证，并予以公告。

第五节　农村合作银行设立

第五十三条　设立农村合作银行，应当符合以下条件：

（一）有符合银监会规定的章程；

（二）以发起方式设立且发起人不少于1 000人；

（三）注册资本最低限额为2 000万元人民币；

（四）有符合任职资格条件的董事和高级管理人员；

（五）行长和副行长的人数不少于2名；

（六）80%以上的从业人员有1年以上金融工作的经历或具有金融及相关专业中专以上的学历；

（七）有健全的组织机构和管理制度；

（八）有符合要求的营业场所、安全防范措施和与业务有关的其他设施。

第五十四条　设立农村合作银行，还应当符合以下审慎性条件：

（一）有良好的公司治理结构；

（二）有健全的风险管理体系，能有效控制关联交易风险；

（三）有科学有效的人力资源管理制度，有较高素质的专业人才；

（四）具备有效的资本约束和补充机制；

（五）没有地方人民政府财政资金入股；

（六）在农村信用合作社联合社和农村信用合作社或农村信用合作联社基础上改制设立；

（七）设立前农村信用合作社联合社按合并财务报表测算不良贷款比率（五级分类）低于15%或农村信用合作联社不良贷款比率（五级分类）低于15%；

（八）核心资本充足率不低于4%，资本充足率不低于8%；

（九）投资股占股本总额的比例不低于60%；

（十）所有者权益大于等于股本；

（十一）有股东代表大会确定的符合当地实际情况的支农贷款发放比例和规模；

（十二）银监会规定的其他审慎性条件。

第五十五条　设立农村合作银行应当有符合条件的发起人，发起人包括：自然人、境内非金融机构、境内金融机构、境外金融机构和银监会认可的其他发起人。

第五十六条　发起人须符合本办法第九条、第十一条、第十三条、第十四条、第十五条和第十六条规定。

单个自然人投资入股比例不得超过5‰；职工自然人合计投资入股比例不得超过25%。

单个境内非金融机构及其关联方合计投资入股比例不得超过10%。

省（区、市）农村信用社联合社、地（市）农村信用合作社联合社不得向农村合作银行入股。

第五十七条　农村合作银行设立应当经筹建和开业两个阶段。

设立农村合作银行应当成立筹建工作小组，农村合作银行发起人应当委托筹建工作小组作为申请人。

第五十八条　农村合作银行的筹建申请，由银监局受理并初步审查、银监会审查并决定。银监会自收到完整申请材料之日起4个月内作出批准或者不批准的书面决定。

第五十九条　农村合作银行的筹建期为批准决定之日起6个月。如遇特殊情况，申请人应当在筹建期限届满前1个月内向银监会提交筹建延期申请。银监会在收到书面申请之日起20日内作出是否批准延期的决定，筹建延期的最长期限为3个月。

申请人应在前款规定的期限届满前提交开业申请，逾期未提交的，由决定机关办理筹建许可注销手续，收回筹建批准文件。

第六十条　农村合作银行的开业申请，由银监局受理并初步审查、银监会审查并决定。银监会自收到完整申请材料之日起 2 个月内作出核准或者不予核准的书面决定。

第六十一条 农村合作银行应在收到开业核准文件并领取金融许可证后，到工商行政管理部门领取营业执照。

农村合作银行自领取营业执照之日起 6 个月内应当开业。如遇特殊情况，申请人应当在开业期限届满前 1 个月内向银监会提交开业延期申请。银监会在收到书面申请之日起 20 日内作出是否批准延期的决定，开业延期的最长期限为 3 个月。

农村合作银行未在前款规定时限内开业的，由决定机关办理开业许可注销手续，收回开业核准文件和金融许可证，并予以公告。

第六节　农村商业银行设立

第六十二条 设立农村商业银行，应当符合以下条件：

（一）有符合《中华人民共和国公司法》、《中华人民共和国商业银行法》及银监会规定的章程；

（二）注册资本最低限额为 5 000 万元人民币；

（三）有符合任职资格条件的董事、高级管理人员；

（四）行长和副行长的人数不少于 2 名；

（五）80%以上的从业人员有 1 年以上金融工作的经历或具有金融及相关专业中专以上的学历；

（六）有健全的组织机构和管理制度；

（七）有符合要求的营业场所、安全防范措施和与业务有关的其他设施。

第六十三条 设立农村商业银行，还应当符合以下审慎性条件：

（一）有良好的公司治理结构；

（二）有健全的风险管理体系，能有效控制关联交易风险；

（三）有科学有效的人力资源管理制度，有较高素质的专业人才；

（四）具备有效的资本约束和补充机制；

（五）没有地方人民政府财政资金入股；

（六）在农村信用合作社联合社和农村信用合作社或农村信用合作联社或农村合作银行基础上改制设立；

（七）设立前农村信用合作社联合社按合并财务报表测算总资产10亿元以上，不良贷款比率（五级分类）低于15%，或农村信用合作联社或农村合作银行总资产10亿元以上，不良贷款比率（五级分类）低于15%；

（八）核心资本充足率不低于4%，资本充足率不低于8%；

（九）所有者权益大于等于股本；

（十）有股东大会确定的符合当地实际情况的支农贷款发放比例和规模；

（十一）银监会规定的其他审慎性条件。

第六十四条　设立农村商业银行应当有符合条件的发起人，发起人包括：自然人、境内非金融机构、境内金融机构、境外金融机构和银监会认可的其他发起人。

第六十五条　发起人须符合本办法第九条、第十一条、第十三条、第十四条、第十五条和第十六条规定。

单个自然人投资入股比例不得超过5‰；职工自然人合计投资入股比例不得超过25%。

单个境内非金融机构及其关联方合计投资入股比例不得超过10%。

省（区、市）农村信用社联合社、地（市）农村信用合作社联合社不得向农村商业银行入股。

第六十六条　农村商业银行设立应当经筹建和开业两个阶段。

设立农村商业银行应当成立筹建工作小组，农村商业银行发起人应当委托筹建工作小组作为申请人。

第六十七条　农村商业银行的筹建申请，由银监局受理并初步审查、银监会审查并决定。银监会自收到完整申请材料之日起4个月内作出批准或者不批准的书面决定。

第六十八条 农村商业银行的筹建期为批准决定之日起6个月。如遇特殊情况，申请人应当在筹建期限届满前1个月内向银监会提交筹建延期申请。银监会在收到书面申请之日起20日内作出是否批准延期的决定，筹建延期的最长期限为3个月。

申请人应在前款规定的期限届满前提交开业申请，逾期未提交的，由决定机关办理筹建许可注销手续，收回筹建批准文件。

第六十九条 农村商业银行的开业申请，由银监局受理并初步审查、银监会审查并决定。银监会自收到完整申请材料之日起2个月内作出核准或者不予核准的书面决定。

第七十条 农村商业银行应在收到开业核准文件并领取金融许可证后，到工商行政管理部门领取营业执照。

农村商业银行自领取营业执照之日起6个月内应当开业。如遇特殊情况，申请人应当在开业期限届满前1个月内向银监会提交开业延期申请。银监会在收到书面申请之日起20日内作出是否批准延期的决定，开业延期的最长期限为3个月。

农村商业银行未在前款规定时限内开业的，由决定机关办理开业许可注销手续，收回开业核准文件和金融许可证，并予以公告。

第三章 非法人机构设立

第一节 农村信用合作社、县（市、区）

农村信用合作联社分社设立

第七十一条 农村信用合作社、县（市、区）农村信用合作社联合社、县（市、区）农村信用合作联社设立分社，应当符合以下条件：

（一）当地社区对金融服务有需求；

（二）农村信用合作社、县（市、区）农村信用合作社联合社、县（市、区）农村信用合作联社内部控制制度健全有效，最近 2 年无违法、严重违规行为和重大案件发生；

（三）农村信用合作社、县（市、区）农村信用合作社联合社、县（市、区）农村信用合作联社资产质量较好；

（四）农村信用合作社、县（市、区）农村信用合作社联合社、县（市、区）农村信用合作联社设立分社应当按照规定拨付与其经营规模相适应的营运资金，拨付各分支机构营运资金额的总和不得超过资本金总额的 60％；

（五）营运资金不低于 30 万元人民币；

（六）农村信用合作社、县（市、区）农村信用合作社联合社、县（市、区）农村信用合作联社资本充足率不低于 2％；

（七）80％以上的从业人员有 1 年以上金融工作的经历；

（八）有符合要求的营业场所、安全防范措施和与业务有关的其他设施；

（九）银监会规定的其他审慎性条件。

第七十二条　分社设立应当经筹建和开业两个阶段。

第七十三条　银监分局辖区内分社的筹建申请，由农村信用合作社、县（市、区）农村信用合作社联合社、县（市、区）农村信用合作联社提交，银监分局受理、审查并决定。银监分局自受理之日起 2 个月内作出批准或者不批准的书面决定。

银监局所在城市的辖区内分社的筹建申请，由农村信用合作社、县（市、区）农村信用合作社联合社、县（市、区）农村信用合作联社提交，银监局受理、审查并决定。银监局自受理之日起 2 个月内作出批准或者不批准的书面决定。

第七十四条　分社的筹建期为批准决定之日起 6 个月。如遇特殊情况，农村信用合作社、县（市、区）农村信用合作社联合社、县（市、区）农村信用合作联社应当在筹建期限届满前 1 个月内向决定机关提交筹建延期申请。决定机关在收到书面申请之日起 20 日内作出是否批准延期的决定，筹建延期的最长期限为

3个月。

农村信用合作社、县（市、区）农村信用合作社联合社、县（市、区）农村信用合作联社应在前款规定的期限届满前提交开业申请，逾期未提交的，由决定机关办理筹建许可注销手续，收回筹建批准文件。

第七十五条 银监分局辖区内分社的开业申请，由农村信用合作社、县（市、区）农村信用合作社联合社、县（市、区）农村信用合作联社提交，银监分局受理、审查并决定。银监分局自受理之日起2个月内作出核准或者不予核准的书面决定。

银监局所在城市的辖区内分社的开业申请，由农村信用合作社、县（市、区）农村信用合作社联合社、县（市、区）农村信用合作联社提交，银监局受理、审查并决定。银监局自受理之日起2个月内作出核准或者不予核准的书面决定。

第七十六条 农村信用合作社、县（市、区）农村信用合作社联合社、县（市、区）农村信用合作联社应在收到开业核准文件并领取金融许可证后，到工商行政管理部门领取营业执照。

分社自领取营业执照之日起6个月内应当开业。如遇特殊情况，农村信用合作社、县（市、区）农村信用合作社联合社、县（市、区）农村信用合作联社应当在开业期限届满前1个月内向决定机关提交开业延期申请。决定机关在收到书面申请之日起20日内作出是否批准延期的决定，开业延期的最长期限为3个月。

分社未在前款规定时限内开业的，由决定机关办理开业许可注销手续，收回开业核准文件和金融许可证，并予以公告。

第二节　县（市、区）农村信用合作联社信用社设立

第七十七条 县（市、区）农村信用合作联社设立信用社，应当符合以下条件：

（一）当地社区对金融服务有需求；

（二）县（市、区）农村信用合作联社设立信用社应当按照

规定拨付与其经营规模相适应的营运资金，拨付各分支机构营运资金额的总和不得超过资本金总额的60%；

（三）县（市、区）农村信用合作联社内部控制制度健全有效，最近2年无违法、严重违规行为和重大案件发生；

（四）县（市、区）农村信用合作联社资产质量良好；

（五）县（市、区）农村信用合作联社资本充足率不低于4%；

（六）营运资金不低于100万元人民币；

（七）有符合任职资格条件的高级管理人员；

（八）主任和副主任的人数不少于2名；

（九）80%以上的从业人员有1年以上金融工作的经历；

（十）有符合要求的营业场所、安全防范措施和与业务有关的其他设施；

（十一）银监会规定的其他审慎性条件。

银监局根据拟设县（市、区）农村信用合作联社信用社所在地实际情况，可对前款第六项营运资金最低限额进行适当调整，但不得低于50万元人民币。

第七十八条　县（市、区）农村信用合作联社信用社设立应当经筹建和开业两个阶段。

第七十九条　银监分局辖区内县（市、区）农村信用合作联社信用社的筹建申请，由县（市、区）农村信用合作联社提交，银监分局受理、审查并决定。银监分局自受理之日起2个月内作出批准或者不批准的书面决定。

银监局所在城市的辖区内县（市、区）农村信用合作联社信用社的筹建申请，由县（市、区）农村信用合作联社提交，银监局受理、审查并决定。银监局自受理之日起2个月内作出批准或者不批准的书面决定。

第八十条　县（市、区）农村信用合作联社信用社的筹建期为批准决定之日起6个月。如遇特殊情况，县（市、区）农村信用合作联社应当在筹建期限届满前1个月内向决定机关提交筹建延期申请。决定机关在收到书面申请之日起20日内作出是否批准延期的决定，筹建延期的最长期限为3个月。

县（市、区）农村信用合作联社应在前款规定的期限届满前提交开业申请，逾期未提交的，由决定机关办理筹建许可注销手续，收回筹建批准文件。

第八十一条 银监分局辖区内县（市、区）农村信用合作联社信用社的开业申请，由县（市、区）农村信用合作联社提交，银监分局受理、审查并决定。银监分局自受理之日起2个月内作出核准或者不予核准的书面决定。

银监局所在城市的辖区内县（市、区）农村信用合作联社信用社的开业申请，由县（市、区）农村信用合作联社提交，银监局受理、审查并决定。银监局自受理之日起2个月内作出核准或者不予核准的书面决定。

第八十二条 县（市、区）农村信用合作联社应在收到开业核准文件并领取金融许可证后，到工商行政管理部门领取营业执照。

县（市、区）农村信用合作联社信用社自领取营业执照之日起6个月内应当开业。如遇特殊情况，县（市、区）农村信用合作联社应当在开业期限届满前1个月内向决定机关提交开业延期申请。决定机关在收到书面申请之日起20日内作出是否批准延期的决定，开业延期的最长期限为3个月。

县（市、区）农村信用合作联社信用社未在规定时限内开业的，由决定机关办理开业许可注销手续，收回开业核准文件和金融许可证，并予以公告。

第三节　省（区、市）农村信用社联合社办事处设立

第八十三条 省（区、市）农村信用社联合社设立办事处，应当符合以下条件：

（一）符合高效低成本的原则；

（二）有符合任职资格条件的高级管理人员；

（三）主任和副主任的人数不少于 2 名；

（四）80％以上的从业人员有 1 年以上金融工作的经历或有金融及相关专业中专以上的学历；

（五）有符合要求的办公场所；

（六）银监会规定的其他审慎性条件。

第八十四条　设立省（区、市）农村信用社联合社办事处的申请，由省（区、市）农村信用社联合社提交，银监局受理、审查并决定。银监局自受理之日起 3 个月内作出批准或者不批准的书面决定。

第八十五条　自银监局批准之日起 3 个月内，省（区、市）农村信用社联合社办事处应当设立。

省（区、市）农村信用社联合社办事处未在规定时限内设立的，由决定机关办理设立许可注销手续，收回设立核准文件，并予以公告。

第四节　农村合作银行、农村商业银行支行设立

第八十六条　农村合作银行、农村商业银行设立支行，应当符合以下条件：

（一）当地社区对金融服务有需求；

（二）农村合作银行、农村商业银行设立支行应当按照规定拨付与其经营规模相适应的营运资金，拨付各分支机构营运资金额的总和不得超过资本金总额的 60％；

（三）营运资金不低于 100 万元人民币；

（四）农村合作银行、农村商业银行内部控制制度健全有效，最近 2 年无违法、严重违规行为和重大案件发生；

（五）农村合作银行、农村商业银行资产质量良好，不良贷款比例 15％以下；

（六）农村合作银行、农村商业银行资本充足率不低于 8％；

（七）有符合任职资格条件的高级管理人员；

（八）行长和副行长的人数不少于 2 名；

（九）80%以上的从业人员有 1 年以上金融工作的经历；

（十）有符合要求的营业场所、安全防范措施和与业务有关的其他设施；

（十一）银监会规定的其他审慎性条件。

第八十七条 支行设立应当经筹建和开业两个阶段。

第八十八条 银监分局辖区内支行的筹建，由农村合作银行、农村商业银行提交申请，银监分局受理并初步审查、银监局审查并决定。银监局自收到完整申请材料之日起 2 个月内作出批准或者不批准的书面决定。

银监局所在城市的辖区内支行的筹建，由农村合作银行、农村商业银行提交申请，银监局受理、审查并决定。银监局自受理之日起 2 个月内作出批准或者不批准的书面决定。

第八十九条 支行的筹建期为批准决定之日起 6 个月。如遇特殊情况，农村合作银行、农村商业银行应当在筹建期限届满前 1 个月内向决定机关提交筹建延期申请。决定机关在收到书面申请之日起 20 日内作出是否批准延期的决定，筹建延期的最长期限为 3 个月。

农村合作银行、农村商业银行应在前款规定的期限届满前提交开业申请，逾期未提交的，由决定机关办理筹建许可注销手续，收回筹建批准文件。

第九十条 银监分局辖区内支行的开业，由农村合作银行、农村商业银行提交申请，银监分局受理并初步审查、银监局审查并决定。银监局自收到完整申请材料之日起 2 个月内作出核准或者不予核准的书面决定。

银监局所在城市的辖区内支行的开业，由农村合作银行、农村商业银行提交申请，银监局受理、审查并决定。银监局自受理之日起 2 个月内作出核准或者不予核准的书面决定。

第九十一条 农村合作银行、农村商业银行应在收到开业核准文件并领取金融许可证后，到工商行政管理部门领取营业执照。

支行自领取营业执照之日起 6 个月内应当开业。如遇特殊情况，农村合作银行、农村商业银行应当在开业期限届满前 1 个月内向决定机关提交开业延期申请。决定机关在收到书面申请之日起 20 日内作出是否批准延期的决定，开业延期的最长期限为 3 个月。

支行未在规定时限内开业的，由决定机关办理开业许可注销手续，收回开业核准文件和金融许可证，并予以公告。

第五节　农村合作银行、农村商业银行分理处设立

第九十二条　农村合作银行、农村商业银行设立分理处，应当符合以下条件：

（一）当地社区对金融服务有需求；

（二）农村合作银行、农村商业银行内部控制制度健全有效，最近 2 年无严重违法、违规行为和重大案件发生；

（三）农村合作银行、农村商业银行设立分理处应当按照规定拨付与其经营规模相适应的营运资金，拨付各分支机构营运资金额的总和不得超过资本金总额的 60%；

（四）农村合作银行、农村商业银行资本充足率不低于 8%；

（五）营运资金不低于 50 万元人民币；

（六）80%以上的从业人员有 1 年以上金融工作的经历；

（七）有符合要求的营业场所、安全防范措施和与业务有关的其他设施；

（八）银监会规定的其他审慎性条件。

第九十三条　分理处设立应当经筹建和开业两个阶段。

第九十四条　银监分局辖区内分理处的筹建，由农村合作银行、农村商业银行提交申请，银监分局受理、审查并决定。银监分局自受理之日起 2 个月内作出批准或者不批准的书面决定。

银监局所在城市的辖区内分理处的筹建，由农村合作银行、

农村商业银行提交申请，银监局受理、审查并决定。银监局自受理之日起2个月内作出批准或者不批准的书面决定。

第九十五条 分理处的筹建期为批准决定之日起6个月。如遇特殊情况，农村合作银行、农村商业银行应当在筹建期限届满前1个月内向决定机关提交筹建延期申请。决定机关在收到书面申请之日起20日内作出是否批准延期的决定，筹建延期的最长期限为3个月。

农村合作银行、农村商业银行应在前款规定的期限届满前提交开业申请，逾期未提交的，由决定机关办理筹建许可注销手续，收回筹建批准文件。

第九十六条 银监分局辖区内分理处的开业，由农村合作银行、农村商业银行提交申请，银监分局受理、审查并决定。银监分局自受理之日起2个月内作出核准或者不予核准的书面决定。

银监局所在城市的辖区内分理处的开业，由农村合作银行、农村商业银行提交申请，银监局受理、审查并决定。银监局自受理之日起2个月内作出核准或者不予核准的书面决定。

第九十七条 农村合作银行、农村商业银行应在收到开业核准文件并领取金融许可证后，到工商行政管理部门领取营业执照。

分理处自领取营业执照之日起6个月内应当开业。如遇特殊情况，农村合作银行、农村商业银行应当在开业期限届满前1个月内向决定机关提交开业延期申请。决定机关在收到书面申请之日起20日内作出是否批准延期的决定，开业延期的最长期限为3个月。

分理处未在规定时限内开业的，由决定机关办理开业许可注销手续，收回开业核准文件和金融许可证，并予以公告。

第六节 合作金融机构储蓄所设立

第九十八条 农村信用合作社、县（市、区）农村信用合作社联合社、县（市、区）农村信用合作联社、农村合作银行和农村商业银行设立储蓄所，应当符合以下条件：

（一）当地社区对金融服务有需求；

（二）农村信用合作社、县（市、区）农村信用合作社联合社、县（市、区）农村信用合作联社、农村合作银行和农村商业银行内部控制制度健全有效，最近2年无违法、严重违规行为和重大案件发生；

（三）80％以上的从业人员有1年以上金融工作的经历；

（四）有符合要求的营业场所、安全防范措施和与业务有关的其他设施；

（五）银监会规定的其他审慎性条件。

省（区、市）农村信用社联合社和地（市）农村信用合作社联合社不得设立储蓄所。

第九十九条　储蓄所设立应当经筹建和开业两个阶段。

第一百条　银监分局辖区内储蓄所的筹建，由农村信用合作社、县（市、区）农村信用合作社联合社、县（市、区）农村信用合作联社、农村合作银行和农村商业银行提交申请，银监分局受理、审查并决定。银监分局自受理之日起2个月内作出批准或者不批准的书面决定。

银监局所在城市的辖区内储蓄所的筹建，由农村信用合作社、县（市、区）农村信用合作社联合社、县（市、区）农村信用合作联社、农村合作银行和农村商业银行提交申请，银监局受理、审查并决定。银监局自受理之日起2个月内作出批准或者不批准的书面决定。

第一百零一条　储蓄所的筹建期为批准决定之日起6个月。如遇特殊情况，农村信用合作社、县（市、区）农村信用合作社联合社、县（市、区）农村信用合作联社、农村合作银行和农村商业银行应当在筹建期限届满前1个月内向决定机关提交筹建延期申请。决定机关在收到书面申请之日起20日内作出是否批准延期的决定，筹建延期的最长期限为3个月。

农村信用合作社、县（市、区）农村信用合作社联合社、县

（市、区）农村信用合作联社、农村合作银行和农村商业银行应在前款规定的期限届满前提交开业申请，逾期未提交的，由决定机关办理筹建许可注销手续，收回筹建批准文件。

第一百零二条 银监分局辖区内储蓄所的开业，由农村信用合作社、县（市、区）农村信用合作社联合社、县（市、区）农村信用合作联社、农村合作银行和农村商业银行提交申请，银监分局受理、审查并决定。银监分局自受理之日起 2 个月内作出核准或者不予核准的书面决定。

银监局所在城市的辖区内储蓄所的开业，由农村信用合作社、县（市、区）农村信用合作社联合社、县（市、区）农村信用合作联社、农村合作银行和农村商业银行提交申请，银监局受理、审查并决定。银监局自受理之日起 2 个月内作出核准或者不予核准的书面决定。

第一百零三条 农村信用合作社、县（市、区）农村信用合作社联合社、县（市、区）农村信用合作联社、农村合作银行和农村商业银行应在收到开业核准文件并领取金融许可证后，到工商行政管理部门领取营业执照。

储蓄所自领取营业执照之日起 6 个月内应当开业。如遇特殊情况，农村信用合作社、县（市、区）农村信用合作社联合社、县（市、区）农村信用合作联社、农村合作银行和农村商业银行应当在开业期限届满前 1 个月内向决定机关提交开业延期申请。决定机关在收到书面申请之日起 20 日内作出是否批准延期的决定，开业延期的最长期限为 3 个月。

储蓄所未在规定时限内开业的，由决定机关办理开业许可注销手续，收回开业核准文件和金融许可证，并予以公告。

第七节　合作金融机构自助银行设立

第一百零四条 自助银行是指农村信用合作社、县（市、区）农村信用合作社联合社、县（市、区）农村信用合作联社、农村合作银行和农村商业银行在其已有营业场所以外设立、具有独立营业场所，提供存取款、贷款、转账、货币兑换和查询等金融服务功能的无人营业网点，但在商场、酒店、企事业单位等建筑物内放置的仅提供取款、转账、查询服务的自动取款机除外。

设立自助银行，应符合以下条件：

（一）农村信用合作社、县（市、区）农村信用合作社联合社、县（市、区）农村信用合作联社、农村合作银行和农村商业银行具有健全的规章制度，内部控制能力较强，最近 2 年无违法、严重违规行为和重大案件；

（二）有开展自助银行服务的技术和人员；

（三）有符合要求的营业场所、安全防范措施和与业务有关的其他设施；

（四）银监会规定的其他审慎性条件。

省（区、市）农村信用社联合社和地（市）农村信用合作社联合社不得设立自助银行。

第一百零五条　银监分局辖区内自助银行的设立，由农村信用合作社、县（市、区）农村信用合作社联合社、县（市、区）农村信用合作联社、农村合作银行和农村商业银行提交申请，由银监分局受理、审查并决定。银监分局自受理之日起 2 个月内作出批准或者不批准的书面决定。

银监局所在城市的辖区内自助银行的设立，由农村信用合作社、县（市、区）农村信用合作社联合社、县（市、区）农村信用合作联社、农村合作银行和农村商业银行提交申请，由银监局受理、审查并决定。银监局自受理之日起 2 个月内作出批准或者不批准的书面决定。

第一百零六条　自助银行自批准之日起 3 个月内应当开业，如遇特殊情况，自助银行应当在设立期限届满前 1 个月内向决定机关提交开业延期申请。决定机关在收到书面申请之日起 20 日内作出是否批准延期的决定，开业延期的最长期限为 3 个月。自助银行未在规定时限内开业的，由决定机关办理设立许可注销手续，收回设立核准文件和金融许可证，并予以公告。

自助银行设立后，农村信用合作社、县（市、区）农村信用合作社联合社、县（市、区）农村信用合作联社、农村合作银行和农村商业银行应及时向决定机关报告自助银行运营、内控管理和设施等情况。

第四章　机构变更

第一节　法人机构变更

第一百零七条　法人机构变更包括：变更名称，变更住所，变更组织形式，变更股权，变更注册资本，修改章程，分立，合并，收购和临时停业等。

第一百零八条　法人机构变更名称，名称中应当标明“信用合作社”、“联合社”、“联社”、“农村合作银行”和“农村商业银行”等机构种类的字样，并符合唯一性和商誉保护原则。

第一百零九条　银监分局辖区内农村信用合作社、县（市、区）农村信用合作社联合社和县（市、区）农村信用合作联社变更名称，由银监分局受理、审查并决定。银监分局自受理之日起3个月内作出批准或者不批准的书面决定。

银监分局辖区内地（市）农村信用合作社联合社、农村合作银行和农村商业银行变更名称由银监分局受理并初步审查、银监局审查并决定。银监局自收到完整申请材料之日起3个月内作出批准或者不批准的书面决定。

银监局所在城市的辖区内农村信用合作社、县（市、区）农村信用合作社联合社、县（市、区）农村信用合作联社、地（市）农村信用合作社联合社、农村合作银行和农村商业银行变更名称，由银监局受理、审查并决定。银监局自受理之日起3个月内作出批准或者不批准的书面决定。

省（区、市）农村信用社联合社变更名称由银监局受理并初步审查、银监会审查并决定。银监会自收到完整申请材料之日起3个月内作出批准或者不批准的书面决定。

第一百一十条　法人机构变更住所，应当有符合要求的营业场所、安全防范措施和与业务有关的其他设施。

法人机构变更住所行政许可权限和期限适用于本办法第一百零九条的规定。

第一百一十一条　农村信用合作社、县（市、区）农村信用合作社联合社、县（市、区）农村信用合作联社、地（市）农村信用合作社联合社和省（区、市）农村信用社联合社变更组织形式，改制为农村合作银行或农村商业银行，应按照农村合作银行、农村商业银行设立的条件和程序申请行政许可。

农村合作银行改制为农村商业银行，应按照农村商业银行设立的条件和程序申请行政许可。

其他金融机构变更组织形式改制为农村信用社，应按照农村信用社设立的条件和程序申请行政许可。

第一百一十二条　农村信用合作社、县（市、区）农村信用合作联社、农村合作银行和农村商业银行股权变更（不变更注册资本），其社员（股东）资格条件同本办法第九条、第十一条和第十三条规定的发起人入股条件。

农村信用合作社、县（市、区）农村信用合作联社、农村合作银行和农村商业银行变更持有资本总额或股份总额5%及以上的社员（股东）须经审批。

银监分局辖区内农村信用合作社、县（市、区）农村信用合作联社变更持有资本总额或股份总额5%及以上的社员，由银监分局受理、审查并决定。银监分局自受理之日起3个月内作出批准或者不批准的书面决定。

银监分局辖区内农村合作银行和农村商业银行变更持有资本总额或股份总额5%及以上的股东由银监分局受理并初步审查、

银监局审查并决定。银监局自收到完整申请材料之日起3个月内作出批准或者不批准的书面决定。

银监局所在城市的辖区内的农村信用合作社、县（市、区）农村信用合作联社、农村合作银行和农村商业银行变更持有资本总额或股份总额5%及以上的社员（股东），由银监局受理、审查并决定。银监局自受理之日起3个月内作出批准或者不批准的书面决定。

第一百一十三条 县（市、区）农村信用合作社联合社、地（市）农村信用合作社联合社、省（区、市）农村信用社联合社变更股权应符合以下条件：

（一）县（市、区）农村信用合作社联合社转让股权应符合本办法第三十七条规定；

（二）地（市）农村信用合作社联合社转让股权，单个县（市、区）农村信用合作社联合社、县（市、区）农村信用合作联社、农村合作银行和农村商业银行持股比例不得超过10%，入股金额不得超过其自身实收资本的50%；

（三）省（区、市）农村信用社联合社转让股权应符合本办法第四十七条规定。

银监分局辖区内县（市、区）农村信用合作社联合社变更持有资本总额或股份总额5%及以上的社员（农村信用合作社之间转让股权），由银监分局受理、审查并决定。银监分局自受理之日起3个月内作出批准或者不批准的书面决定。

银监分局辖区内地（市）农村信用合作社联合社变更持有资本总额或股份总额5%及以上的社员，由银监分局受理并初步审查、银监局审查并决定。银监局自收到完整申请材料之日起3个月内作出批准或者不批准的书面决定。

银监局所在城市的辖区内的县（市、区）农村信用合作社联合社、地（市）农村信用合作社联合社变更持有资本总额或股份总额5%及以上的社员（农村信用合作社之间转让股权），由银监局受理、审查并决定。银监局自受理之日起 3 个月内作出批准或者不批准的书面决定。

省（区、市）农村信用社联合社变更持有资本总额或股份总额 5%及以上的社员由银监局受理并初步审查、银监会审查并决定。银监会自收到完整申请材料之日起 3 个月内作出批准或者不批准的书面决定。

第一百一十四条 向境外金融机构转让股权应符合本办法第十五条和第十六条规定的发起人入股条件。

向境外金融机构转让股权由银监局受理并初步审查、银监会审查并决定。银监会自收到完整申请材料之日起 3 个月内作出批准或者不批准的书面决定。

第一百一十五条 公积金或利润转增注册资本行政许可权限和期限适用于本办法第一百零九条的规定。

第一百一十六条 法人机构通过配股方式变更注册资本的，在变更注册资本前还应经过配股方案审批。

配股后的社员（股东）资格和股本结构应符合本办法第九条、第十条、第十一条、第十二条、第十三条、第十四条、第十五条、第十六条、第三十七条和第四十七条规定的条件。

配股方案审批和变更注册资本的行政许可权限和期限适用于本办法第一百零九条的规定。

第一百一十七条 法人机构通过募集新股的方式变更注册资本的，在变更注册资本前还应经过募股方案审批。

募集新股后的社员（股东）资格和股本结构应符合本办法第九条、第十条、第十一条、第十二条、第十三条、第十四条、第十五条、第十六条、第三十七条和第四十七条规定的条件。

募股方案审批和变更注册资本的行政许可权限和期限适用于本办法第一百零九条的规定。

境内外上市或涉及境外金融机构投资入股的，由银监局受理并初步审查、银监会审查并决定。银监会自收到完整申请材料之日起 3 个月内作出批准或者不批准的书面决定。

第一百一十八条 法人机构减少注册资本的，在变更注册资本前还应经过减少注册资本方案审批。

减少注册资本应符合下列条件：

（一）变更注册资本后应当符合最低注册资本的要求；

（二）变更注册资本后资本充足率等监管指标符合审慎经营规则；

（三）变更注册资本后社员（股东）资格和股本结构应符合本办法第九条、第十条、第十一条、第十二条、第十三条、第十四条、第十五条、第十六条、第三十七条和第四十七条规定的条件；

（四）上年亏损不得减少注册资本；

（五）符合法定程序。

减少注册资本方案审批和变更注册资本的行政许可权限和期限适用于本办法第一百零九条的规定。

第一百一十九条 法人机构修改章程行政许可权限和期限适用于本办法第一百零九条的规定。

法人机构名称、住所、股权、注册资本经银监会及其派出机构批准变更后，涉及修改章程内容的，法人机构应当在决定机关作出批准决定 3 个月之内，将修改后的章程报决定机关备案。

第一百二十条 法人机构存续分立应当具备下列条件：

（一）农村信用合作社、县（市、区）农村信用合作社联合社、县（市、区）农村信用合作联社、地（市）农村信用合作社联合社、省（区、市）农村信用社联合社和农村合作银行存续分立应当参照《中华人民共和国公司法》等有关规定；

（二）农村商业银行存续分立应当符合《中华人民共和国公司法》等有关规定；

（三）存续分立后应当符合最低注册资本的要求；

（四）存续分立后资本充足率等监管指标符合审慎经营规则；

（五）存续分立后社员（股东）资格和数量、股本结构应符合本办法第九条、第十条、第十一条、第十二条、第十三条、第十四条、第十五条、第十六条、第三十七条和第四十七条规定的条件；

（六）符合设立法人机构的其他条件。

银监分局辖区内农村信用合作社、县（市、区）农村信用合作社联合社和县（市、区）农村信用合作联社的存续分立由银监分局受理并初步审查、银监局审查并决定。银监局自收到完整申请材料之日起 3 个月内作出批准或者不批准的书面决定。

银监局所在城市的辖区内的农村信用合作社、县（市、区）农村信用合作社联合社和县（市、区）农村信用合作联社的存续分立，由银监局受理、审查并决定。银监局自受理之日起 3 个月内作出批准或者不批准的书面决定。

地（市）农村信用合作社联合社、省（区、市）农村信用社联合社的存续分立由银监局受理并初步审查、银监会审查并决定。银监会自收到完整申请材料之日起 3 个月内作出批准或者不批准的书面决定。

农村合作银行和农村商业银行的存续分立由银监局受理并初步审查、银监会审查并决定。银监会自收到完整申请材料之日起 3 个月内作出批准或者不批准的书面决定。

农村信用合作社、县（市、区）农村信用合作社联合社、县（市、区）农村信用合作联社、地（市）农村信用合作社联合社、省（区、市）农村信用社联合社和农村合作银行存续分立经批准后，承继方发生变更的，应按照变更事项的条件和程序申请行政许可；新设方应按照法人机构的开业条件和程序申请行政许可，所属非法人机构可以一次性更名为新设机构的非法人机构。

农村商业银行在分立公告期限届满后，承继方发生变更的，应按照变更事项的条件和程序申请行政许可；新设方应按照法人机构的开业条件和程序申请行政许可，所属非法人机构可以一次性更名为新设机构的非法人机构。

第一百二十一条 法人机构新设分立应当具备下列条件：

（一）农村信用合作社、县（市、区）农村信用合作社联合社、县（市、区）农村信用合作联社、地（市）农村信用合作社联合社、省（区、市）农村信用社联合社和农村合作银行新设分立应当参照《中华人民共和国公司法》等有关规定；

（二）农村商业银行新设分立应当符合《中华人民共和国公司法》等有关规定；

（三）新设分立后应当符合最低注册资本的要求；

（四）新设分立后资本充足率等监管指标符合审慎经营规则；

（五）新设分立后社员（股东）资格和数量、股本结构应符合本办法第九条、第十条、第十一条、第十二条、第十三条、第十四条、第十五条、第十六条、第三十七条和第四十七条规定的条件；

（六）符合设立法人机构的其他条件。

银监分局辖区内农村信用合作社、县（市、区）农村信用合作社联合社和县（市、区）农村信用合作联社的新设分立，由银监分局受理并初步审查、银监局审查并决定。银监局自收到完整申请材料之日起 3 个月内作出批准或者不批准的书面决定。

银监局所在城市的辖区内的农村信用合作社、县（市、区）农村信用合作社联合社和县（市、区）农村信用合作联社的新设分立，由银监局受理、审查并决定。银监局自受理之日起 3 个月内作出批准或者不批准的书面决定。

地（市）农村信用合作社联合社、省（区、市）农村信用社联合社的新设分立，由银监局受理并初步审查、银监会审查并决定。银监会自收到完整申请材料之日起 3 个月内作出批准或者不批准的书面决定。

农村合作银行和农村商业银行的新设分立，由银监局受理并初步审查、银监会审查并决定。银监会自收到完整申请材料之日起 3 个月内作出批准或者不批准的书面决定。

农村信用合作社、县（市、区）农村信用合作社联合社、县（市、区）农村信用合作联社、地（市）农村信用合作社联合社、省（区、市）农村信用社联合社和农村合作银行新设分立经批准后，新设方应按照法人机构的开业条件和程序申请行政许可，所属非法人机构可以一次性更名为新设机构的非法人机构。原法人机构应按照法人机构解散的条件和程序申请行政许可，并及时到工商行政管理部门办理注销登记手续。

农村商业银行在分立公告期限届满后，新设方应按照法人机构的开业条件和程序申请行政许可，所属非法人机构可以一次性更名为新设机构的非法人机构。原法人机构应按照法人机构解散的条件和程序申请行政许可，并及时到工商行政管理部门办理注销登记手续。

第一百二十二条　法人机构吸收合并应当符合以下条件：

（一）农村信用合作社、县（市、区）农村信用合作社联合社、县（市、区）农村信用合作联社、地（市）农村信用合作社联合社、省（区、市）农村信用社联合社和农村合作银行吸收合并应当参照《中华人民共和国公司法》等有关规定；

（二）农村商业银行吸收合并应当符合《中华人民共和国公司法》等有关规定；

（三）吸收合并后吸收方资本充足率等监管指标符合审慎经营规则；

（四）吸收合并后社员（股东）资格、股本结构应符合本办法第九条、第十条、第十一条、第十二条、第十三条、第十四条、第十五条、第十六条、第三十七条和第四十七条规定的条件。

银监分局辖区内农村信用合作社、县（市、区）农村信用合作社联合社和县（市、区）农村信用合作联社的吸收合并，由银监分局受理并初步审查、银监局审查并决定。银监局自收到完整申请材料之日起 3 个月内作出批准或者不批准的书面决定。

银监局所在城市的辖区内的农村信用合作社、县（市、区）农村信用合作社联合社和县（市、区）农村信用合作联社的吸收合并，由银监局受理、审查并决定。银监局自受理之日起3个月内作出批准或者不批准的书面决定。

地（市）农村信用合作社联合社、省（区、市）农村信用社联合社的吸收合并，由银监局受理并初步审查、银监会审查并决定。银监会自收到完整申请材料之日起3个月内作出批准或者不批准的书面决定。

农村合作银行和农村商业银行的吸收合并，由银监局受理并初步审查、银监会审查并决定。银监会自收到完整申请材料之日起3个月内作出批准或者不批准的书面决定。

农村信用合作社、县（市、区）农村信用合作社联合社、县（市、区）农村信用合作联社、地（市）农村信用合作社联合社、省（区、市）农村信用社联合社和农村合作银行的吸收合并经批准后，吸收方发生变更的，应按照变更条件和程序申请行政许可。被吸收方解散后需要改建为非法人机构的，应按照非法人机构的更名条件和程序申请行政许可，所属非法人机构可以一次性更名为吸收方非法人机构。被吸收方解散的，应及时到工商行政管理部门办理注销登记手续。

农村商业银行的合并公告期限届满后，吸收方发生变更的，应按照变更条件和程序申请行政许可。被吸收方解散后需要改建为非法人机构的，应按照非法人机构的更名条件和程序申请行政许可，所属非法人机构可以一次性更名为吸收方非法人机构。被吸收方解散的，应及时到工商行政管理部门办理注销登记手续。

第一百二十三条　法人机构新设合并应当具备下列条件：

（一）农村信用合作社、县（市、区）农村信用合作社联合社、县（市、区）农村信用合作联社、地（市）农村信用合作社联合社、省（区、市）农村信用社联合社和农村合作银行新设合并应当参照《中华人民共和国公司法》等有关规定；

（二）农村商业银行新设合并应当符合《中华人民共和国公司法》等有关规定；

（三）新设合并后新设机构的资本充足率等监管指标符合审慎经营规则；

（四）新设合并后社员（股东）资格、股本结构应符合本办法第九条、第十条、第十一条、第十二条、第十三条、第十四条、第十五条、第十六条、第三十七条和第四十七条规定的条件；

（五）应符合设立法人机构的其他条件。

新设合并行政许可权限和实施程序同法人机构设立行政许可权限和实施程序，所属非法人机构可以一次性更名为新设机构的非法人机构。解散的机构应及时到工商行政管理部门办理注销登记手续。

第一百二十四条　法人机构收购辖区内其他金融机构，应当符合以下条件：

（一）农村信用合作社、县（市、区）农村信用合作社联合社、县（市、区）农村信用合作联社和农村合作银行收购其他金融机构应当参照《中华人民共和国公司法》等有关规定；

（二）农村商业银行收购其他金融机构应当符合《中华人民共和国公司法》等有关规定；

（三）按照自愿和市场原则；

（四）收购后收购方主要监管指标符合审慎经营规则。

银监分局辖区内农村信用合作社、县（市、区）农村信用合作社联合社、县（市、区）农村信用合作联社、农村合作银行和农村商业银行收购其他金融机构，由银监分局受理并初步审查、银监局审查并决定。银监局自收到完整申请材料之日起3个月内作出批准或者不批准的书面决定。

银监局所在城市的辖区内的农村信用合作社、县（市、区）农村信用合作社联合社、县（市、区）农村信用合作联社、农村合作银行和农村商业银行收购其他金融机构，由银监局受理、审查并决定。银监局自受理之日起 3 个月内作出批准或者不批准的书面决定。

收购经批准后，被收购方需要改建为非法人机构的，应按照非法人机构的更名条件和程序申请行政许可，所属非法人机构可以一次性更名为收购方的非法人机构。被收购机构解散的，应及时到工商行政管理部门办理注销登记手续。

第一百二十五条 合作金融机构本部连续停止营业时间 3 天以上 6 个月以内为临时停业。合作金融机构本部的临时停业由法人机构作为申请人。

银监分局辖区内农村信用合作社、县（市、区）农村信用合作社联合社、县（市、区）农村信用合作联社、农村合作银行和农村商业银行本部临时停业，由银监分局受理、审查并决定。银监分局自受理之日起 10 日内作出批准或者不批准的决定。

银监局所在城市的辖区内农村信用合作社、县（市、区）农村信用合作社联合社、县（市、区）农村信用合作联社、农村合作银行和农村商业银行本部临时停业，由银监局受理、审查并决定。银监局自受理之日起 10 日内作出批准或者不批准的决定。

经批准的临时停业期限届满或导致临时停业的原因消除的，临时停业机构应当复业，原申请人应在复业后 5 日内向决定机关报告。营业场所重新修建的，原申请人应向决定机关提供营业场所符合安全、消防和所有权（使用权）开业条件的证明材料后方可复业。遇特殊情况需延长临时停业期限的，应按前款程序重新申请。

第二节　非法人机构变更

第一百二十六条 非法人机构变更包括：变更名称，变更营业场所，机构升格、降格，临时停业等。

第一百二十七条 非法人机构变更名称，名称中应标明“信用社”、“分社”、“储蓄所”、“办事处”、“支行”、“分理处”和

“自助银行”机构性质的字样；名称应当符合唯一性和商誉保护原则。

银监分局辖区内分社、县（市、区）农村信用合作联社信用社、支行、分理处、储蓄所、自助银行变更名称，由银监分局受理、审查并决定。银监分局自受理之日起3个月内作出批准或者不批准的书面决定。

银监局所在城市的辖区内的分社、县（市、区）农村信用合作联社信用社、支行、分理处、储蓄所、自助银行以及省（区、市）农村信用社联合社办事处变更名称，由银监局受理、审查并决定。银监局自受理之日起3个月内作出批准或者不批准的书面决定。

第一百二十八条 非法人机构变更营业场所，应当有符合要求的营业场所、安全防范措施和与业务有关的其他设施。

银监分局辖区内分社、县（市、区）农村信用合作联社信用社、支行、分理处、储蓄所、自助银行变更营业场所，由银监分局受理、审查并决定。银监分局自受理之日起3个月内作出批准或者不批准的书面决定。

银监局所在城市的辖区内的分社、县（市、区）农村信用合作联社信用社、支行、分理处、储蓄所、自助银行以及省（市、区）农村信用社联合社办事处变更营业场所，由银监局受理、审查并决定。银监局自受理之日起3个月内作出批准或者不批准的书面决定。

第一百二十九条 农村信用合作社、县（市、区）农村信用合作社联合社、县（市、区）农村信用合作联社的储蓄所升格为分社应当符合分社设立条件，县（市、区）农村信用合作联社的储蓄所升格为信用社应当符合信用社设立条件，农村合作银行和农村商业银行的非法人机构升格应当符合支行或分理处设立条件。

银监分局辖区内农村信用合作社、县（市、区）农村信用合作社联合社、县（市、区）农村信用合作联社的储蓄所升格为分社，县（市、区）农村信用合作联社的储蓄所升格为信用社，农村合作银行、农村商业银行储蓄所升格为分理处，由银监分局受理、审查并决定。银监分局自受理之日起3个月内作出批准或者不批准的书面决定。

银监分局辖区内农村合作银行、农村商业银行的分理处升格为支行，由银监分局受理并初步审查、银监局审查并决定。银监局自收到完整申请材料之日起3个月内作出批准或者不批准的书面决定。

银监局所在城市的辖区内的农村信用合作社、县（市、区）农村信用合作社联合社、县（市、区）农村信用合作联社的储蓄所升格为分社，县（市、区）农村信用合作联社的储蓄所升格为信用社，农村合作银行、农村商业银行储蓄所升格为分理处，分理处升格为支行，由银监局受理、审查并决定。银监局自受理之日起3个月内作出批准或者不批准的书面决定。

第一百三十条 银监分局辖区内农村信用合作社、县（市、区）农村信用合作社联合社、县（市、区）农村信用合作联社的分社降格为储蓄所，县（市、区）农村信用合作联社的信用社降格为储蓄所，农村合作银行、农村商业银行支行降格为分理处或储蓄所、分理处降格为储蓄所，由银监分局受理、审查并决定。银监分局自受理之日起3个月内作出批准或者不批准的书面决定。

银监局所在城市的辖区内的农村信用合作社、县（市、区）农村信用合作社联合社、县（市、区）农村信用合作联社的分社降格为储蓄所，县（市、区）农村信用合作联社的信用社降格为储蓄所，农村合作银行、农村商业银行支行降格为分理处或储蓄所、分理处降格为储蓄所，由银监局受理、审查并决定。银监局自受理之日起3个月内作出批准或者不批准的书面决定。

第一百三十一条 合作金融机构非法人机构连续停止营业时

间 3 天以上 6 个月以内为临时停业。合作金融机构非法人机构的临时停业由法人机构作为申请人。

银监分局辖区内农村信用合作社、县（市、区）农村信用合作社联合社、县（市、区）农村信用合作联社、农村合作银行和农村商业银行的非法人机构临时停业，由银监分局受理、审查并决定。银监分局自受理之日起 10 日内作出批准或者不批准的书面决定。

银监局所在城市的辖区内农村信用合作社、县（市、区）农村信用合作社联合社、县（市、区）农村信用合作联社、农村合作银行和农村商业银行的非法人机构临时停业，由银监局受理、审查并决定。银监局自受理之日起 10 日内作出批准或者不批准的书面决定。

经批准的临时停业期限届满或导致临时停业的原因消除的，临时停业机构应当复业，原申请人应在复业后 5 日内向决定机关报告。营业场所重新修建的，原申请人应向决定机关提供营业场所符合安全、消防和所有权（使用权）开业条件的证明材料后方可复业。遇特殊情况需延长临时停业期限的，应按前款程序重新申请。

第五章　机构终止

第一节　法人机构终止

第一百三十二条　法人机构有下列情形之一的，应当申请解散：

（一）章程规定的营业期限届满或者章程规定其他的解散事由出现时；

（二）社员或股东（代表）大会决议解散的；

（三）因分立、合并需要解散的。

银监分局辖区内的农村信用合作社、县（市、区）农村信用合作社联合社、县（市、区）农村信用合作联社和地（市）农村信用合作社联合社解散申请，由银监分局受理并初步审查、银监局审查并决定。银监局自收到完整申请材料之日起3个月内作出批准或者不批准的书面决定。

银监局所在城市的辖区内农村信用合作社、县（市、区）农村信用合作社联合社、县（市、区）农村信用合作联社和地（市）农村信用合作社联合社解散申请，由银监局受理、审查并决定。银监局自受理之日起3个月内作出批准或者不批准的书面决定。

省（区、市）农村信用社联合社解散申请，由银监局受理并初步审查、银监会审查并决定。银监会自收到完整申请材料之日起3个月内作出批准或者不批准的书面决定。

农村合作银行和农村商业银行解散申请，由银监局受理并初步审查、银监会审查并决定。银监会自收到完整申请材料之日起3个月内作出批准或者不批准的书面决定。

决定机关负责确认清算组成员并对解散和清算过程进行监督。

因分立、合并出现解散的，与分立、合并一并进行审批。

第一百三十三条 法人机构有下列情形之一的，在向法院申请破产前，应当向银监会申请并获得批准：

（一）不能支付到期债务，自愿或应其债权人要求申请破产的；

（二）因解散而清算，清算组发现机构财产不足以清偿债务，应当申请破产的。

农村信用合作社、县（市、区）农村信用合作社联合社、县（市、区）农村信用合作联社、地（市）农村信用合作社联合社、省（区、市）农村信用社联合社、农村合作银行和农村商业银行破产前审批申请，由银监局受理并初步审查、银监会审查并决定。银监会自收到完整申请材料之日起3个月内作出批准或者不批准的书面决定。

第二节　非法人机构终止

第一百三十四条　合作金融机构的非法人机构终止营业（被依法撤销除外），法人机构应当提交终止营业申请。

第一百三十五条　银监分局辖区内分社、县（市、区）农村信用合作联社信用社、支行、分理处、储蓄所、自助银行终止营业，由银监分局受理、审查并决定。银监分局自受理之日起3个月内作出批准或者不批准的书面决定。

银监局所在城市的辖区内的分社、县（市、区）农村信用合作联社信用社、支行、分理处、储蓄所、自助银行终止营业，由银监局受理、审查并决定。银监局自受理之日起3个月内作出批准或者不批准的书面决定。

省（区、市）农村信用社联合社办事处的终止，由银监局受理、审查并决定。银监局自受理之日起3个月内作出批准或者不批准的书面决定。

第六章　调整业务范围和增加业务品种

第一节　开办外汇业务和增加外汇业务品种

第一百三十六条　申请开办外汇业务（结售汇业务除外）和增加外汇业务品种，应当符合以下条件：

（一）遵守法律、法规和有关金融规章制度，没有损害国家和社会公众利益的行为，最近3年未发生重大案件和违法违规行为；

（二）资产总额20亿元人民币以上，注册资本不低于2 000万元人民币，核心资本充足率达到4%，不良贷款比率低于15%；

（三）有不低于200万美元或其他等值自由兑换货币的外汇资本金；

（四）内部控制制度健全，管理水平较高，风险控制能力较强；

（五）有合格的外汇业务人员；

（六）有合格的外汇结算代理行；

（七）有符合开展外汇业务要求的营业场所和相关设施；

（八）银监会要求的其他审慎性条件。

第一百三十七条 银监分局辖区内县（市、区）农村信用合作社联合社、县（市、区）农村信用合作联社、农村合作银行和农村商业银行申请开办外汇业务和增加外汇业务品种，由银监分局受理并初步审查、银监局审查并决定。银监局自收到完整申请材料之日起3个月内作出批准或者不批准的书面决定。

银监局所在城市的辖区内的县（市、区）农村信用合作社联合社、县（市、区）农村信用合作联社、农村合作银行和农村商业银行申请开办外汇业务和增加外汇业务品种，由银监局受理、审查并决定。银监局自受理之日起3个月内作出批准或者不批准的书面决定。

第二节 募集次级定期债务和发行次级债券

第一百三十八条 申请募集次级定期债务和以私募方式发行次级债券，应具备下列条件：

（一）已实行贷款五级分类，且分类结果真实准确；

（二）核心资本充足率不低于4%；

（三）贷款损失准备计提充足；

（四）有良好的公司治理结构；

（五）最近3年未发生重大案件和违法违规行为。

公开发行次级债券应符合前款第一、三、四、五项条件，且核心资本充足率不低于5%。

第一百三十九条 申请募集次级定期债务和申请发行次级债券，由银监局受理并初步审查、银监会审查并决定。银监会自收到完整申请材料之日起3个月内作出批准或者不批准的书面决定。

第三节　开办衍生产品交易业务

第一百四十条　农村合作银行和农村商业银行申请开办衍生产品交易业务，应符合以下条件：

（一）经营状况良好，主要风险监管指标符合要求；

（二）有健全的衍生产品交易风险管理制度和内部控制制度；

（三）具备完善的衍生产品交易前、中、后台自动联接的业务处理系统和实时的风险管理系统；

（四）衍生产品交易业务主管人员应当具备5年以上直接参与衍生交易活动和风险管理的资历，且无不良记录；

（五）具有从事衍生产品或相关交易2年以上、接受相关衍生产品交易技能专门培训半年以上的交易人员至少2名，相关风险管理人员至少1名，风险模型研究人员或风险分析人员至少1名，以上人员均需专岗人员，相互不得兼任，且无不良记录；

（六）有符合要求的交易场所和设备；

（七）银监会规定的其他审慎性条件。

第一百四十一条　农村合作银行和农村商业银行申请开办衍生金融产品交易业务，由银监局受理并初步审查、银监会审查并决定。银监会自收到完整申请材料之日起3个月内作出批准或者不批准的书面决定。

第四节　开办电子银行业务、增加或变更电子银行业务品种

第一百四十二条　利用互联网等开放性网络或无线网络开办的电子银行业务，包括网上银行、手机银行和利用掌上电脑等个人数据辅助设备开办的电子银行，应经审批。

第一百四十三条　申请开办电子银行业务，应符合以下条件：

（一）经营活动正常，建立了较为完善的风险管理体系和内部控制制度，在申请开办电子银行业务的前1年内，主要信息管

理系统和业务处理系统没有发生过重大事故；

（二）制定了电子银行业务的总体发展战略、发展规划和电子银行安全策略，建立了电子银行业务风险管理的组织体系和制度体系；

（三）按照电子银行业务发展规划和安全策略，建立了电子银行业务运营的基础设施和系统，并对相关设施和系统进行了必要的安全检测和业务测试；

（四）对电子银行业务风险管理情况和业务运营设施与系统等，进行了符合监管要求的安全评估；

（五）建立了明确的电子银行业务管理部门，配备了合格的管理人员和技术人员；

（六）银监会要求的其他审慎性条件。

第一百四十四条 开办以互联网为媒介的网上银行业务、手机银行业务等电子银行业务，还应具备以下条件：

（一）电子银行基础设施设备能够保障电子银行的正常运行；

（二）电子银行系统具备必要的业务处理能力，能够满足客户适时业务处理的需要；

（三）建立了有效的外部攻击侦测机制；

（四）电子银行业务运营系统和业务处理服务器设置在中华人民共和国境内。

第一百四十五条 增加或变更以下电子银行业务新业务品种须经批准：

（一）法律、法规和规章规定需要审批但尚未申请批准，并准备利用电子银行开办的；

（二）将已获批准的业务应用于电子银行时，需要与证券业、保险业相关机构进行直接实时数据交换才能实施的；

（三）金融机构之间通过互联电子银行平台联合开展的；

（四）提供跨境电子银行服务的；

（五）银监会规定的其他业务品种。

第一百四十六条 申请开办、增加或变更电子银行业务由银监局受理并初步审查、银监会审查并决定。银监会自收到完整申请材料之日起3个月内作出批准或者不批准的书面决定。

第五节　发行银行卡

第一百四十七条　申请发行银行卡，应当符合以下条件：

（一）经营状况良好，主要风险监管指标符合要求；

（二）有符合要求的风险管理和内部控制制度；

（三）有保障信息安全的技术能力及安全、高效的计算机处理系统；

（四）有合格的技术人员、管理人员和相应的管理机构；

（五）最近3年内无重大违法违规行为；

（六）发行外币卡还应当符合外汇管理的有关规定；

（七）银监会规定的其他审慎性条件。

省（市、区）辖区内的农村信用合作社及其联社和农村合作银行（农村商业银行可以自愿参加）可以以省（区、市）农村信用社联合社为单位统一申办银行卡业务。

第一百四十八条　银监分局辖区内的县（市、区）农村信用合作社联合社、县（市、区）农村信用合作联社、地（市）农村信用合作社联合社、农村合作银行和农村商业银行申请开办借记卡业务，由银监分局受理并初步审查、银监局审查并决定。银监局自收到完整申请材料之日起3个月内作出批准或者不批准的书面决定。

银监局所在城市的辖区内的县（市、区）农村信用合作社联合社、县（市、区）农村信用合作联社、地（市）农村信用合作社联合社、农村合作银行、农村商业银行开办借记卡业务，由银监局受理、审查并决定。银监局自受理之日起3个月内作出批准或者不批准的书面决定。

省（区、市）农村信用社联合社开办借记卡业务，由银监局受理并初步审查、银监会审查并决定。银监会自收到完整申请材料之日起3个月内作出批准或者不批准的书面决定。

申请开办贷记卡，由银监局受理并初步审查、银监会审查并决定。银监会自收到完整申请材料之日起3个月内作出批准或者不批准的书面决定。

第六节　开办证券投资基金托管业务

第一百四十九条　农村合作银行、农村商业银行申请开办证券投资基金托管业务，应符合以下条件：

（一）最近3个会计年度的年末净资产均不低于20亿元人民币，资本充足率符合监管部门的有关规定；

（二）设有专门的基金托管部门，并与其他业务部门保持独立；

（三）基金托管部门拟任高级管理人员符合法定条件，拟从事基金清算、核算、投资监督、信息披露、内部稽核监控等业务的执业人员不少于5人，并具有基金从业资格；

（四）有安全保管基金财产的条件：

1. 有从事基金托管业务的设备与设施；

2. 为每只基金单独建账，保持基金资产的完整与独立；

3. 将所托管的基金资产与自有资产严格分开保管；

4. 依法监督基金管理人的投资运作；

5. 依法执行基金管理人的指令，处理、分配基金资产；

6. 依法复核、审查基金管理人计算的基金资产净值、基金份额净值和申购、赎回价格；

7. 妥善保管基金托管业务活动的记录、账册、报表等相关资料；

8. 有健全的托管业务制度。

（五）有安全高效的清算、交割系统：

1. 系统内证券交易结算资金在两小时内汇划到账；

2. 从交易所安全接受交易数据；

3. 与基金管理人、基金注册登记机构、证券登记结算机构等相关业务机构的系统安全对接；

4. 依法执行基金管理人的投资指令，及时办理清算、交割事宜。

（六）基金托管部门有满足营业需要的固定场所、配备独立的安全监控系统：

1. 基金托管部门的营业场所相对独立，配备门禁系统；

2. 接触到基金交易数据的业务岗位有单独的办公房间，无关人员不能随意进入；

3. 有完善的基金交易数据保密制度；

4. 有安全的基金托管业务数据备份系统；

5. 有基金托管业务的应急处理方案，具备应急处理能力。

（七）基金托管部门配备独立的托管业务技术系统，包括网络系统、应用系统、安全防护系统、数据备份系统；

（八）有完善的内部稽核监控制度和风险控制制度；

（九）最近3年无违法、重大违规行为；

（十）法律、行政法规规定的和经国务院批准的中国证监会、银监会规定的其他条件。

第一百五十条　农村合作银行、农村商业银行申请开办证券投资基金托管业务，由中国证监会受理、中国证监会和银监会联合审查并决定。

第一百五十一条　银监会应当自收到中国证监会的会签件之日起20日内，作出核准或不予核准的决定并通知中国证监会；银监会作出不予核准决定的，应当在通知中说明理由。

第七节　开办合格境外机构投资者境内证券投资托管业务

第一百五十二条　农村合作银行、农村商业银行申请开办合格境外机构投资者境内证券投资托管业务，应符合以下条件：

（一）设有专门的基金托管部；

（二）实收资本符合有关法规的规定；

（三）有足够的熟悉托管业务的专职人员；

（四）具备安全保管基金全部资产的条件；

（五）具备安全、高效的清算、交割能力；

（六）具备外汇指定银行资格；

（七）最近3年没有重大违反外汇管理规定的记录。

第一百五十三条 农村合作银行、农村商业银行申请开办合格境外机构投资者境内证券投资托管业务，由银监局受理并初步审查、银监会审查并决定。银监会自收到完整申请材料之日起3个月内作出批准或者不批准的书面决定。

第八节 开办全国社会保障基金托管业务

第一百五十四条 农村合作银行、农村商业银行申请开办全国社会保障基金托管业务，应符合以下条件：

（一）设有专门的基金托管部；

（二）实收资本符合有关法规的规定；

（三）有足够的熟悉托管业务的专职人员；

（四）具备安全保管基金全部资产的条件；

（五）具备安全、高效的清算、交割能力。

第一百五十五条 农村合作银行、农村商业银行申请开办全国社会保障基金托管业务，由银监局受理并初步审查、银监会审查并决定。银监会自收到完整申请材料之日起3个月内作出批准或者不批准的书面决定。

第九节 开办企业年金基金受托业务

第一百五十六条 农村合作银行、农村商业银行申请开办企业年金基金受托业务，应符合以下条件：

（一）注册资本不低于1亿元人民币，且在任何时候都维持不低于1.5亿元人民币的净资产；

（二）有完善的法人治理结构；

（三）取得企业年金基金从业资格的专职人员达到规定人数；

（四）有符合要求的营业场所、安全防范设施和与企业年金基金受托管理业务有关的其他设施；

（五）有完善的内部稽核监控制度和风险控制制度；

（六）近3年没有重大违法违规行为；

（七）国家规定的其他条件。

第一百五十七条　银监分局辖区内农村合作银行和农村商业银行申请开办企业年金基金受托业务，由银监分局受理并初步审查、银监局审查并决定。银监局自收到完整申请材料之日起3个月内作出批准或者不批准的书面决定。

银监局所在城市的辖区内的农村合作银行、农村商业银行申请开办企业年金基金受托业务，由银监局受理、审查并决定。银监局自受理之日起3个月内作出批准或者不批准的书面决定。

第十节　开办离岸银行业务

第一百五十八条　农村合作银行、农村商业银行申请开办离岸银行业务，应符合以下条件：

（一）遵守国家金融法律法规，近3年内无违法、重大违规行为；

（二）有规定的外汇资产规模，且外汇业务经营业绩良好；

（三）外汇从业人员符合开展离岸银行业务要求，并在以往经营活动中无不良记录，其中主管人员应当具备5年以上经营外汇业务的资历，其他从业人员中至少应当有50%具备3年以上经营外汇业务的资历；

（四）有完善的内部管理规章制度和风险控制制度；

（五）有适合开展离岸业务的场所和设施；

（六）银监会规定的其他审慎性条件。

第一百五十九条　农村合作银行、农村商业银行申请开办离岸银行业务，由银监局受理并初步审查、银监会审查并决定。银监会自收到完整申请材料之日起3个月内作出批准或者不批准的书面决定。

第十一节　开办证券公司股票质押贷款业务

第一百六十条　申请开办股票质押贷款业务应符合以下条件：

（一）经营状况良好，主要风险监管指标符合要求；

（二）有符合要求的风险管理和内部控制制度，制订和实施了统一授信制度；

（三）制定了与办理股票质押贷款业务相关的风险控制措施和业务操作流程；

（四）有专职部门和人员负责经营和管理股票质押贷款业务；

（五）有专门的业务管理信息系统，能同步了解股票市场行情以及上市公司有关重要信息，具备对分类股票分析、研究和确定质押率的能力；

（六）银监会规定的其他审慎性条件。

第一百六十一条　银监分局辖区内农村合作银行、农村商业银行申请开办股票质押贷款业务，由银监分局受理并初步审查、银监局审查并决定。银监局自收到完整申请材料之日起3个月内作出批准或者不批准的书面决定。

银监局所在城市的辖区内的农村合作银行、农村商业银行申请开办股票质押贷款业务，由银监局受理、审查并决定。银监局自受理之日起3个月内作出批准或者不批准的书面决定。

县（市、区）农村信用合作社联合社、县（市、区）农村信用合作联社申请开办股票质押贷款业务由银监局受理并初步审查、银监会审查并决定。银监会自收到完整申请材料之日起3个月内作出批准或者不批准的书面决定。

第十二节　开办信贷资产转让业务

第一百六十二条　申请开办信贷资产转让业务，应符合以下条件：

（一）有完善的内部控制制度，健全的信贷内控规章、制度和办法；

（二）资产总额不低于50亿元人民币，核心资本充足率不低于4%；

（三）实行贷款五级分类制度，不良贷款比例低于15%；

（四）最近3年内无重大违法违规行为；

（五）银监会规定的其他审慎性条件。

第一百六十三条　申请开办信贷资产转让业务，由银监局受理并初步审查、银监会审查并决定。银监会自收到完整申请材料之日起3个月内作出批准或者不批准的书面决定。

第十三节　开办个人理财业务

第一百六十四条　开办以下个人理财业务，应经批准：

（一）保证收益理财计划；

（二）为开展个人理财业务而设计的具有保证收益性质的新的投资性产品；

（三）其他须经银监会批准的个人理财业务。

第一百六十五条　申请开办个人理财业务，应符合以下条件：

（一）具有相应的风险管理体系和内部控制制度；

（二）有具备开展相关业务工作经验和知识的高级管理人员、从业人员；

（三）具备有效的市场风险识别、计量、监测和控制体系；

（四）信誉良好，近2年内未发生损害客户利益的重大事件；

（五）银监会规定的其他审慎性条件。

第一百六十六条　银监分局辖区内的县（市、区）农村信用合作社联合社、县（市、区）农村信用合作联社、农村合作银行、农村商业银行申请开办个人理财业务，由银监分局受理并初步审查、银监局审查并决定。银监局自收到完整申请材料之日起3个月内作出批准或者不批准的书面决定。

银监局所在城市的辖区内的县（市、区）农村信用合作社联合社、县（市、区）农村信用合作联社、农村合作银行、农村商业银行申请开办个人理财业务，由银监局受理、审查并决定。银监局自受理之日起3个月内作出批准或者不批准的书面决定。

第十四节　开办法规未明确规定的业务

第一百六十七条　申请开办现行法律、法规未明确规定的业务，由银监会另行规定。

第七章　理事（董事）和高级管理人员任职资格许可

第一节　任职资格条件

第一百六十八条　农村信用合作社、县（市、区）农村信用合作社联合社、县（市、区）农村信用合作联社、地（市）农村信用合作社联合社、省（区、市）农村信用社联合社理事长、副理事长、独立理事和其他理事等理事会成员须经任职资格许可；农村合作银行、农村商业银行董事长、副董事长、独立董事和其他董事等董事会成员须经任职资格许可。

农村信用合作社主任；县（市、区）农村信用合作社联合社、县（市、区）农村信用合作联社、地（市）农村信用合作社联合社主任、副主任和营业部主任；省（区、市）农村信用社联合社主任、副主任、合规部负责人、办事处主任和副主任；农村合作银行、农村商业银行的行长、副行长、首席执行官（CEO）、首席运营官（COO）、首席风险控制官（CRO）、首席技术官（CTO）、财务总监、行长助理、董事会秘书、营业部总经理（主任）、总审计师、内审负责人、总会计师、财务负责人和合规负责人；农村合作银行和农村商业银行支行行长等高级管理人员须经任职资格许可。

未担任上述职务，但其工作职责包括履行前二款所列理事（董事）和高级管理人员职责的，应按银监会认定的同类人员纳入任职资格管理。

第一百六十九条　申请理事（董事）和高级管理人员任职资格，拟任人应符合以下基本条件：

（一）有完全民事行为能力的自然人；

（二）遵纪守法，诚实守信，勤勉尽职，具有良好的个人品行；

（三）具有与拟任职务相适应的知识、经验及能力；

（四）有良好的经济、金融从业记录；

（五）熟悉经济金融的法律法规，有良好的合规经营意识；

（六）能与金融监管机构进行充分的信息沟通，并积极配合金融监管机构的工作；

（七）银监会确定的其他条件。

第一百七十条　拟任人有下列情形之一的，不得担任合作金融机构理事（董事）和高级管理人员：

（一）有故意犯罪记录；

（二）对曾任职机构违法违规经营活动或重大损失负有个人责任或直接领导责任，情节严重，被有关行政机关依法处理；

（三）在履行工作职责时有提供虚假材料等违反诚信原则的行为；

（四）被金融监管机构取消终身的理事（董事）和高级管理人员任职资格，或累计 2 次被取消理事（董事）和高级管理人员任职资格；

（五）累计 3 次被金融监管机构行政处罚；

（六）与拟担任的理事（董事）或高级管理人员职责存在明显利益冲突；

（七）有违反社会公德的不良行为，造成恶劣影响；

（八）个人或其配偶有到期未偿还的负债或正在从事高风险的投资明显超过其家庭财产的承受能力；

（九）法律、行政法规及银监会规定的其他情形。

第一百七十一条　申请理事（董事）任职资格，拟任人除应符合第一百六十九条、第一百七十条规定条件外，还应符合以下条件：

（一）有 5 年以上的法律、经济、金融、财务或其他有利于履行理事（董事）职责的工作经历；

（二）能够利用金融机构的财务报表和统计报表判断金融机构的经营管理和风险状况；

（三）了解拟任职机构的公司治理结构、章程以及理事（董事）会职责。

独立理事（董事）任职资格，拟任人还应是法律、经济、金融、财会方面的专家，并满足《股份制商业银行独立董事和外部监事制度指引》的规定。

第一百七十二条 申请理事长（董事长）、副理事长（副董事长）任职资格，拟任人除应符合第一百六十九条、第一百七十条、第一百七十一条规定外，还应分别符合以下条件：

（一）拟任省（区、市）农村信用社联合社理事长、副理事长，农村商业银行董事长、副董事长，应具有本科以上学历，从事金融工作 6 年以上，或从事相关经济工作 10 年以上（其中从事金融工作 3 年以上）；

（二）拟任农村合作银行董事长、副董事长，县（市、区）农村信用合作社联合社、县（市、区）农村信用合作联社、地（市）农村信用合作社联合社理事长、副理事长，应具有大专以上学历，从事金融工作 6 年以上，或从事相关经济工作 10 年以上（其中从事金融工作 3 年以上）；

（三）拟任农村信用合作社理事长、副理事长，应具有中专以上学历，从事金融工作 4 年以上，或从事相关经济工作 8 年以上（其中从事金融工作 2 年以上）。

第一百七十三条 申请各类高级管理人员任职资格，拟任人应当了解拟任职职务的职责，熟悉同类型机构的管理框架、盈利模式，熟知同类型机构的内控制度，具备与拟任职务相适应的风险管理能力。

第一百七十四条 申请农村信用合作社、县（市、区）农村信用合作社联合社、县（市、区）农村信用合作联社、地（市）

农村信用合作社联合社、省（区、市）农村信用社联合社、农村合作银行和农村商业银行高级管理人员任职资格，拟任人除应符合第一百六十九条、第一百七十条和第一百七十一条规定的条件，还应分别符合以下条件：

（一）拟任农村商业银行行长、副行长、首席执行官（CEO）、首席运营官（COO）、首席风险控制官（CRO）、首席技术官（CTO）、财务总监，省（区、市）农村信用社联合社主任、副主任，应具备本科以上学历，从事金融工作 6 年以上，或从事相关经济工作 10 年以上（其中从事金融工作 3 年以上）；

（二）拟任农村合作银行行长、副行长、首席执行官（CEO）、首席运营官（COO）、首席风险控制官（CRO）、首席技术官（CTO）、财务总监，农村合作银行和农村商业银行行长助理、董事会秘书，县（市、区）农村信用合作社联合社、县（市、区）农村信用合作联社和地（市）农村信用合作社联合社主任、副主任，省（区、市）农村信用社联合社办事处主任和副主任，应具备大专以上学历，从事金融工作 6 年以上，或从事相关经济工作 10 年以上（其中从事金融工作 3 年以上）；

（三）拟任农村信用合作社主任和县（市、区）农村信用合作联社信用社主任，应具有中专以上学历，从事金融工作 4 年以上，或从事相关经济工作 8 年以上（其中从事金融工作 2 年以上）；

（四）拟任农村合作银行、农村商业银行总审计师、内审负责人、总会计师、财务负责人，应具备大专以上学历，取得国家或国际认可会计、审计专业技术中级职称或通过国家或国际认可的会计、审计专业技术资格考试（中级），并从事财务、会计或审计工作 6 年以上；

（五）拟任县（市、区）农村信用合作社联合社、县（市、区）农村信用合作联社、农村合作银行、农村商业银行营业部主任（总经理），应具备大专以上学历，从事金融工作 6 年以上，或从事相关经济工作 10 年以上（其中从事金融工作 3 年以上）；

（六）拟任省（区、市）农村信用社联合社、农村合作银行、农村商业银行合规负责人，应具备本科以上学历，并从事金融工作 4 年以上；

（七）农村合作银行和农村商业银行支行行长，应具备大专以上学历，从事金融工作 4 年以上，或从事相关经济工作 8 年以上（其中从事金融工作 2 年以上）。

第一百七十五条 拟任人未达到上述学历要求的，但取得国家教育行政主管部门认可院校授予学士以上学位，视同达到相应学历要求。

第一百七十六条 拟任人未达到上述学历要求的，但取得注册会计师、注册审计师或与拟任职务相关的高级专业技术职务资格的，视同达到相应学历要求，其任职资格条件中金融工作年限要求应增加 4 年。

第一百七十七条 对不完全符合第一百七十一条第一款、第一百七十二条、第一百七十四条、第一百七十五条和第一百七十六条所列条件的拟任人，农村信用合作社、县（市、区）农村信用合作社联合社、县（市、区）农村信用合作联社、地（市）农村信用合作社联合社、省（区、市）农村信用社联合社、农村合作银行和农村商业银行如认为其具备拟任职务所需的知识、经验和能力可提交个案申请。

第二节 任职资格许可程序

第一百七十八条 银监分局辖区内农村信用合作社、县（市、区）农村信用合作社联合社、县（市、区）农村信用合作联社理事和高级管理人员任职资格申请由法人机构提交，银监分局受理、审查并决定。银监分局自受理之日起 30 日内作出核准或不予核准的书面决定。

银监分局辖区内农村合作银行和农村商业银行支行行长任职资格申请由法人机构提交，银监分局受理、审查并决定。银监分局自受理之日起 30 日内作出核准或不予核准的书面决定。

第一百七十九条　银监分局辖区内地（市）农村信用合作社联合社理事和高级管理人员任职资格申请由法人机构提交，银监分局受理并初步审查、银监局审查并决定。银监局自收到完整申请材料之日起 30 日内作出核准或不予核准的书面决定。

银监分局辖区内农村合作银行和农村商业银行董事和高级管理人员任职资格申请由法人机构提交，银监分局受理并初步审查、银监局审查并决定。银监局自收到完整申请材料之日起 30 日内作出核准或不予核准的书面决定，并抄报银监会备案。

第一百八十条　银监局所在城市的辖区内农村信用合作社、县（市、区）农村信用合作社联合社、县（市、区）农村信用合作联社、地（市）农村信用合作社联合社理事和高级管理人员任职资格申请由法人机构提交，银监局受理、审查并决定。银监局自受理之日起 30 日内作出核准或不予核准的书面决定。

银监局所在城市的辖区内农村合作银行和农村商业银行董事和高级管理人员任职资格申请由法人机构提交，银监局受理、审查并决定。银监局自受理之日起 30 日内作出核准或不予核准的书面决定，并抄报银监会备案。

银监局所在城市的辖区内农村合作银行和农村商业银行支行行长申请由法人机构提交，银监局受理、审查并决定。银监局自受理之日起 30 日内作出核准或不予核准的书面决定。

省（区、市）农村信用社联合社办事处主任和副主任任职资格申请由法人机构提交，银监局受理、审查并决定。银监局自受理之日起 30 日内作出核准或不予核准的书面决定。

第一百八十一条　省（区、市）农村信用社联合社理事和高级管理人员任职资格申请由法人机构提交，银监局受理并初步审查、银监会审查并决定。银监会自收到完整申请材料之日起 30 日内作出核准或不予核准的书面决定。

第一百八十二条　农村信用合作社、县（市、区）农村信用合作社联合社、县（市、区）农村信用合作联社、省（区、市）农村信用社联合社、农村合作银行和农村商业银行及其分支机构新设立时，理事（董事）和高级管理人员的任职资格申请，与该机构开业许可时一并办理。

农村合作银行、农村商业银行申请开业时，其董事、董事长、副董事长、行长、副行长、首席执行官（CEO）、首席运营官（COO）、首席风险控制官（CRO）、首席技术官（CTO）、财务总监的任职资格由银监会负责审核，营业部总经理（主任）、行长助理、董事会秘书、总审计师、内审负责人、总会计师、财务负责人、合规负责人和支行行长由银监局负责审核。

第一百八十三条 对需要进行个案审核的理事（董事）和高级管理人员，仍按照上述权限进行审核，抄送上一级行政机关备案。

银监局所在城市县及县以下合作金融机构个案审核的理事（董事）和高级管理人员不须抄送银监会备案。

第一百八十四条 银监会及其派出机构可以对个案审核的拟任理事长、副理事长、董事长、副董事长和高级管理人员组织专门的考试。

第一百八十五条 理事长、副理事长、董事长、副董事长和高级管理人员任职资格谈话、考察和考试由决定机关或由决定机关授权受理机关在审查中或事前进行。

第一百八十六条 拟任人现任或曾任金融机构理事长、副理事长、董事长、副董事长和高级管理人员的，申请人在提交任职资格申请材料时，还应提交该拟任人的离任审计报告。

第一百八十七条 拟任人在同一法人机构内、同类性质平行调整职务或改任较低职务的，不需重新申请任职资格。在该拟任人任职前应向拟任职所在地监管机构提交离任审计报告或经济责任审计报告及有关任职材料，拟任职所在地监管机构应向其原任职所在地监管机构征求监管评价意见。

有以下情形之一的，拟任职所在地监管机构应书面通知拟任人及其所在合作金融机构重新申请任职资格：

（一）未在拟任人任职前提交离任审计报告或经济责任审计报告及有关任职材料；

（二）离任审计报告或经济责任审计报告结论不实的，或显示拟任人可能存在不适合担任新职情形；

（三）原任职所在地监管机构的监管评价意见显示，该拟任人可能存在不符合本办法任职资格条件的情形；

（四）已连续中断任职 1 年以上。

第一百八十八条　理事（董事）和高级管理人员任期届满，被重新选举或聘任为理事（董事）和高级管理人员的，应重新进行任职资格审核。

第一百八十九条　副职主持工作超过 3 个月的，应按照正职任职资格的条件和程序申请行政许可。

第八章　附　　则

第一百九十条　机构变更许可事项，合作金融机构应自作出行政许可决定之日起 6 个月内完成变更，并向决定机关和所在地银监会派出机构报告。理事（董事）和高级管理人员任职资格许可事项，拟任人应自作出行政许可决定之日起 3 个月内到任，并向决定机关和所在地银监会派出机构报告。法律、行政法规另有规定的除外。

未在前款规定的期限内完成变更或到任的，行政许可决定文件失效，由决定机关办理许可注销手续。

第一百九十一条　合作金融机构设立、变更和终止，涉及工商、税务登记变更等法定程序的，应当在完成相关变更手续后 1 个月内向决定机关和所在地银监会派出机构报告。

第一百九十二条　合作金融机构改制为县（市、区）农村信用合作联社、农村合作银行和农村商业银行的，其分支机构可以进行一次性更名。

第一百九十三条 农村信用合作社增加新的业务种类和业务品种应以县（市、区）农村信用合作社联合社作为申请人。

第一百九十四条 本办法中“以上”含本数。

第一百九十五条 本办法由银监会负责解释。

第一百九十六条 本办法自 2006 年 2 月 1 日起施行，本办法施行前颁布的有关规定与本办法不一致的，按照本办法执行。

附录 3　商业银行内部控制指引

中国银行业监督管理委员会令

2007 第 6 号

《商业银行内部控制指引》已经 2006 年 12 月 8 日中国银行业监督管理委员会第 54 次主席会议通过，现予公布，自公布之日起施行。

主席　刘明康

二〇〇七年七月三日

商业银行内部控制指引

第一章　总　　则

第一条　为促进商业银行建立和健全内部控制，防范金融风险，保障银行体系安全稳健运行，依据《中华人民共和国银行业监督管理法》、《中华人民共和国商业银行法》等法律规定和银行审慎监管要求，制定本指引。

第二条　内部控制是商业银行为实现经营目标，通过制定和实施一系列制度、程序和方法，对风险进行事前防范、事中控制、事后监督和纠正的动态过程和机制。

第三条　商业银行内部控制的目标：

（一）确保国家法律规定和商业银行内部规章制度的贯彻执行。

（二）确保商业银行发展战略和经营目标的全面实施和充分实现。

（三）确保风险管理体系的有效性。

（四）确保业务记录、财务信息和其他管理信息的及时、真实和完整。

第四条 商业银行内部控制应当贯彻全面、审慎、有效、独立的原则，包括：

（一）内部控制应当渗透商业银行的各项业务过程和各个操作环节，覆盖所有的部门和岗位，并由全体人员参与，任何决策或操作均应当有案可查。

（二）内部控制应当以防范风险、审慎经营为出发点，商业银行的经营管理，尤其是设立新的机构或开办新的业务，均应当体现“内控优先”的要求。

（三）内部控制应当具有高度的权威性，任何人不得拥有不受内部控制约束的权力，内部控制存在的问题应当能够得到及时反馈和纠正。

（四）内部控制的监督、评价部门应当独立于内部控制的建设、执行部门，并有直接向董事会、监事会和高级管理层报告的渠道。

第五条 内部控制应当与商业银行的经营规模、业务范围和风险特点相适应，以合理的成本实现内部控制的目标。

第二章　内部控制的基本要求

第六条 内部控制应当包括以下要素：

（一）内部控制环境。

（二）风险识别与评估。

（三）内部控制措施。

（四）信息交流与反馈。

（五）监督评价与纠正。

第七条　商业银行应当建立良好的公司治理以及分工合理、职责明确、相互制衡、报告关系清晰的组织结构，为内部控制的有效性提供必要的前提条件。

第八条　商业银行董事会、监事会和高级管理层应当充分认识自身对内部控制所承担的责任。

董事会负责保证商业银行建立并实施充分而有效的内部控制体系；负责审批整体经营战略和重大政策并定期检查、评价执行情况；负责确保商业银行在法律和政策的框架内审慎经营，明确设定可接受的风险程度，确保高级管理层采取必要措施识别、计量、监测并控制风险；负责审批组织机构；负责保证高级管理层对内部控制体系的充分性与有效性进行监测和评估。

监事会负责监督董事会、高级管理层完善内部控制体系；负责监督董事会及董事、高级管理层及高级管理人员履行内部控制职责；负责要求董事、董事长及高级管理人员纠正其损害商业银行利益的行为并监督执行。

高级管理层负责制定内部控制政策，对内部控制体系的充分性与有效性进行监测和评估；负责执行董事会决策；负责建立识别、计量、监测并控制风险的程序和措施；负责建立和完善内部组织机构，保证内部控制的各项职责得到有效履行。

第九条　商业银行应当建立科学、有效的激励约束机制，培育良好的企业精神和内部控制文化，从而创造全体员工均充分了解且能履行职责的环境。

第十条　商业银行应当设立履行风险管理职能的专门部门，负责具体制定并实施识别、计量、监测和控制风险的制度、程序和方法，以确保风险管理和经营目标的实现。

第十一条　商业银行应当建立涵盖各项业务、全行范围的风险管理系统，开发和运用风险量化评估的方法和模型，对信用风险、市场风险、流动性风险、操作风险等各类风险进行持续的监控。

第十二条 商业银行应当对各项业务制定全面、系统、成文的政策、制度和程序，在全行范围内保持统一的业务标准和操作要求，并保证其连续性和稳定性。

第十三条 商业银行设立新的机构或开办新的业务，应当事先制定有关的政策、制度和程序，对潜在的风险进行计量和评估，并提出风险防范措施。

第十四条 商业银行应当建立内部控制的评价制度，对内部控制的制度建设、执行情况定期进行回顾和检讨，并根据国家法律规定、银行组织结构、经营状况、市场环境的变化进行修订和完善。

第十五条 商业银行应当明确划分相关部门之间、岗位之间、上下级机构之间的职责，建立职责分离、横向与纵向相互监督制约的机制。

涉及资产、负债、财务和人员等重要事项变动均不得由一个人独自决定。

第十六条 商业银行应当根据不同的工作岗位及其性质，赋予其相应的职责和权限，各个岗位应当有正式、成文的岗位职责说明和清晰的报告关系。

商业银行应当明确关键岗位及其控制要求，关键岗位应当实行定期或不定期的人员轮换和强制休假制度。

第十七条 商业银行应当根据各分支机构和业务部门的经营管理水平、风险管理能力、地区经济和业务发展需要，建立相应的授权体系，实行统一法人管理和法人授权。

授权应适当、明确，并采取书面形式。

第十八条 商业银行应当利用计算机程序监控等现代化手段，锁定分支机构的业务权限，对分支机构实施有效的管理和监控。

下级机构应当严格执行上级机构的决策，在自身职责和权限范围内开展工作。

第十九条　商业银行应当建立有效的核对、监控制度，对各种账证、报表定期进行核对，对现金、有价证券等有形资产及时进行盘点，对柜台办理的业务实行复核或事后监督把关，对重要业务实行双签有效的制度，对授权、授信的执行情况进行监控。

第二十条　商业银行应当按照规定进行会计核算和业务记录，建立完整的会计、统计和业务档案，妥善保管，确保原始记录、合同契约和各种资料的真实、完整。

第二十一条　商业银行应当建立有效的应急预案，并定期进行测试。在意外事件或紧急情况发生时，应按照应急预案及时做出应急处置，以预防或减少可能造成的损失，确保业务持续开展。

第二十二条　商业银行应当设立独立的法律事务部门或岗位，统一管理各类授权、授信的法律事务，制定和审查法律文本，对新业务的推出进行法律论证，确保各项业务的合法和有效。

第二十三条　商业银行应当实现业务操作和管理的电子化，促进各项业务的电子数据处理系统的整合，做到业务数据的集中处理。

第二十四条　商业银行应当实现经营管理的信息化，建立贯穿各级机构、覆盖各个业务领域的数据库和管理信息系统，做到及时、准确提供经营管理所需要的各种数据，并及时、真实、准确地向中国银监会及其派出机构报送监管报表资料和对外披露信息。

第二十五条　商业银行应当建立有效的信息交流和反馈机制，确保董事会、监事会、高级管理层及时了解本行的经营和风险状况，确保每一项信息均能够传递给相关的员工，各个部门和员工的有关信息均能够顺畅反馈。

第二十六条　商业银行的业务部门应当对各项业务经营状况

进行经常性检查，及时发现内部控制存在的问题，并迅速予以纠正。

第二十七条 商业银行的内部审计部门应当有权获得商业银行的所有经营信息和管理信息，并对各个部门、岗位和各项业务实施全面的监督和评价。

第二十八条 商业银行的内部审计应当具有充分的独立性，实行全行系统垂直管理。

下级机构内部审计负责人的聘任和解聘应当由上一级内部审计部门负责，总行内部审计负责人的聘任和解聘应当由董事会负责。

第二十九条 商业银行应当配备充足的、具备相应的专业从业资格的内部审计人员，并建立专业培训制度，每人每年确保一定的离岗或脱产培训时间。

第三十条 商业银行应当建立有效的内部控制报告和纠正机制，业务部门、内部审计部门和其他人员发现的内部控制的问题，均应当有畅通的报告渠道和有效的纠正措施。

第三章 授信的内部控制

第三十一条 商业银行授信内部控制的重点是：实行统一授信管理，健全客户信用风险识别与监测体系，完善授信决策与审批机制，防止对单一客户、关联企业客户和集团客户授信风险的高度集中，防止违反信贷原则发放关系人贷款和人情贷款，防止信贷资金违规使用。

第三十二条 商业银行应当设立独立的授信风险管理部门，对不同币种、不同客户对象、不同种类的授信进行统一管理，设置授信风险限额，避免信用失控。

第三十三条 商业银行授信岗位设置应当做到分工合理、职责明确，岗位之间应当相互配合、相互制约，做到审贷分离、业务经办与会计账务处理分离。

第三十四条　商业银行应当建立有效的授信决策机制，包括设立授信审查委员会，负责审批权限内的授信。

行长不得担任授信审查委员会的成员。

授信审查委员会审议表决应当遵循集体审议、明确发表意见、多数同意通过的原则，全部意见应当记录存档。

第三十五条　商业银行应当建立严格的授信风险垂直管理体制，对授信实行统一管理。

第三十六条　商业银行应当对授信实行统一的法人授权制度，上级机构应当根据下级机构的风险管理水平、资产质量、所处地区经济环境等因素，合理确定授信审批权限。

第三十七条　商业银行应当根据风险大小，对不同种类、期限、担保条件的授信确定不同的审批权限，审批权限应当采用量化风险指标。

第三十八条　商业银行各级机构应当明确规定授信审查人、审批人之间的权限和工作程序，严格按照权限和程序审查、审批业务，不得故意绕开审查、审批人。

第三十九条　商业银行各级机构应当防止授信风险的过度集中，通过实行授信组合管理，制定在不同期限、不同行业、不同地区的授信分散化目标，及时监测和控制授信组合风险，确保总体授信风险控制在合理的范围内。

第四十条　商业银行应当对单一客户的贷款、贸易融资、票据承兑和贴现、透支、保理、担保、贷款承诺、开立信用证等各类表内外授信实行一揽子管理，确定总体授信额度。

第四十一条　商业银行应当以风险量化评估的方法和模型为基础，开发和运用统一的客户信用评级体系，作为授信客户选择和项目审批的依据，并为客户信用风险识别、监测以及制定差别化的授信政策提供基础。客户信用评级结果应当根据客户信用变化情况及时进行调整。

第四十二条　商业银行对集团客户授信应当遵循统一、适度和预警的原则。对集团客户应当实行统一授信管理，合理确定对集团客户的总体授信额度，防止多头授信、过度授信和不适当分配授信额度。商业银行应当建立风险预警机制，对集团客户授信集中风险实行有效监控，防止集团客户通过多头开户、多头借款、多头互保等形式套取银行资金。

第四十三条 商业银行应当建立统一的授信操作规范，明确贷前调查、贷时审查、贷后检查各个环节的工作标准和尽职要求：

（一）贷前调查应当做到实地查看，如实报告授信调查掌握的情况，不回避风险点，不因任何人的主观意志而改变调查结论。

（二）贷时审查应当做到独立审贷，客观公正，充分、准确地揭示业务风险，提出降低风险的对策。

（三）贷后检查应当做到实地查看，如实记录，及时将检查中发现的问题报告有关人员，不得隐瞒或掩饰问题。

第四十四条 商业银行应当制定统一的各类授信品种的管理办法，明确规定各项业务的办理条件，包括选项标准、期限、利率、收费、担保、审批权限、申报资料、贷后管理、内部处理程序等具体内容。

第四十五条 商业银行实施有条件授信时应当遵循“先落实条件、后实施授信”的原则，授信条件未落实或条件发生变更未重新决策的，不得实施授信。

第四十六条 商业银行应当对授信工作实施独立的尽职调查。授信决策应依据规定的程序进行，不得违反程序或减少程序进行授信。在授信决策过程中，应严格要求授信工作人员遵循客观、公正的原则，独立发表决策意见，不受任何外部因素的干扰。

第四十七条 商业银行对关联方的授信，应当按照商业原则，以不优于对非关联方同类交易的条件进行。

在对关联方的授信调查和审批过程中，商业银行内部相关人员应当回避。

第四十八条　商业银行应当严格审查和监控贷款用途，防止借款人通过贷款、贴现、办理银行承兑汇票等方式套取信贷资金，改变借款用途。

第四十九条　商业银行应当严格审查借款人资格合法性、融资背景以及申请材料的真实性和借款合同的完备性，防止借款人骗取贷款，或以其他方式从事金融诈骗活动。

第五十条　商业银行应当建立资产质量监测、预警机制，严密监测资产质量的变化，及时发现资产质量的潜在风险并发出预警提示，分析不良资产形成的原因，及时制定防范和化解风险的对策。

第五十一条　商业银行应当建立贷款风险分类制度，规范贷款质量的认定标准和程序，严禁掩盖不良贷款的真实状况，确保贷款质量的真实性。

第五十二条　商业银行应当建立授信风险责任制，明确规定各个部门、岗位的风险责任：

（一）调查人员应当承担调查失误和评估失准的责任。

（二）审查和审批人员应当承担审查、审批失误的责任，并对本人签署的意见负责。

（三）贷后管理人员应当承担检查失误、清收不力的责任。

（四）放款操作人员应当对操作性风险负责。

（五）高级管理层应当对重大贷款损失承担相应的责任。

第五十三条　商业银行应当对违法、违规造成的授信风险和损失逐笔进行责任认定，并按规定对有关责任人进行处理。

第五十四条　商业银行应当建立完善的授信管理信息系统，对授信全过程进行持续监控，并确保提供真实的授信经营状况和资产质量状况信息，对授信风险与收益情况进行综合评价。

第五十五条　商业银行应当建立完善的客户管理信息系统，

全面和集中掌握客户的资信水平、经营财务状况、偿债能力和非财务因素等信息，对客户进行分类管理，对资信不良的借款人实施授信禁入。

第四章　资金业务的内部控制

第五十六条　商业银行资金业务内部控制的重点是：对资金业务对象和产品实行统一授信，实行严格的前后台职责分离，建立中台风险监控和管理制度，防止资金交易员从事越权交易，防止欺诈行为，防止因违规操作和风险识别不足导致的重大损失。

第五十七条　商业银行资金业务的组织结构应当体现权限等级和职责分离的原则，做到前台交易与后台结算分离、自营业务与代客业务分离、业务操作与风险监控分离，建立岗位之间的监督制约机制。

第五十八条　商业银行应当根据分支机构的经营管理水平，核定各个分支机构的资金业务经营权限。

对分支机构的资金业务应当定期进行检查，对异常资金交易和资金变动应当建立有效的预警和处理机制。

未经上级机构批准，下级机构不得开展任何未设权限的资金交易。

第五十九条　商业银行应当完善资金营运的内部控制，资金的调出、调入应当有真实的业务背景，严格按照授权进行操作，并及时划拨资金，登记台账。

第六十条　商业银行应当根据授信原则和资金交易对手的财务状况，确定交易对手、投资对象的授信额度和期限，并根据交易产品的特点对授信额度进行动态监控，确保所有交易控制在授信额度范围之内。

第六十一条　商业银行应当充分了解所从事资金业务的性质、风险、相关的法规和惯例，明确规定允许交易的业务品种，确定资金业务单笔、累计最大交易限额以及相应承担的单笔、累计最大交易损失限额和交易止损点。

高级管理层应当充分认识金融衍生产品的性质和风险，根据本行的风险承受水平，合理确定金融衍生产品的风险限额和相关交易参数。

第六十二条 商业银行应当建立完备的资金交易风险评估和控制系统，制定符合本行特点的风险控制政策、措施和定量指标，开发和运用量化的风险管理模型，对资金交易的收益与风险进行适时、审慎评价，确保资金业务各项风险指标控制在规定的范围内。

第六十三条 商业银行应当根据资金交易的风险程度和管理能力，就交易品种、交易金额和止损点等对资金交易员进行授权。

资金交易员上岗前应当取得相应资格。

第六十四条 商业银行应当按照市场价格计算交易头寸的市值和浮动盈亏情况，对资金交易产品的市场风险、头寸市值变动进行实时监控。

第六十五条 商业银行应当建立资金交易风险和市值的内部报告制度。有关资金业务风险和市值情况的报告应当定期、及时向董事会、高级管理层和其他管理人员提供。商业银行应当制定不同层次和种类的报告的发送范围、程序和频率。

第六十六条 商业银行应当建立全面、严密的压力测试程序，定期对突发的小概率事件，如市场价格发生剧烈变动，或者发生意外的政治、经济事件可能造成的潜在损失进行模拟和估计，以评估本行在极端不利情况下的亏损承受能力。

商业银行应当将压力测试的结果作为制定市场风险应急处理方案的重要依据，并定期对应急处理方案进行审查和测试，不断更新和完善应急处理方案。

第六十七条 商业银行应当建立对资金交易员的适当的约束

机制，对资金交易员实施有效管理。

资金交易员应当严格遵守交易员行为准则，在职责权限、授信额度、各项交易限额和止损点内以真实的市场价格进行交易，并严守交易信息秘密。

第六十八条 商业银行应当建立资金交易中台和后台部门对前台交易的反映和监督机制。

中台监控部门应当核对前台交易的授权交易限额、交易对手的授信额度和交易价格等，对超出授权范围内的交易应当及时向有关部门报告。

后台结算部门应当独立地进行交易结算和付款，并根据资金交易员的交易记录，在规定的时间内向交易对手逐笔确认交易事实。

第六十九条 商业银行在办理代客资金业务时，应当了解客户从事资金交易的权限和能力，向客户充分揭示有关风险，获取必要的履约保证，明确在市场变化情况下客户违约的处理办法和措施。

第七十条 商业银行资金业务新产品的开发和经营应当经过高级管理层授权批准，在风险控制制度和操作规程完备、人员合格和设备齐全的情况下，交易部门才能全面开展新产品的交易。

第七十一条 商业银行应当建立资金业务的风险责任制，明确规定各个部门、岗位的风险责任：

（一）前台资金交易员应当承担越权交易和虚假交易的责任，并对未执行止损规定形成的损失负责。

（二）中台监控人员应当承担对资金交易员越权交易报告的责任，并对风险报告失准和监控不力负责。

（三）后台结算人员应当对结算的操作性风险负责。

（四）高级管理层应当对资金交易出现的重大损失承担相应的责任。

第五章　存款和柜台业务的内部控制

第七十二条　商业银行存款及柜台业务内部控制的重点是：对基层营业网点、要害部位和重点岗位实施有效监控，严格执行账户管理、会计核算制度和各项操作规程，防止内部操作风险和违规经营行为，防止内部挪用、贪污以及洗钱、金融诈骗、逃汇、骗汇等非法活动，确保商业银行和客户资金的安全。

第七十三条　商业银行应当严格执行账户管理的有关规定，认真审核存款人身份和账户资料的真实性、完整性和合法性，对账户开立、变更和撤销的情况定期进行检查，防止存款人出租、出借账户或利用存款账户从事违法活动。

第七十四条　商业银行应当严格管理预留签章和存款支付凭据，提高对签章、票据真伪的甄别能力，并利用计算机技术，加大预留签章管理的科技含量，防止诈骗活动。

第七十五条　商业银行应当对存款账户实施有效管理，建立和完善银行与客户、银行与银行以及银行内部业务台账与会计账之间的适时对账制度，对对账频率、对账对象、可参与对账人员等做出明确规定。

第七十六条　商业银行应当对内部特种转账业务、账户异常变动等进行持续监控，发现情况应当进行跟踪和分析。

第七十七条　商业银行应当对大额存单签发、大额存款支取实行分级授权和双签制度，按规定对大额款项收付进行登记和报备，确保存款等交易信息的真实、完整。

第七十八条　商业银行应当对每日营业终了的账务实施有效管理，当天的票据当天入账，对发现的错账和未提出的票据或退票，应当履行内部审批、登记手续。

第七十九条　商业银行应当严格执行“印、押、证”三分管制度，使用和保管重要业务印章的人员不得同时保管相关的业务单证，使用和管理密押、压数机的人员不得同时使用或保管相关的印章和单证。

使用和保管密押的人员应当保持相对稳定，人员变动应当经主管领导批准，并办好交接和登记手续。

人员离岗，“印、押、证”应当落锁入柜，妥善保管。

第八十条 商业银行应当对现金收付、资金划转、账户资料变更、密码更改、挂失、解挂等柜台业务，建立复核制度，确保交易的记录完整和可追溯。

柜台人员的名章、操作密码、身份识别卡等应当实行个人负责制，妥善保管，按章使用。

第八十一条 商业银行应当对现金、贵金属、重要空白凭证和有价单证实行严格的核算和管理，严格执行入库、登记、领用的手续，定期盘点查库，正确、及时处理损益。

第八十二条 商业银行应当建立会计、储蓄事后监督制度，配置专人负责事后监督，实现业务与监督在空间与人员上的分离。

第八十三条 商业银行应当认真遵循“了解你的客户”的原则，注意审查客户资金来源的真实性和合法性，提高对可疑交易的鉴别能力，如发现可疑交易，应当逐级上报，防止犯罪分子进行洗钱活动。

第八十四条 商业银行应当严格执行营业机构重要岗位的请假、轮岗制度和离岗审计制度。

第六章　中间业务的内部控制

第八十五条 商业银行中间业务内部控制的重点是：开展中间业务应当取得有关主管部门核准的机构资质、人员从业资格和内部的业务授权，建立并落实相关的规章制度和操作规程，按委托人指令办理业务，防范或有负债风险。

第八十六条 商业银行办理支付结算业务，应当根据有关法律规定的要求，对持票人提交的票据或结算凭证进行审查，并确认委托人收、付款指令的正确性和有效性，按指定的方式、时间和账户办理资金划转手续。

第八十七条　商业银行办理结汇、售汇和付汇业务，应当对业务的审批、操作和会计记录实行恰当的职责分离，并严格执行内部管理和检查制度，确保结汇、售汇和收付汇业务的合规性。

第八十八条　商业银行办理代理业务，应当设立专户核算代理资金，完善代理资金的拨付、回收、核对等手续，防止代理资金被挤占挪用，确保专款专用。

第八十九条　商业银行应当对代理资金支付进行审查和管理，按照代理协议的约定办理资金划转手续，遵循银行不垫款的原则，不介入委托人与其他人的交易纠纷。

第九十条　商业银行应当严格按照会计制度正确核算和确认各项代理业务收入，坚持收支两条线，防止代理收入被截留或挪用。

第九十一条　商业银行发行借记卡，应当按照实名制规定开立账户。

对借记卡的取款、转账、消费等支付业务，应当制定并严格执行相关的管理制度和操作规程。

第九十二条　商业银行发行贷记卡，应当在全行统一的授信管理原则下，建立客户信用评价标准和方法，对申请人相关资料的合法性、真实性和有效性进行严格审查，确定客户的信用额度，并严格按照授权进行审批。

第九十三条　商业银行应当对贷记卡持卡人的透支行为建立有效的监控机制，业务处理系统应当具有实时监督、超额控制和异常交易止付等功能。

商业银行应当定期与贷记卡持卡人对账，严格管理透支款项，切实防范恶意透支等风险。

第九十四条　商业银行受理银行卡存取款或转账业务，应当对银行卡资金交易设置必要的监控措施，防止持卡人利用银行卡进行违法活动。

第九十五条 商业银行发卡机构应当建立和健全内部管理机制，完善重要凭证、银行卡卡片、客户密码、止付名单、技术档案等重要资料的传递与存放管理，确保交接手续的严密。

第九十六条 商业银行应当对银行卡特约商户实施有效管理，规范相关的操作规程和处理手续，对特约商户的经营风险或操作过失应当制定相应的应急和防范措施。

第九十七条 商业银行从事基金托管业务，应当在人事、行政和财务上独立于基金管理人，双方的管理人员不得相互兼职。

第九十八条 商业银行应当以诚实信用、勤勉尽责的原则保管基金资产，严格履行基金托管人的职责，确保基金资产的安全，并承担为客户保密的责任。

第九十九条 商业银行应当确保基金托管业务与基金代销业务相分离，基金托管的系统、业务资料应当与基金代销的系统、业务资料有效分离。

第一百条 商业银行应当确保托管基金资产与自营资产相分离，对不同基金独立设账，分户管理，独立核算，确保不同基金资产的相互独立。

第一百零一条 商业银行应当严格按照会计制度办理基金账务核算，正确反映资金往来活动，并定期与基金管理人等有关当事人就基金投资证券的种类、数量等进行核对。

第一百零二条 商业银行开展咨询顾问业务，应当坚持诚实信用原则，确保客户对象、业务内容的合法性和合规性，对提供给客户的信息的真实性、准确性负责，并承担为客户保密的责任。

第一百零三条 商业银行开办保管箱业务，应当在场地、设备和处理软件等方面符合国家安全标准，对用户身份进行核验确认。

对进入保管场地和开启保管箱，应当制定相应的操作规范，明确要求租用人不得在保管箱内存放违禁或危险物品，防止利用商业银行场地保管非法物品。

第七章　会计的内部控制

第一百零四条　商业银行会计内部控制的重点是：实行会计工作的统一管理，严格执行会计制度和会计操作规程，运用计算机技术实施会计内部控制，确保会计信息的真实、完整和合法，严禁设置账外账，严禁乱用会计科目，严禁编制和报送虚假会计信息。

第一百零五条　商业银行应当依据企业会计准则和国家统一的会计制度，制订并实施本行的会计规范和管理制度。

下级机构应当严格执行上级机构制定的会计规范和管理制度，确保统一的会计规范和管理制度在本行得到实施。

第一百零六条　商业银行应当确保会计工作的独立性，确保会计部门、会计人员能够依据国家统一的会计制度和本行的会计规范独立地办理会计业务，任何人不得授意、暗示、指示、强令会计部门、会计人员违法或违规办理会计业务。

对违法或违规的会计业务，会计部门、会计人员有权拒绝办理，并向上级机构报告，或者按照职权予以纠正。

第一百零七条　商业银行会计岗位设置应当实行责任分离、相互制约的原则，严禁一人兼任非相容的岗位或独自完成会计全过程的业务操作。

第一百零八条　商业银行应当明确会计部门、会计人员的权限，各级会计部门、会计人员应当在各自的权限内行事，凡超越权限的，须经授权后，方可办理。

第一百零九条　商业银行应当对会计账务处理的全过程实行监督，会计账务应当做到账账、账据、账款、账实、账表和内外账的六相符。

凡账务核对不一致的，应当按照权限进行纠正或报上级机构处理。

第一百一十条 商业银行应当对会计主管、会计负责人实行从业资格管理，建立会计人员档案。

会计主管、会计负责人和会计人员应当具有与其岗位、职位相适应的专业资格或技能。

第一百一十一条 商业银行下级机构会计主管的变动应当经上级机构会计部门同意。

会计人员调动工作或离职，应当与接管人员办清交接手续，严格执行交接程序。

第一百一十二条 商业银行应当对会计人员实行强制休假制度，联行、同城票据交换、出纳等重要会计岗位人员和会计主管还应当定期轮换，落实离岗（任）审计制度。

第一百一十三条 商业银行应当实行会计差错责任人追究制度，发生重大会计差错、舞弊或案件，除对直接责任人员追究责任外，机构负责人和分管会计的负责人也应当承担相应的责任。

第一百一十四条 银行应当做到会计记录、账务处理的合法、真实、完整和准确，严禁伪造、变造会计凭证、会计账簿和其他会计资料，严禁提供虚假财务会计报告。

第一百一十五条 商业银行应当建立规范的信息披露制度，按照规定及时、真实、完整地披露会计、财务信息，满足股东、监管当局和社会公众对其信息的需求。

第一百一十六条 商业银行应当完善会计档案管理，严格执行会计档案查阅手续，防止会计档案被替换、更改、毁损、散失和泄密。

第八章 计算机信息系统的内部控制

第一百一十七条 商业银行计算机信息系统内部控制的重点是：严格划分计算机信息系统开发部门、管理部门与应用部门的职责，建立和健全计算机信息系统风险防范的制度，确保计算机信息系统设备、数据、系统运行和系统环境的安全。

第一百一十八条　商业银行应当明确计算机信息系统开发人员、管理人员与操作人员的岗位职责，做到岗位之间的相互制约，各岗位之间不得相互兼任。

各级机构应当配备计算机安全管理人员，明确计算机安全管理人员的职责。

第一百一十九条　商业银行应当对计算机信息系统的项目立项、开发、验收、运行和维护整个过程实施有效管理，开发环境应当与生产环境严格分离。

技术部门与业务部门之间应当进行沟通协调，确保系统的整体安全。

第一百二十条　商业银行购买计算机软、硬件设备，应当对供应商的资格条件进行严格审查，在使用前进行试用性安全测试，明确产品供应商对产品在使用期间应当承担的责任，确保产品的正常使用和有效维护。

第一百二十一条　商业银行计算机机房建设应当符合国家的有关标准，出入计算机机房应当有严格的审批程序和出入记录，确保计算机硬件、各种存储介质的物理安全。

计算机机房和营业网点应当有完备的计算机监控系统，确保计算机终端的正常使用。

第一百二十二条　商业银行应当建立和健全网络管理系统，有效地管理网络的安全、故障、性能、配置等，并对接入国际互联网实施有效的安全管理。

第一百二十三条　商业银行应当对计算机信息系统实施有效的用户管理和密码（口令）管理，对用户的创建、变更、删除、用户口令的长度、时效等均应当有严格的控制。

员工之间严禁转让计算机信息系统的用户名或权限卡，员工离岗后应当及时更换密码和密码信息。

第一百二十四条　商业银行应当对计算机信息系统的接入建

立适当的授权程序，并对接入后的操作进行安全控制。

输入计算机信息系统的数据应当核对无误，数据的修改应当经过批准并建立日志。

第一百二十五条 商业银行应当及时更新系统安全设置、病毒代码库、攻击特征码、软件补丁程序等，通过认证、加密、内容过滤、入侵监测等技术手段，不断完善安全控制措施，确保计算机信息系统的安全。

第一百二十六条 商业银行的网络设备、操作系统、数据库系统、应用程序等均应当设置必要的日志。

日志应当能够满足各类内部和外部审计的需要。

第一百二十七条 商业银行应当严格管理各类数据信息，数据的操作、数据备份介质的存放、转移和销毁等均应当有严格的管理制度。

第一百二十八条 商业银行运用计算机处理业务，应当具有可复核性和可追溯性，并为有关的审计或检查留有接口。

第一百二十九条 商业银行的电子银行服务应当具备客户身份识别、安全认证等功能，防止发生泄密事件，确保交易安全。

第一百三十条 商业银行应当尽可能利用计算机信息系统的系统设定，防范各种操作风险和违法犯罪行为。

第一百三十一条 商业银行应当建立计算机安全应急系统，制定详细的应急方案，并定期进行修订和演练。

数据备份应当做到异地存放，应当建立异地计算机灾难备份中心。

第九章　内部控制的监督与纠正

第一百三十二条 商业银行应当指定不同的机构或部门分别负责内部控制的建设、执行和内部控制的监督、评价。

内部控制的建设、执行部门负责设计内部控制体系，组织、督促各业务部门、分支机构建立和健全内部控制。

内部控制的监督、评价部门负责组织检查、评价内部控制的健全性和有效性，督促管理层纠正内部控制存在的问题。

第一百三十三条　商业银行应当建立内部控制的报告和信息反馈制度，业务部门、内部审计部门和其他控制人员发现内部控制的隐患和缺陷，应当及时向董事会、管理层或相关部门报告。

第一百三十四条　商业银行内部控制的监督、评价部门应当对内部控制的制度建设和执行情况定期进行检查评价，提出改进建议，对违反规定的机构和人员提出处理意见。

第一百三十五条　商业银行上级机构应当根据自身掌握的内部控制信息，对下级机构的内部控制状况定期做出评价，并将评价结果作为经营绩效考核的重要依据。

第一百三十六条　商业银行应当建立内部控制问题和缺陷的处理纠正机制，管理层应当根据内部控制的检查情况和评价结果，提出整改意见和纠正措施，并督促业务部门和分支机构落实。

第一百三十七条　商业银行应当建立内部控制的风险责任制：

（一）董事会、高级管理层应当对内部控制的有效性负责，并对内部控制失效造成的重大损失承担责任。

（二）内部审计部门应当对未执行审计方案、程序和方法导致重大问题未能被发现，对审计发现隐瞒不报或者未如实反映，审计结论与事实严重不符，对审计发现问题查处整改工作跟踪不力等行为，承担相应的责任。

（三）业务部门和分支机构应当及时纠正内部控制存在的问题，并对出现的风险和损失承担相应的责任。

（四）高级管理层应当对违反内部控制的人员，依据法律规定、内部管理制度追究责任和予以处分，并承担处理不力的责任。

第十章　附　　则

第一百三十八条　本指引第三章至第八章未作具体规定的商业银行其他业务或环节，应当按照本指引的要求建立和完善内部控制。

第一百三十九条　本指引适用于在中华人民共和国境内依法设立的商业银行。

政策性银行、农村合作银行、城市信用社、农村信用社、村镇银行、贷款公司、农村资金互助社、金融资产管理公司、邮政储蓄机构、信托公司、财务公司、金融租赁公司、汽车金融公司、货币经纪公司等其他金融机构参照执行。

第一百四十条　中国银监会及其派出机构依据本指引及《商业银行内部控制评价试行办法》对商业银行做出的内部控制评价结果是商业银行风险评估的重要内容，也是中国银监会及其派出机构进行市场准入管理的重要依据。

第一百四十一条　本指引由中国银监会负责解释。

第一百四十二条　本指引自公布之日起施行。

附录4　融资性担保公司管理暂行办法

中国银行业监督管理委员会、中华人民共和国国家发展和改革委员会、中华人民共和国工业和信息化部、中华人民共和国财政部、中华人民共和国商务部、中国人民银行、国家工商行政管理总局令

2010年第3号

为加强对融资性担保公司的监督管理，规范融资性担保行为，促进融资性担保行业健康发展，依据《中华人民共和国公司法》、《中华人民共和国担保法》、《中华人民共和国合同法》等法律规定，中国银行业监督管理委员会、中华人民共和国国家发展和改革委员会、中华人民共和国工业和信息化部、中华人民共和国财政部、中华人民共和国商务部、中国人民银行、国家工商行政管理总局制定了《融资性担保公司管理暂行办法》，经国务院批准，现予公布。自公布之日起施行。

中国银行业监督管理委员会主席　刘明康

中华人民共和国国家发展和改革委员会主任　张　平

中华人民共和国工业和信息化部部长　李毅中

中华人民共和国财政部部长　谢旭人
中华人民共和国商务部部长　陈德铭
中国人民银行行长　周小川
国家工商行政管理总局局长　周伯华
二〇一〇年三月八日

融资性担保公司管理暂行办法

第一章　总　则

第一条　为加强对融资性担保公司的监督管理，规范融资性担保行为，促进融资性担保行业健康发展，根据《中华人民共和国公司法》、《中华人民共和国担保法》、《中华人民共和国合同法》等法律规定，制定本办法。

第二条　本办法所称融资性担保是指担保人与银行业金融机构等债权人约定，当被担保人不履行对债权人负有的融资性债务时，由担保人依法承担合同约定的担保责任的行为。

本办法所称融资性担保公司是指依法设立，经营融资性担保业务的有限责任公司和股份有限公司。

本办法所称监管部门是指省、自治区、直辖市人民政府确定的负责监督管理本辖区融资性担保公司的部门。

第三条　融资性担保公司应当以安全性、流动性、收益性为经营原则，建立市场化运作的可持续审慎经营模式。

融资性担保公司与企业、银行业金融机构等客户的业务往来，应当遵循诚实守信的原则，并遵守合同的约定。

第四条　融资性担保公司依法开展业务，不受任何机关、单位和个人的干涉。

第五条　融资性担保公司开展业务，应当遵守法律、法规和本办法的规定，不得损害国家利益和社会公共利益。

融资性担保公司应当为客户保密，不得利用客户提供的信息从事任何与担保业务无关或有损客户利益的活动。

第六条　融资性担保公司开展业务应当遵守公平竞争的原则，不得从事不正当竞争。

第七条　融资性担保公司由省、自治区、直辖市人民政府实施属地管理。省、自治区、直辖市人民政府确定的监管部门具体负责本辖区融资性担保公司的准入、退出、日常监管和风险处置，并向国务院建立的融资性担保业务监管部际联席会议报告工作。

第二章　设立、变更和终止

第八条　设立融资性担保公司及其分支机构，应当经监管部门审查批准。

经批准设立的融资性担保公司及其分支机构，由监管部门颁发经营许可证，并凭该许可证向工商行政管理部门申请注册登记。

任何单位和个人未经监管部门批准不得经营融资性担保业务，不得在名称中使用融资性担保字样，法律、行政法规另有规定的除外。

第九条　设立融资性担保公司，应当具备下列条件：

（一）有符合《中华人民共和国公司法》规定的章程。

（二）有具备持续出资能力的股东。

（三）有符合本办法规定的注册资本。

（四）有符合任职资格的董事、监事、高级管理人员和合格的从业人员。

（五）有健全的组织机构、内部控制和风险管理制度。

（六）有符合要求的营业场所。

（七）监管部门规定的其他审慎性条件。

董事、监事、高级管理人员和从业人员的资格管理办法由融资性担保业务监管部际联席会议另行制定。

第十条 监管部门根据当地实际情况规定融资性担保公司注册资本的最低限额，但不得低于人民币500万元。

注册资本为实缴货币资本。

第十一条 设立融资性担保公司，应向监管部门提交下列文件、资料：

（一）申请书。应当载明拟设立的融资性担保公司的名称、住所、注册资本和业务范围等事项。

（二）可行性研究报告。

（三）章程草案。

（四）股东名册及其出资额、股权结构。

（五）股东出资的验资证明以及持有注册资本5%以上股东的资信证明和有关资料。

（六）拟任董事、监事、高级管理人员的资格证明。

（七）经营发展战略和规划。

（八）营业场所证明材料。

（九）监管部门要求提交的其他文件、资料。

第十二条 融资性担保公司有下列变更事项之一的，应当经监管部门审查批准：

（一）变更名称。

（二）变更组织形式。

（三）变更注册资本。

（四）变更公司住所。

（五）调整业务范围。

（六）变更董事、监事和高级管理人员。

（七）变更持有5%以上股权的股东。

（八）分立或者合并。

（九）修改章程。

（十）监管部门规定的其他变更事项。

融资性担保公司变更事项涉及公司登记事项的，经监管部门审查批准后，按规定向工商行政管理部门申请变更登记。

第十三条　融资性担保公司跨省、自治区、直辖市设立分支机构的，应当征得该融资性担保公司所在地监管部门同意，并经拟设立分支机构所在地监管部门审查批准。

第十四条　融资性担保公司因分立、合并或出现公司章程规定的解散事由需要解散的，应当经监管部门审查批准，并凭批准文件及时向工商行政管理部门申请注销登记。

第十五条　融资性担保公司有重大违法经营行为，不予撤销将严重危害市场秩序、损害公众利益的，由监管部门予以撤销。法律、行政法规另有规定的除外。

第十六条　融资性担保公司解散或被撤销的，应当依法成立清算组进行清算，按照债务清偿计划及时偿还有关债务。监管部门监督其清算过程。

担保责任解除前，公司股东不得分配公司财产或从公司取得任何利益。

第十七条　融资性担保公司不能清偿到期债务，并且资产不足以清偿全部债务或者明显缺乏清偿能力的，应当依法实施破产。

第三章　业务范围

第十八条　融资性担保公司经监管部门批准，可以经营下列部分或全部融资性担保业务：

（一）贷款担保。

（二）票据承兑担保。

（三）贸易融资担保。

（四）项目融资担保。

（五）信用证担保。

（六）其他融资性担保业务。

第十九条 融资性担保公司经监管部门批准，可以兼营下列部分或全部业务：

（一）诉讼保全担保。

（二）投标担保、预付款担保、工程履约担保、尾付款如约偿付担保等履约担保业务。

（三）与担保业务有关的融资咨询、财务顾问等中介服务。

（四）以自有资金进行投资。

（五）监管部门规定的其他业务。

第二十条 融资性担保公司可以为其他融资性担保公司的担保责任提供再担保和办理债券发行担保业务，但应当同时符合以下条件：

（一）近两年无违法、违规不良记录。

（二）监管部门规定的其他审慎性条件。

从事再担保业务的融资性担保公司除需满足前款规定的条件外，注册资本应当不低于人民币1亿元，并连续营业两年以上。

第二十一条 融资性担保公司不得从事下列活动：

（一）吸收存款。

（二）发放贷款。

（三）受托发放贷款。

（四）受托投资。

（五）监管部门规定不得从事的其他活动。

融资性担保公司从事非法集资活动的，由有关部门依法予以查处。

第四章 经营规则和风险控制

第二十二条 融资性担保公司应当依法建立健全公司治理结构，完善议事规则、决策程序和内审制度，保持公司治理的有效性。

跨省、自治区、直辖市设立分支机构的融资性担保公司，应当设两名以上的独立董事。

第二十三条　融资性担保公司应当建立符合审慎经营原则的担保评估制度、决策程序、事后追偿和处置制度、风险预警机制和突发事件应急机制，并制定严格规范的业务操作规程，加强对担保项目的风险评估和管理。

第二十四条　融资性担保公司应当配备或聘请经济、金融、法律、技术等方面具有相关资格的专业人才。

跨省、自治区、直辖市设立分支机构的融资性担保公司应当设立首席合规官和首席风险官。首席合规官、首席风险官应当由取得律师或注册会计师等相关资格，并具有融资性担保或金融从业经验的人员担任。

第二十五条　融资性担保公司应当按照金融企业财务规则和企业会计准则等要求，建立健全财务会计制度，真实地记录和反映企业的财务状况、经营成果和现金流量。

第二十六条　融资性担保公司收取的担保费，可根据担保项目的风险程度，由融资性担保公司与被担保人自主协商确定，但不得违反国家有关规定。

第二十七条　融资性担保公司对单个被担保人提供的融资性担保责任余额不得超过净资产的10%，对单个被担保人及其关联方提供的融资性担保责任余额不得超过净资产的15%，对单个被担保人债券发行提供的担保责任余额不得超过净资产的30%。

第二十八条　融资性担保公司的融资性担保责任余额不得超过其净资产的10倍。

第二十九条　融资性担保公司以自有资金进行投资，限于国债、金融债券及大型企业债务融资工具等信用等级较高的固定收益类金融产品，以及不存在利益冲突且总额不高于净资产20%的其他投资。

第三十条　融资性担保公司不得为其母公司或子公司提供融

资性担保。

第三十一条 融资性担保公司应当按照当年担保费收入的50%提取未到期责任准备金，并按不低于当年年末担保责任余额1%的比例提取担保赔偿准备金。担保赔偿准备金累计达到当年担保责任余额10%的，实行差额提取。差额提取办法和担保赔偿准备金的使用管理办法由监管部门另行制定。

监管部门可以根据融资性担保公司责任风险状况和审慎监管的需要，提出调高担保赔偿准备金比例的要求。

融资性担保公司应当对担保责任实行风险分类管理，准确计量担保责任风险。

第三十二条 融资性担保公司与债权人应当按照协商一致的原则建立业务关系，并在合同中明确约定承担担保责任的方式。

第三十三条 融资性担保公司办理融资性担保业务，应当与被担保人约定在担保期间可持续获得相关信息并有权对相关情况进行核实。

第三十四条 融资性担保公司与债权人应当建立担保期间被担保人相关信息的交换机制，加强对被担保人的信用辅导和监督，共同维护双方的合法权益。

第三十五条 融资性担保公司应当按照监管部门的规定，将公司治理情况、财务会计报告、风险管理状况、资本金构成及运用情况、担保业务总体情况等信息告知相关债权人。

第五章 监督管理

第三十六条 监管部门应当建立健全融资性担保公司信息资料收集、整理、统计分析制度和监管记分制度，对经营及风险状况进行持续监测，并于每年6月底前完成所监管融资性担保公司上一年度机构概览报告。

第三十七条 融资性担保公司应当按照规定及时向监管部门报送经营报告、财务会计报告、合法合规报告等文件和资料。

融资性担保公司向监管机构提交的各类文件和资料，应当真实、准确、完整。

第三十八条　融资性担保公司应当按季度向监管部门报告资本金的运用情况。

监管部门应当根据审慎监管的需要，适时提出融资性担保公司的资本质量和资本充足率要求。

第三十九条　监管部门根据监管需要，有权要求融资性担保公司提供专项资料，或约见其董事、监事、高级管理人员进行监管谈话，要求就有关情况进行说明或进行必要的整改。

监管部门认为必要时，可以向债权人通报所监管有关融资性担保公司的违规或风险情况。

第四十条　监管部门根据监管需要，可以对融资性担保公司进行现场检查，融资性担保公司应当予以配合，并按照监管部门的要求提供有关文件、资料。

现场检查时，检查人员不得少于 2 人，并向融资性担保公司出示检查通知书和相关证件。

第四十一条　融资性担保公司发生担保诈骗、金额可能达到其净资产 5%以上的担保代偿或投资损失，以及董事、监事、高级管理人员涉及严重违法、违规等重大事件时，应当立即采取应急措施并向监管部门报告。

第四十二条　融资性担保公司应当及时向监管部门报告股东大会或股东会、董事会等会议的重要决议。

第四十三条　融资性担保公司应当聘请社会中介机构进行年度审计，并将审计报告及时报送监管部门。

第四十四条　监管部门应当会同有关部门建立融资性担保行业突发事件的发现、报告和处置制度，制定融资性担保行业突发事件处置预案，明确处置机构及其职责、处置措施和处置程序，及时、有效地处置融资性担保行业突发事件。

第四十五条　监管部门应当于每年年末全面分析评估本辖区

融资性担保行业年度发展和监管情况，并于每年2月底前向融资性担保业务监管部际联席会议和省、自治区、直辖市人民政府报告本辖区上一年度融资性担保行业发展情况和监管情况。

监管部门应当及时向融资性担保业务监管部际联席会议和省、自治区、直辖市人民政府报告本辖区融资性担保行业的重大风险事件和处置情况。

第四十六条 融资性担保行业建立行业自律组织，履行自律、维权、服务等职责。

全国性的融资性担保行业自律组织接受融资性担保业务监管部际联席会议的指导。

第四十七条 征信管理部门应当将融资性担保公司的有关信息纳入征信管理体系，并为融资性担保公司查询相关信息提供服务。

第六章　法律责任

第四十八条 监管部门从事监督管理工作的人员有下列情形之一的，依法给予行政处分；构成犯罪的，依法追究刑事责任：

（一）违反规定审批融资性担保公司的设立、变更、终止以及业务范围的。

（二）违反规定对融资性担保公司进行现场检查的。

（三）未依照本办法第四十五条规定报告重大风险事件和处置情况的。

（四）其他违反法律法规及本办法规定的行为。

第四十九条 融资性担保公司违反法律、法规及本办法规定，有关法律、法规有处罚规定的，依照其规定给予处罚；有关法律、法规未作处罚规定的，由监管部门责令改正，可以给予警告、罚款；构成犯罪的，依法追究刑事责任。

第五十条 违反本办法第八条第三款规定，擅自经营融资性担保业务的，由有关部门依法予以取缔并处罚；擅自在名称中使用融资性担保字样的，由监管部门责令改正，依法予以处罚。

第七章　附　　则

第五十一条　公司制以外的融资性担保机构从事融资性担保业务参照本办法的有关规定执行，具体实施办法由省、自治区、直辖市人民政府另行制定，并报融资性担保业务监管部际联席会议备案。

外商投资的融资性担保公司适用本办法，法律、行政法规另有规定的，依照其规定。

融资性再担保机构管理办法由省、自治区、直辖市人民政府另行制定，并报融资性担保业务监管部际联席会议备案。

第五十二条　省、自治区、直辖市人民政府可以根据本办法的规定，制定实施细则并报融资性担保业务监管部际联席会议备案。

第五十三条　本办法施行前已经设立的融资性担保公司不符合本办法规定的，应当在 2011 年 3 月 31 日前达到本办法规定的要求。具体规范整顿方案，由省、自治区、直辖市人民政府制定。

第五十四条　本办法自公布之日起施行。

附录5　农村资金互助社示范章程

中国银监会办公厅关于印发《农村资金互助社示范章程》的通知

银监办发〔2007〕51号

各银监局：

现将《农村资金互助社示范章程》印发给你们，请转发辖内银监分局，供各地在组建农村资金互助社工作中参考。

二〇〇七年二月四日

农村资金互助社示范章程

第一章　总　　则

第一条　为维护××农村资金互助社（以下简称本社）社员和债权人的合法权益，规范本社的组织和行为，根据《农村资金互助社管理暂行规定》，制定本章程。

第二条　本社注册名称：

注册资本：

本社住所：

邮政编码：

第三条　本社是经银行业监督管理机构批准，由××县

（市）××乡（镇）或行政村农民和农村小企业自愿入股组成，为社员提供存款、贷款、结算等业务的社区互助性银行业金融机构。

（或：本社是经银行业监督管理机构批准，由××县（市）××乡（镇）或行政村××经济组织的农民和农村小企业自愿入股组成，为社员提供存款、贷款、结算等业务的社区互助性银行业金融机构）

本社不设立分支机构。

第四条　本社实行社员民主管理，以服务社员为宗旨，谋求社员共同利益。

第五条　本社依据《农村资金互助社管理暂行规定》设立，在工商管理部门进行登记，取得法人资格，对由社员股金、积累以及合法取得的其他资产所形成的法人财产，享有占有、使用、收益和处分的权利，并以全部法人财产对本社债务承担责任。

第六条　本社的财产、合法权益和依法经营活动受法律保护，任何单位和个人不得侵犯和非法干预。

第七条　本社社员以其社员股金和在本社的社员积累为限对本社的债务承担责任。

第八条　本章程自生效之日起，即成为规范本社的组织与行为、本社与社员、社员与社员之间权利义务关系的具有法律约束力的文件。

第九条　本社遵守国家有关法律、行政法规和规章，执行国家金融方针和政策，依法接受银行业监督管理机构的监管。

第二章　业务范围

第十条　经银行业监督管理机构批准，本社经营以下业务：

（一）办理社员存款、贷款和结算业务；

（二）买卖政府债券和金融债券；

（三）办理同业存放；

（四）办理代理业务；

（五）向其他银行业金融机构融入资金（符合审慎要求）；

（六）经银行业监督管理机构批准的其他业务。

第三章　社　员

第十一条　本社社员是指符合本章程规定的入股条件，承认并遵守本章程，向本社入股的农民及农村小企业。

（或：本社社员是指符合本章程规定的入股条件，承认并遵守本章程，向本社入股的××农村经济组织的农民和农村小企业成员）

第十二条　农民向本社入股应符合以下条件：

（一）具有完全民事行为能力；

（二）户口所在地或经常居住地（本地有固定住所且居住满3年）在本社所在的××乡（镇）或行政村内；

（三）入股资金为自有资金且来源合法，达到本章程规定的入股金额起点；

（四）诚实守信，声誉良好；

（五）本章程规定的其他条件。

第十三条　农村小企业向本社入股应符合以下条件：

（一）注册地或主要营业场所在本社所在的××乡（镇）或行政村内；

（二）具有良好的信用记录；

（三）上一年度盈利；

（四）年终分配后净资产达到全部资产的10%以上（合并会计报表口径）；

（五）入股资金为自有资金且来源合法，达到本章程规定的入股金额起点；

（六）本章程规定的其他条件。

第十四条　本社社员享有以下权利：

（一）参加社员大会，并享有表决权、选举权和被选举权，按照章程规定参加本社的民主管理；

（二）享受本社提供的各项服务；

（三）按照章程规定或者社员大会（社员代表大会）决议分享盈余；

（四）查阅本社的章程和社员大会（社员代表大会）、理事会、监事会的决议、财务会计报表及报告；

（五）向有关监督管理机构投诉和举报；

（六）本章程规定的其他权利。

第十五条　本社社员承担以下义务：

（一）向本社入股；

（二）执行社员大会（社员代表大会）的决议；

（三）按期足额偿还贷款本息；

（四）按本章程规定承担亏损；

（五）积极向本社反映情况、提供信息；

（六）本章程规定的其他义务。

第四章　股权管理

第十六条　本社每个农民社员入股金额起点为×元，每个农村小企业社员入股金额起点为×元，入股金额为元的整数倍。单个农民社员或单个农村小企业社员入股金额不得超过本社股金总额的10%。

第十七条　社员缴纳股金必须以货币出资，不得以实物、贷款或其他方式入股。

第十八条　本社向入股社员发放记名股金证，作为社员的入股凭证。

第十九条　本社社员持有的股金和积累可以转让、继承和赠与，但理事、监事和经理持有的股金和积累在任职期限内不得转让。

第二十条 本社社员不得以所持本社股金和积累为自己或他人担保。

第二十一条 同时满足以下条件，本社社员可以办理退股。

（一）社员提出全额退股申请；

（二）本社当年盈利；

（三）退股后本社资本充足率不低于8%；

（四）在本社没有逾期未偿还的贷款本息。

第二十二条 凡要求退股的，农民社员应提前3个月，农村小企业社员应提前6个月向理事会（不设理事会的向经理）提出，经批准后办理退股手续。退股社员的社员资格在完成退股手续后终止。

第二十三条 社员在其资格终止前与本社已订立的合同，应当继续履行。

第二十四条 社员资格终止后的1个月内，本社以现金形式返还该社员的股金和积累份额；社员资格终止的当年不享受盈余分配。

第二十五条 具备以下情形之一的社员，经理事会（不设理事会的由经理）批准，可予以除名，被除名社员如有未归还贷款，以该社员在本社的股金和社员积累予以抵扣，不足以抵扣的部分，该社员应通过其他方式偿还。

（一）不遵守本社章程；

（二）其行为给本社名誉和利益带来严重危害；

（三）以欺骗手段从本社取得贷款；

（四）恶意逃废在本社的债务；

（五）社员大会（社员代表大会）认为需要除名的其他情形。

第二十六条 本社建立社员名册，社员名册载明以下事项：

（一）社员的姓名或名称、身份证号码或企业法人代码、住所；

（二）社员所持股金金额、投票权确认数；

（三）社员所持股金证书的编号；

（四）社员缴纳股金日期。

第五章　组织机构

第二十七条　社员大会（社员代表大会）是本社的权力机构，由全体社员（社员代表（社员代表按照社员数量（或入股比例）分别从农民社员和农村小企业社员中由全体社员选举产生，本社社员代表大会由×名代表组成，每届任期 3 年，可连选连任））组成。社员大会（社员代表大会）行使以下职权：

（一）制定或修改章程；

（二）选举和更换理事（不设理事会的选举经理）、监事；

（三）审议通过本社的发展规划；

（四）审议通过本社的基本管理制度；

（五）审议批准理事会（不设理事会的为经理）、监事会年度工作报告；

（六）审议决定固定资产购置以及其他重要经营事项；

（七）审议批准年度财务预、决算方案和利润分配方案、弥补亏损方案；

（八）审议决定管理和工作人员薪酬；

（九）对合并、分立、解散和清算等作出决议；

（十）本章程规定的其他职权。

第二十八条　社员大会（社员代表大会）由理事会（不设理事会的由经理）召集，每年至少召开 1 次；经三分之一以上的社员（社员代表）提议，或理事会（不设理事会的由经理）、监事会提议，可在 20 日内召开临时社员大会（社员代表大会）。理事会（不设理事会的由经理）应当将会议召开时间、地点及审议事项于会议召开 15 日前通知全体社员（社员代表）。

第二十九条　召开社员大会（社员代表大会）必须有三分之二以上的社员（社员代表）出席。不能出席会议的社员（社员代表）可授权其他社员（社员代表）代其行使表决权。授权采取书面形式，并明确授权内容。

社员大会（社员代表大会）选举或者做出决议，应当由本社社员（社员代表）表决权总数过半数通过；做出修改章程、选举经理（不设理事会的）或者合并、分立、解散和清算的决议应当由本社社员（社员代表）表决权总数的三分之二以上通过。

第三十条 本社社员参加社员大会，享有一票基本表决权。入股金额前×名的农民社员、前×名的农村小企业社员在基本表决权外，共同享有本社基本表决权总数 20％的附加表决权（享有附加表决权的农民社员、农村小企业社员合计一般不超过 10 名），并按照农民社员和农村小企业社员的入股金额或比例进行分配。享有附加表决权的社员及其享有的附加表决权票数，在每次社员大会召开时告知出席会议的社员。

社员代表参加社员代表大会，享有一票表决权。

第三十一条 理事会是本社的执行机构，由×名（不少于 3 名，应为奇数）理事组成，社员大会（社员代表大会）选举和更换，每届任期三年，可连选连任。理事会设理事长 1 人，为本社法定代表人，由理事会选举产生，经三分之二以上理事表决通过。除理事长外，本社不设专职理事。

第三十二条 理事会会议由理事长召集和主持。每年度至少召开 2 次，必要时可随时召开。理事会行使以下职权：

（一）召集社员大会（社员代表大会），并向社员大会（社员代表大会）报告工作；

（二）执行社员大会（社员代表大会）决议；

（三）选举和更换理事长；

（四）拟订本社的发展规划；

（五）审议决定本社的年度经营计划；

（六）拟订固定资产购置以及经营活动中其他重大事项计划；

（七）对经理拟订的大额贷款、国债和金融债券投资、向其他银行业金融机构融入资金的计划提出审核意见；

（八）聘任和解聘本社经理；

（九）对经理提出的拟聘用（解聘）财务、信贷等工作人员提出审核意见；

（十）审议通过经理的工作报告；

（十一）制定本社的内部管理制度；

（十二）拟订本社年度财务预、决算方案和利润分配方案、亏损弥补方案；

（十三）拟订本社的分立、合并、解散和清算方案；

（十四）社员大会（社员代表大会）授予的其他职权。

不设理事会的，第（五）项、第（八）项、第（十）项职权由社员大会（社员代表大会）行使；第（一）项、第（二）项、第（四）项、第（六）项、第（十一）项、第（十二）项、第（十三）项职权由经理行使；第（七）项、第（九）项职权由监事会行使。

第三十三条　监事会是本社的监督机构，由×名（不少于3人，应为奇数）监事组成。监事由社员、捐赠人以及向本社提供融资的金融机构等利益相关者担任，由社员大会（社员代表大会）选举和更换，每届任期3年，可连选连任。监事会设监事长1名，由监事会选举产生，经三分之二以上监事表决通过。本社经理和工作人员不得兼任监事。本社不设专职监事。

第三十四条　监事会会议由监事长召集和主持，每半年至少召开1次，必要时可随时召开。监事会行使以下职权：

（一）派代表列席理事会会议；

（二）监督本社执行相关法律、行政法规和规章；

（三）对理事会决议和经理的决定提出质询；

（四）监督本社的经营管理和财务管理；

（五）进行内部审计，并对理事长、经理进行专项审计和离任审计；

（六）对经理拟聘用（解聘）财务、信贷等工作人员提出审核意见，对经理拟订的大额贷款、国债和金融债券、向其他银行业金融机构融入资金的计划提出审核意见；

（七）向社员大会（社员代表大会）报告工作；

（八）本社章程规定的其他职权。

第三十五条 本社设经理1名，由理事会聘任（不设理事会的由社员大会（社员代表大会）选举产生），经理可由理事长兼任。经理全面负责本社的经营管理工作，行使以下职权：

（一）主持本社的经营管理工作，组织实施理事会的决议（不设理事会的组织实施社员大会（社员代表大会）决议）；

（二）拟订本社的内部管理制度；

（三）拟订本社的年度经营计划；

（四）提出拟聘用（解聘）财务、信贷等工作人员意见，以及大额贷款、国债和金融债券投资、向其他银行业金融机构融入资金的计划，征得理事会、监事会同意后实施；

（五）理事会授予的其他职权（不设理事会的，由社员大会（社员代表大会）授权）。

第三十六条 理事长、经理和工作人员的薪酬由社员大会（社员代表大会）决定，本社不向其他理事、监事支付薪酬。

第三十七条 本社的理事、监事、经理和工作人员不得有以下行为：

（一）侵占、挪用或者私分本社资产；

（二）将本社资金借贷给非社员或者以本社资产为他人提供担保；

（三）从事损害本社利益的其他活动。

违反上述规定所得的收入，归本社所有；造成损失的，应当承担赔偿责任。

第三十八条 执行与本社业务有关公务的人员不得担任本社的理事长、经理和工作人员。

第六章 业务、财务管理

第三十九条 本社以吸收社员存款、接受社会捐赠资金和符合审慎要求向其他银行业金融机构融入资金作为资金来源。

第四十条 本社的资金应主要用于发放社员贷款，满足社员贷款需求后确有富余可存放其他银行业金融机构，也可购买国债和金融债券。

第四十一条 本社办理社员结算业务，并按有关规定开办各类代理业务。

第四十二条 本社不向非社员吸收存款、发放贷款及办理其他金融业务，不以本社资产为其他单位或个人提供担保。

第四十三条 本社按存款和股金总额的×%以内留存库存现金。

第四十四条 本社按照审慎经营原则，严格进行风险管理：

（一）资本充足率不低于8%；

（二）对单一社员的贷款总额不超过资本净额的15%；

（三）对单一农村小企业社员及其关联小企业社员、单一农民社员及其在同一户口簿上的其他社员贷款总额不超过资本净额的20%；

（四）对前十大户贷款总额不超过资本净额的50%；

（五）资产损失准备充足率不低于100%；

（六）银行业监督管理机构规定的其他审慎要求。

第四十五条 本社执行国家有关金融企业的财务制度与会计准则，设置会计科目和法定会计账册，进行会计核算。

第四十六条 本社会计年度为公历1月1日至12月31日，在每一会计年度终了时制作财务会计报表及报告，并于召开社员大会（社员代表大会）的20日前置备于本社，供社员查阅。

第四十七条 本社应按照财务会计制度规定提取呆账准备金，进行利润分配。

第四十八条 本社的税后利润按以下顺序分配：

（一）弥补本社以前年度社员积累的亏损；

（二）提取法定盈余公积金（按税后利润（减弥补亏损）不低于10%的比例提取）；

（三）按年末风险资产余额1%的比例提取一般准备；

（四）向社员分配红利；

（五）向社员分配社员积累。

第四十九条 本社的法定盈余公积金累计达到注册资本的50%时，可不再提取。法定盈余公积金可用于弥补以前年度的亏损，但转增股金时，以转增后留存的法定盈余公积金不少于注册资本的25%为限。

第五十条 本社向社员分配红利的比例原则上不超过一年定期存款利率。当年如有未分配利润（亏损）全额计入社员积累，按照股金份额量化至每个社员，并设立专户管理。

第五十一条 本社除法定会计账册外，不得另立会计账册。

第五十二条 本社按照规定向社员披露社员股金和社员积累情况、财务会计报告、贷款发放及其风险情况、投融资情况、盈利及其分配情况、案件和其他重大事项。

第五十三条 本社按规定向属地银行业监督管理机构报送业务、财务报表、报告和相关资料，并对所报报表、报告和相关资料的真实性、准确性、完整性负责。

第七章 合并、分立、解散和清算

第五十四条 本社合并，自合并决议做出之日起10日内通知债权人。合并各方的债权、债务由合并后存续或者新设的机构承继。

第五十五条 本社分立，将财产作相应的分割，自分立决议做出之日起10日内通知债权人。分立前的债务由分立后的机构承担连带责任，但在分立前与债权人就债务清偿达成书面协议另有约定的除外。

第五十六条　本社因以下原因解散：

（一）社员大会决议解散；

（二）因合并或者分立需要解散；

（三）依法被吊销营业执照或者被撤销。

因第（一）项、第（三）项原因解散的，在解散事由出现之日起 15 日内由社员大会推举成员组成清算组，开始解散清算。逾期不能组成清算组的，由社员、债权人向人民法院申请指定成员组成清算组进行清算。

第五十七条　清算组自成立之日起接管本社，负责处理与清算有关未了结业务，清理财产和债权、债务，分配清偿债务后的剩余财产，代表本社参与诉讼、仲裁或者其他法律事宜，并在清算结束时向银行业监督管理机构缴回金融许可证，到工商行政管理部门办理注销登记，并予以公告。

第五十八条　清算组负责制定包括清偿本社员工的工资及社会保险费用，清偿所欠税款和其他各项债务，以及分配剩余财产在内的清算方案，经社员大会通过后实施。

第五十九条　清算组成员应当忠于职守，依法履行清算义务，因故意或者重大过失给本社社员及债权人造成损失的，应当承担赔偿责任。

第八章　附　　则

第六十条　本社设公告栏，对需要公告的事项以张贴的形式向全体社员公告。

第六十一条　本社社员大会（社员代表大会）通过的章程修改、补充规定，经银行业监督管理机构核准，视为本章程的组成部分。

第六十二条　本章程未尽事宜依照国家有关法律法规、行政规章及银行业监督管理机构的有关规定办理。

第六十三条 本章程的解释权属本社理事会（不设理事会的为经理），修改权属本社社员大会（社员代表大会）。

第六十四条 本章程经本社社员大会（社员代表大会）通过，自银行业监督管理机构批准并依法注册之日起生效。

中国银行业监督管理委员会办公厅

二〇〇七年二月八日印发

参考文献

爱德华·肖．1991．经济发展中的金融深化［M］．上海：三联书店．

北京农委直购再保险，最高可获5.88亿保障．中国保险网，2009年8月10日．

北京市农委城乡信息中心信息采编处．京郊新型政策性农业保险制度初现端倪．北京农业，2008年12月上旬刊．

陈磊，来珠．2010．金融危机对中国农村信用社的影响以及对策建议［J］．中小企业管理与科技（01）．

陈军，曹远征．2008．农村金融深化与发展评析［M］．北京：中国人民大学出版社．

陈霞．2007．我国农村金融抑制问题研究［J］．湖北经济学院学报（人文社会科学版）（04）．

陈跃雪，等．2009．促进我国村镇银行发展的税收政策着力点［J］．税务研究（11）．

常华．2008．定位“金融中心”，北京城市的新内涵［J］．科技智囊（07）．

程正中，吴永林．2006．京郊乡镇企业经济运行现状、问题与对策分析［J］．今日科苑（10）．

蔡晓秀，陈静芝．2009．农村小额贷款若干问题探究［J］．合作经济与科技（14）．

杜晓山．2006．小额信贷的发展与普惠性金融体系框架［J］．中国农村经济（08）．

丁怀寿．2009．审视小额贷款公司　路在何方——对小额贷款公司发展的几点思考［J］．中国证券期货（10）．

丁怀寿．2010．对小额贷款公司发展的几点思考［J］．中国发展观察（01）．

丁红萍 . 2008. 小额贷款公司的新机遇［J］. 江苏农村经济（09）.

丁竹君 . 2010. 创新农村金融工具的路径选择［J］. 社会科学辑刊（01）.

德尔・W・亚当斯 . 1988. 农村金融研究［M］. 北京：中国农业科技出版社 .

邓杰，李丹，赵剑锋 . 2010. 我国村镇银行发展存在的问题及对策［J］. 经营管理者（05）.

邓国取 . 2007. 中国农业巨灾保险制度研究［M］. 北京：中国社会科学出版社 .

戴桂勋 . 2010. 基于信贷资金供需因素分析的农村信贷服务创新研究［J］. 金融经济（04）.

郭莉，刘汉雄 . 2008. 细解北京“金融强市”［J］. 投资北京（06）.

郭莉 . 2008. 北京金融定位与其他城市不存在竞争［J］. 投资北京（06）.

郭心义，赵乐，李艳芳 . 2008. 政策性农业保险：北京模式的实践与思考［J］. 北京农业职业学院学报（05）.

国务院发展研究中心课题组，徐小青，樊雪志 . 2010. 村镇银行试点的成效、问题与建议［J］. 中国发展观察（03）.

鞠才 . 1981. 农村金融［M］. 北京：中国财政经济出版社 .

高涛，李锁平，邢鹂 . 2009. 政策性农业保险巨灾风险分担机制模拟——以北京市政策性农业保险为例［J］. 中国农村经济（03）.

何广文 . 2010. 农村金融机构应提早进入小额贷款的“蓝海”［J］. 中国合作经济（05）.

何德旭，饶明 . 2007. 金融排斥性与我国农村金融市场供求失衡［J］. 湖北经济学院学报（05）.

黄浦 . 2009. 小额贷款公司紧箍咒在浙江率先破解［J］. 中国经贸（09）.

黄彬红，戴海波 . 2009. 关系型借贷与农村中小企业融资［J］. 农村经济（03）.

黄卫红 . 2006. 中国农村融资问题与金融抑制、金融深化关系研究［J］. 农村经济（05）.

贾玉巧，梁晓冬 . 2009. 农村正规金融的困境及出路探索［J］. 经济研究导刊（34）.

姜鲁宁 . 2007. 目前我国农业保险的六种经营模式［J］. 经济研究参考（24）.

康菲菲，王芳.2007.孟加拉国乡村银行对我国农村金融体系改革的启示[J].西南金融（02）.

李锐，朱喜.2007.农户金融抑制及其福利损失的计量分析[J].经济研究（02）.

李淼.2008.丰台：首推总部经济区与丽泽金融商务区[J].投资北京（11）.

李景波.2009.金融发展理论的研究视角演进分析[J].现代经济（02）.

李景波.2009.“帕特里克之谜”与西方金融发展理论的演进[J].经济师（06）.

李大垒.仲伟周，徐贺.2009.农业巨灾保险理论研究述评[J].贵州社会科学（05）.

李晓春，崔淑卿.2010.我国村镇银行建设进展缓慢的原因及对策[J].经济纵横（03）.

李心德，周俊华.2006.应对自然灾害，确保长期稳定[C].北京保险业发展研究（2001—2005）[M].经济科学出版社.

李鸿建.2010.村镇银行：生存困境和制度重构——基于对全国3家村镇银行的调查[J].西南金融（04）.

罗纳德·麦金农.1988.经济发展中的货币与资本[M].上海：三联书店.

刘毅，于薇.2008.北京金融安全问题的思考[J].北京观察，(08).

刘民权.2006.中国农村金融市场研究[M].北京：中国人民大学出版社.

刘祚祥.2007.农户的逆向淘汰、需求型金融抑制与我国农村金融发展[J].经济问题探索（04）.

雷宏.2008.从金融供求视角论提升我国新农村建设中的金融服务[J].中国集体经济（02）.

马玉立，陈律威.2007.农村金融市场展望[J].中国集体经济（下半月）（04）.

明艳.2009.北京市技能型人才发展状况与趋势研究[J].技术经济与管理研究（06）.

苗雨君.2009.构建与新农村建设相适应的农村金融体系.财经纵横（5）.

那洪生，周庆海.2004.对我国农村金融抑制问题的研究[J].黑龙江金融（01）.
农户巨灾风险政府出资化解．北京日报，2009 年 8 月 4 日第 1 版．
裴斐．2006．北京农村信用社与京郊民间投资问题研究．硕士论文．
齐欣．2009．加快农村金融改革创新促进新农村建设［J］．辽宁经济（04）．
石光宇．2009．现代货币理论学说的渊源与演进［J］．知识经济（01）．
孙炜琳，王瑞波，薛桂霞．2007．日本发展政策性农业保险的做法及对我国的借鉴［J］．农业经济问题（月刊）（11）．
陶雷．2010．村镇银行与农村金融改革［J］．农村经济与科技（01）．
王彬．2008．农村金融抑制及制度创新——基于供需视角下的分析［J］．河南社会科学（04）．
王东京．2002．货币理论的两派之争［J］．金融信息参考（12）．
王锦旺，杨兆廷．2009．小额贷款公司：农村金融供给新路径分析［J］．农村经营管理（03）．
王曙光，乔郁．2008．农村金融学．［M］．北京：北京大学出版社．
王群琳．2006．中国农村金融制度——缺陷与创新［M］．北京：经济管理出版社．
万新恒．2008．加快建设北京总部金融中心［J］．投资北京（08）．
魏玺．2009．论马克思的货币理论与中国应对全球金融危机的现代意义［J］．金卡工程（经济与法）（07）．
谢平．2001．中国农村信用合作社体制改革的争论［J］．金融研究（01）．
谢文．2006．农村金融抑制与农发行发展路径选择［J］．农业发展与金融（06）．
谢太峰，王子博．2008．北京区域金融发展与区域经济增长关系的实证分析［J］．金融理论与实践（09）．
谢玉梅．2007．农村金融深化：政策与路径［M］．上海：上海人民出版社．
邢鹂，赵乐，吕开宇．2008．北京市农业生产风险和保险区划研究［M］．北京：中国农业出版社．
席利卿，彭可茂．2010．中国农村经济制度变迁与农业周期性增长分析［J］．中国人口·资源与环境（04）．
晓宇．2009．引金融机构下乡留人也要留住心［J］．经济研究参考（36）．

肖雪 . 2007. 农村金融发展模式研究综述 [J] . 合作经济与科技 (01) .
杨惠昶，肖辉，赵严冬 . 2008. 马克思的货币理论与电子货币 [J] . 当代经济研究 (08) .
杨兆廷，连漪 . 2006. 农村小额贷款问题探析 [J] . 农村金融研究 (02) .
姚耀军 . 2005. 农村金融理论的演变及其在我国的实践 [J] . 金融教学与研究 (05) .
于瑶，陈晨 . 2010. 国外农村金融建设的经验分析及对我国的启示 [J] . 商业文化 (学术版) (01) .
尹希果，曾冬梅 . 2009. 金融生态理论研究综述及展望 [J] . 安徽农业科学 (17) .
殷本杰 . 2006. 金融约束：新农村建设的金融制度安排 [J] . 中国农村经济 (06) .
张峰，杨宜 . 2010. 借鉴中外经验　优化农村信用环境——以北京市为例 [J] . 特区经济 (03) .
张峰 . 2010. 借鉴中外经验优化北京农村信用环境 [J] . 全国商情 (理论研究) (01) .
张蓝 . 2009. 小额贷款公司加快“探路” [J] . 现代商业银行 (01) .
张弘 . 2010. 村镇银行的 SWOT 分析及发展策略 [J] . 商场现代化 (10) .
张爱军 . 2009. 金融危机与经济危机 [J] . 现代经济信息 (24) .
张春清 . 2009. 普惠金融信贷扶持体系研究 [J] . 西南金融 (10) .
张海林 . 2010. 关于村镇银行发展的若干思考 [J] . 浙江金融 (04) .
张欣瑞，吴永林 . 2006. 基于 SWOT 分析的京郊乡镇企业战略选择 [J] . 学术论坛 (02) .
张祖荣 . 2007. 国外农业保险制度模式的比较与借鉴 [J] . 南方金融 (4) .
张余文 . 2005. 中国农村金融发展问题研究 [M] . 北京：经济科学出版社 .
周建松 . 2010. 中国农村金融服务的进展、问题与对策 [J] . 浙江金融 (04) .
周脉伏 . 2006. 农村信用社制度变迁与创新 [M] . 北京：中国金融出版社 .
左正龙 . 2009. 浅析我国农业巨灾保险的发展方向 [J] . 改革之窗 (1) .
朱洪震 . 2009. 北京金融街的国际化之路有多长 [J] . 今日中国论坛

(01).

赵建玲，侯庆娟.2010. 村镇银行：障碍因素分析与对策启示［J］. 经济研究导刊（01）.

赵晓斌.2004. 北京：最有潜力的金融发展中心［J］. 中国金融家（06）.

中国农村金融学会.2008. 中国农村金融改革发展三十年［M］. 北京：中国金融出版社.

中华人民共和国农业部.2006—2008 中国农业发展报告［M］. 北京：中国农业出版社.

中国人民银行天津分行课题组.2004. 完善农村金融服务体系　促进农业和农村经济发展［J］. 中国金融（13）.

中国人民银行孝感市中心支行课题组，刘绍新.2010. 小额贷款公司可持续发展研究［J］. 今日财富（金融版）（01）.

Inkoo Lee, Jong - Hyup Shin. Financial Liberalization, Crises, and Economic Growth [J]. Asian Economic Papers, 2008 (7).

Sylviane Guillaumont Jeanneney, Kangni Kpodar. Financial Development and Poverty Reduction: Can There Be a Benefit Without a Cost [R]. International Monetary Fund Working Paper. March 2008.

Tswamuno T D, Scott Pardee, Wunnava V. Financial Liberalization and Economic Growth: Lessons from the South African Experience [J]. International Journal of Applied Economics, 2007.

Hellmann et al. Financial Restraint: Toward a New Paradigm [M]. New York: Oxford University Press, 1996.

Ozdemir Durmus, Can Erbil. Does Financial Liberalization Trigger long-run Economic Growth? Evidence from Turkey and Other Recent EU Members. EcoMod International Conference on Policy Modeling. Berlin, Germany. 2008: 7.

R. W. Goldsmith. Financial Structure and Development [M]. Yale University Press, 1969.

Jeanneney, Hua, and Liang. Financial Development, Economic Efficiency, and Productivity Growth: Evidence from China. The Developing Economies, 2006, XLIV (1).

Ronald Mckinnon. Money and Capital in Economics Development [M].

Washington D C: Bookings Institute, 1973.

Liu A. Cross Border Loan Facing Trick Issues . the Standard. com, 2008.

Ayub M. Understanding Islamic Finance . John Wiley & Sons, 2007.

World Bank. Rural Finance Innovations: Topics and Case Studies. Washington, DC: World Bank, 2008.

Karnani, A. The Mirage of Marketing to the Bottom of the Pyramid: How the Private Sector Can Help Alleviate Poverty . California Management Review, 2007, VOL49.

Liu, L. L, Yang, S. Q. China s Rural Finance Development . Tsinghua Publications, 2007.

de, Aghionde, B. A. , Morduch, J. Microfinance beyond Group Lending. Economics of Transition, 2000, 8 (2) .

Sun, W. K, Lu, J. Y, Bai C. N. The Liquidation Analysis on China s Rural Income . Economic Research Journal. 2007, Vol 8.

Lu, W, Liu, C. A Study on the Public Investment, Social Expenditure and Poverty in China s Rural . Finance & Trade Economics. 2008, Vol 5.

Wang, Hui; Tao, Ran; Wang, Lanlan; Su, Fubing. Farmland preservation and land development rights trading in Zhejiang, China, Habitat International, Oct 2010, Vol. 34 Issue 4.

Dawson. P. J. Financial development and economic growth: a panel approach. Applied Economics Letters, 6/1/2010, Vol. 17 Issue 8.

Jaiswal, Pankaj. Banks that provide insulation against hunger! Hindustan Times, Apr 10, 2010.

图书在版编目（CIP）数据

北京农村金融发展问题研究／陈跃雪等著．—北京：中国农业出版社，2010.8

ISBN 978-7-109-14881-9

Ⅰ.①北… Ⅱ.①陈… Ⅲ.①农村金融-研究-北京市 Ⅳ.①F832.35

中国版本图书馆 CIP 数据核字（2010）第 155325 号

中国农业出版社出版

（北京市朝阳区农展馆北路 2 号）

（邮政编码 100125）

责任编辑　李文宾

中国农业出版社印刷厂印刷　　新华书店北京发行所发行

2010 年 9 月第 1 版　　2010 年 9 月北京第 1 次印刷

开本：850mm×1168mm　1/32　　印张：8.875

字数：220 千字

定价：19.80 元